The Yomut Turkmen

约穆特土库曼人

中亚突厥语人群的社会组织研究

〔美〕威廉·艾恩斯　著

马　伟　译

闫　凌　樊晓丹　校

商务印书馆
The Commercial Press

THE YOMUT TURKMEN

A Study of Social Organization among a Central Asian

Turkic-speaking Population

Copyright © by William George Irons 1975. All rights reserved.

Licensed by The University of Michigan Press

根据美国密歇根大学出版社1975年版译出

— 推荐序 —

马伟教授对《约穆特土库曼人：中亚突厥语人群的社会组织研究》(以下简称《约穆特土库曼人》)的翻译及其研究最终完成了，有望近期在国内出版。以前知道马伟教授在做一项国际人类学名著的翻译和研究工作，这次接到为马伟教授写序言的邀请，感到分外高兴，也非常期待能将这部别具一格的翻译作品推介给国内学界专业工作者及广大社会读者。

马伟教授这部翻译作品包括两部分，第一部分是对美国宾夕法尼亚州立大学威廉·艾恩斯教授中亚人类学研究名著《约穆特土库曼人》的全文翻译，第二部分则是马伟教授结合国际国内相关典籍文献对这部著作的理论方法特点和具体内容所做的分析说明。

这几天，仔细阅读马伟教授的译文，同时找出英文原著对照检索，阅读感觉甚佳且收益良多。首先，感到本书具有人类学家范马南所推崇的"写实民族志"之具体性、系统性、科学性和解释性。[1]这些特点，是现代人类学民族志作品自马林诺夫斯基和拉德克利夫-布朗创始以来经久不衰的学术传统，是坚持"田野调查-参与

---

[1] John Van Maanen, *Tales of the Field: On Writing Ethnography*, Chicago: The University of Chicago Press, second edition, 2011, pp.45-72.

观察–写民族志"之技术路线的卓越结晶，也可以说是国际人类学界早期中亚游牧部落研究民族志作品的一个典范类型。

《约穆特土库曼人》是威廉·艾恩斯教授基于1965年12月至1967年11月间在伊朗北部与土库曼斯坦南部山脉丘陵相接壤的古尔干平原约穆特土库曼人中进行的共16个月田野调查撰写成的民族志专著。虽然威廉·艾恩斯教授自谦"《约穆特土库曼人》在某种意义上其实是尚未完成的初步研究报告，因此它强调的是基本的描述性材料，这是任何人类学研究的必要起点"，但是其作为早期中亚约穆特土库曼人乃至游牧部落民族志研究经典作品的价值毋庸置疑。

20世纪六七十年代，约穆特土库曼人还处于主要从事游牧业、兼营少量农业的相对传统的生产生计、生活方式和风俗习惯状态。其部落群体的政治整合形态、居住模式与父系亲属组织的协调作用密不可分。威廉·艾恩斯教授在其研究的初期就关注到这个重点，因此调查研究也就围绕约穆特土库曼人基于父系血缘和婚姻家庭关系的社会组织而展开。在一年零四个月的田野调查中，威廉·艾恩斯教授走访了古尔干平原上约250个约穆特土库曼人聚落中的39个，以及7个郭克连土库曼人聚落，收集到了大量翔实且具统计价值的田野信息。同时，他从针对不同部落群体重点人物的访谈中，也获取了许多能够用以实证社会组织功能及其运作规范和规律的有趣故事。

《约穆特土库曼人》对约穆特土库曼人社会组织规范的资源与人口规模之间平衡调整关系的理论判断，是基于作者翔实且有说服力的文献征引和田野统计信息；对社会组织具体发挥作用的具体过

/ 推荐序 /

程和变迁状态的描写,也是通过整理和综合确认不同个人所提供的田野故事而完成的。因此,本书文字的整体表现力和现场感非常突出,阅读那些细腻的过程描述犹如亲临其境,写实民族志之具体贴切的真实感跃然纸面。

同时,威廉·艾恩斯教授对约穆特土库曼人关于血缘与地缘关系、婚姻家庭、人际关系的运作规范及规律的描写和分析,使其著作具有早期写实民族志作品突出的系统性和科学性。即便是在后现代主义学术思维发达的当代,这部作品的参考价值也非常之高。当然,这部作品成书于半个多世纪以前,当今约穆特土库曼人社会发生了翻天覆地的变化,随着时代的变化,作者所描写的场景已经物是人非。但不可否认的是,这部著作对研究近现代时期约穆特土库曼人社会文化及其变迁具有非凡的史学意义和参考价值。

综上所述,我们可以说,威廉·艾恩斯的《约穆特土库曼人》作为早期中亚民族志研究的典范,其学术水准可与埃文思-普里查德的非洲研究《努尔人》、利奇的东南亚研究《缅甸北部高地的政治制度》以及费孝通的中国农村研究《江村经济》等经典作品相媲美。也可以毫不夸张地说,就这部产生于20世纪中后期的、针对中亚土库曼部落人群的人类学研究专著提供资料的系统程度及其探究问题的深度和广度而言,至今国内学界在相应领域还没有相应水准的研究出现,差距之巨大一目了然。

时至今日,当我们再度研读《约穆特土库曼人》时,依然被该书对生活在伊朗北部、土库曼斯坦南部山区间及平原地区的约穆特土库曼人社会组织描写的深度、资料的系统性和分析的精辟程度所震撼。在赞叹美国人类学家对中亚部落社会研究的科学水准的同时，也能感到在研究的理论视角及创新方法方面学到了太多，受益匪浅。在中国推进"一带一路"建设的今天，我们对中西亚乃至世界的理解不能停留在国际关系类宏观研究的现象分析层面，以及概览性区域国别之国情介绍的水平。我们需要越来越多的年轻学者走出国界，深入到中北亚乃至世界各地的人群中去，与他们同吃同住，学习他们的语言，理解他们的文化，把真正有用的、反映当地社情民情的系统资料挖掘回来。从这个意义上讲，这本专著的理论指导意义和实践参考价值不可估量。

马伟教授及青海民族大学中亚-土库曼斯坦研究中心研究团队慧眼识珠，能够选择编译这部专著，并对其核心内容进行细致研究推介，实属难能可贵。这项编译研究成果的面世，是对中国中亚研究的一大贡献，为年轻一代科研人员提供了理论方法的探索基础和研究典范，其学科推动作用和应用价值非常可观。本人的研究团队长期致力于中国周边国家海外民族志的开发研究，在蒙古国和日本研究方面都取得了可喜的国家级科研调查成果以及专著成果产出。但是，派往中亚哈萨克斯坦、乌兹别克斯坦和吉尔吉斯斯坦等国的研究人员，由于特殊的国情和区域国际关系局势，科研调查未能及时充分展开；有时也只能眼望各类所谓学界专家在公众媒体上高谈阔论、空侃中亚而兴叹。

面对国内这种科研发展的不利局面，本人更加感到此类脚踏实地的、能为中国"一带一路"发展提供必要学术资讯之研究的急迫需要。故而，本人认为对《约穆特土库曼人》一书的翻译和研究

/ 推荐序 /

非常切合目前国家发展形势需要。这项研究的优点可以具体概括如下:

第一,译文专业水平较高,基本准确转译出原文的学术内涵,对《约穆特土库曼人》一书的中心思想和理论方法做出了客观完整的翻译。译者文笔流畅,表达清晰,对相关专业事项的表述都拿捏得较为准确,是一部值得信赖的专业编译作品。在国际人类学专著翻译和中国相关学界理论方法论研究的提升方面,这部作品是一次价值极高的再创作,对国内学界的相关学科建设必将产生良好影响和推进效果。

第二,我国学术界的区域国别研究正处于起步阶段,对世界上数百个国家和地区存在的约8000种民族语言群体的研究理解还较为表面。我们年轻的科研队伍需要及时调整思路,确立正确有效的技术路线,吸收深入世界各地社会的经验。从这个意义上讲,《约穆特土库曼人》的编译对"一带一路"沿线国家的研究,特别是中亚西亚的地方部落社会研究具有可靠可行的指导意义。这部书的价值会在国内学界今后的科研发展中逐渐体现出来,用于当代,功在将来。

第三,《约穆特土库曼人》的编译对相关突厥语群体社会文化研究有语言学及方言学方面的理论指导意义和参考价值。英文原著对突厥语族土库曼语西南方言关于亲属称谓、社会组织及人际关系规范的细心挖掘和整理,也使我们有机会看到约穆特土库曼语与中国境内突厥语群体各方言的相似和区别,扩大国内学界相关语言研究者的视野范围和进一步推进突厥语方言学发展的可能性。

最后，本人作为对中北亚突厥语群体社会文化研究有浓厚兴趣的读者，可以负责任地告诉大家，马伟教授的这部编译作品有趣且有科研参考价值。专业科研工作者可以扩大视野，加深对中亚游牧部落历史、社会和语言文化的理解；而一般社会读者则能通过阅读，了解中亚约穆特土库曼人的社会组织、经济生产和政治生态，为认识当代土库曼人及土库曼斯坦的社会文化打下基础。总之，这是一部值得花时间细读的好书，其阅读结果绝不会使广大读者失望。

王建新

2024年7月31日

于兰州大学一分部家属院自宅

·目 录·

前 言 / 1

第一章 简介 / 5
    第一节 亲属制度及其环境 / 6
    第二节 民族志背景 / 10
    第三节 土库曼人的近代史 / 15
    第四节 资料与研究方法 / 22

第二章 生态 / 33
    第一节 传统生态与经济 / 33
    第二节 近期变化 / 40
    第三节 阿吉·奎的生态现状 / 46

第三章 政治结构 / 55
    第一节 血缘群体 / 56
    第二节 居住群体 / 62
    第三节 血缘群体和居住群体的关系 / 70
    第四节 和平、战争和世仇 / 81

	第五节	神圣的血统	/ 88
	第六节	与卡扎尔政府的关系	/ 89
	第七节	游牧与世仇	/ 96
	第八节	游牧制及其与国家的关系	/ 97
	第九节	阿吉·奎及其周边地区的近代政治史	/ 101

第四章　家庭群体 / 111
　　第一节　正常发展周期 / 113
　　第二节　特殊的家庭发展模式 / 119
　　第三节　特定奥巴中的家庭类型 / 121
　　第四节　遗产继承 / 124

第五章　亲属关系规范和类别 / 127
　　第一节　父母与子女 / 128
　　第二节　祖父母与孙子女 / 132
　　第三节　兄弟姐妹 / 133
　　第四节　丈夫与妻子 / 136
　　第五节　姻亲 / 139
　　第六节　母系亲属 / 149
　　第七节　宗亲关系与非宗亲关系的差异 / 151
　　第八节　亲属关系的延伸 / 154
　　第九节　亲属制度中的先祖地位 / 159
　　第十节　奴隶制和亲属关系 / 163
　　第十一节　父子关系的重要性 / 165
　　第十二节　亲属规范和家庭群体 / 169

/ 目录 /

第六章 婚姻 / 173
 第一节 婚姻伴侣的选择 / 174
 第二节 内婚制和世系关系 / 180
 第三节 婚姻谈判 / 182
 第四节 婚姻的发展 / 186
 第五节 寡妇、鳏夫、再婚和一夫多妻制 / 193
 第六节 离婚 / 194
 第七节 人口背景 / 196
 第八节 通过社会习俗调节人口：一个假说 / 204

第七章 家庭组织与经济 / 211
 第一节 不同的生产力和财富分配 / 212
 第二节 平衡制度 / 222

第八章 综述 / 233

附录一 阿吉·奎的财富概况 / 239
附录二 中等富裕游牧家庭的收入 / 247
附录三 关于土库曼词语转写的说明 / 249
参考文献 / 259

附 土库曼人的历史及社会组织 马伟 / 279

前 言

这本专著基于1965年至1967年和1970年在约穆特（Yomut）土库曼人之间进行的实地研究而著。这里提供的大多数材料都包含在1969年提交给密歇根大学的博士学位论文中。密歇根大学的许多老师在不同时期指导和鼓励我完成这本专著。在这些人中对我帮助最大的是我的博士学位论文指导老师肖威廉·肖尔格（William Schorger）以及理查德·比亚兹莱（Richard Beardsley）、拿破仑·查侬（Napoleon Chagnon）、麦尔文·梅吉特（Mervyn Meggitt）、埃里克·沃尔夫（Eric Wolf）和华翰维（Henry Wright）。

此外，我感谢在经费上支持我研究的机构。国外地区奖学金计划支持我在伊朗进行了18个月的田野调查（1965年7月至1966年8月和1966年10月至1967年4月），以及在美国进行了7个月的资料分析和写作（1967年11月至1968年5月）。密歇根大学近东和北非研究中心支持我在伊朗进行了6个月的研究（1967年5月至1967年10月），以及在美国进行了5个月的分析和写作（1968年6月至10月）。约翰·霍普金斯大学资助我在伊朗进行了3个月的研究（1970年6月至8月）。

在伊朗居住期间（1965年6月至1966年8月；1966年10月至1967年11月；1970年6月至1970年9月），我受到了无数人的款待和帮助，对他们的感激之情难以言表。最值得我感激的是阿吉·奎（Ajī Quī）土库曼人。虽然他们中的很多人都不会读到我写的这些话，但我想说的是，他们坚守着热情好客的传统，令我钦佩不已。我感谢的其他人还有：文化艺术部、人类学研究室的沪上·普尔卡里木（Hūshang Pūrkarim），人类学研究室主任穆罕默德·哈力克（Mahmūd Khalīqī），时任德黑兰大学社会研究院院长伊赫桑·那拉希（Ihsān Narāghī），以上研究院部族研究部主任纳迪尔·阿夫沙利·纳迪尔力（Nādir Afshāri Nādirī），时任英国波斯研究所主任大卫·特罗纳克（David Stronach），时任英国研究所副所长布朗·斯普纳（Brian Spooner），美国伊朗研究所所长威廉·萨姆纳（William Sumner），1966年11月至1967年4月期间的德黑兰居民尤金（Eugene）和马乔里·加斯韦特（Marjorie Garth），当时伊朗社区发展办公室成员阿塔乌拉·穆塔丁（'Atā'ullāh Mu'tadil）、塔汗·穆罕默德·沙姆斯（Tāghān Muhammad Shamsī），卡拉莱赫（Kalāleh）的负责人迪亚尔（Dihyār），以及1964年至1970年在贡巴德卡武斯（Gunbadi Kāvūs）的维和志愿者巴克利·摩尔（Barkley Moore）。此外，还得感谢在德黑兰做档案研究时提供了4个月帮助的两个人：德黑兰大学图书馆员塔奇·阿夫沙尔（Traj Afshār）博士，以及马利克图书馆的主人哈济·胡赛因·阿卡·马利克（hajjī Husayn'ĀqāMalik）。

完成了这本专著所需的研究之后，我又在波斯北部的土库

/ 前 言 /

曼人中进行了更多的研究，旨在阐述和检验本研究中讨论的一些假设。由于得到国家科学基金会（美国国家科学基金会在1973年至1974年的社会科学基金的资助）、福特和洛克菲勒基金会关于支持人口政策方面的社会科学和法律研究项目的慷慨资助，我得以从事目前的这项研究工作。

在此，需要对此项研究中波斯语和土库曼语的拼写进行简短的说明。只要有可能，我就用《美国大学词典》或者《韦伯斯特地理词典》中使用的拼写法。对于那些没有标准英语正字法的波斯语，我使用了安·兰布顿（Ann S. K. Lambton）在《波斯的地主和农民》（见该项研究的第x—xii页）中用的音译系统。对于土库曼语，我使用的是我在附录三中解释的转写系统。不过，也有几个例外词，因为有些词虽然在任何英语字典中都找不到，但在各种相关材料中反复出现。因此，我把巴萨里（Basseri）拼写成在弗雷德里克·巴斯（Fredrik Barth）的《波斯南部的游牧民族》中出现的形式，我还使用了在V. 米诺斯基（V. Minorsky）和T. 米诺斯基（T. Minorsky）翻译的巴托尔德（V. V. Barthold）《土库曼人历史》中出现的土库曼语名字。在使用米诺斯基的拼写时，我将ï替换为i。

兰布顿的音译系统和我的转录系统所必需的附加符号使得对外来词使用斜体的通用方法变得不切实际。为了前后一致，我没有对文本中出现的任何外来词使用斜体形式。

威廉·艾恩斯

宾夕法尼亚州立大学

第一章　简介

我们有理由认为，在理解人类社会关系方面，人类学对于亲属关系的贡献比对任何方面的贡献都要大。几代人以来，这一主题吸引了众多人类学家的目光，目前已有大量关于这一主题的文献。然而，尽管取得了长足的进步，但现有文献中仍存在着一些缺陷。如果我们要充分理解亲属关系在组织人类社会关系中的作用，我们应该努力记录亲属组织尽可能广的变化形式。这样的文献记录中的一个重要部分应包括尽可能完整地记录世界不同地区的亲属关系结构。然而，世界上的许多地区在现有文献中的记载却很有限。

中亚突厥语族民族是文献资料不足的一个社会群体。先前有一些很不错的研究（Aberle, 1953; Hudson, 1938; König, 1962; Krader, 1963b; Lattimore, 1962; Pūrkarīm, 1966a, 1966b, 1967, 1968a, 1968b, 1968c, 1970; Vreeland, 1957），但这些只足以表明这些社会在亲属关系方面呈现出的一些有趣变化。在人类学家能够全面了解这些人群的社会组织和亲属关系之前，还需要进行更多这样的研究。

因此，这本专著的主要目的是描述其中一个社会的亲属制度和社会组织，即波斯北部的约穆特土库曼人。特别是，尝试描述让比较研究最有可能感兴趣的社会组织的几个方面：世系群体系（lineage system），家庭群体的发展周期，人际亲属关系的规范和模式，亲属类别，婚姻伴侣的选择，以及伴随婚姻的经济交易。

第二个目的是描述亲属制度运行的生态和社会环境，以及它在最近的过去运行的环境。约穆特亲属系统的许多方面似乎与他们的自然和社会环境的某些特征有明确的关系。这本专著简要探讨了其中的几种关系：(1)约穆特血统和居住群体的世系群体系与外部政治联系之间的关系；(2)约穆特家庭群体组织与经济之间的关系；(3)围绕婚姻的某些习俗与人口增长之间的关系。

第一节 亲属制度及其环境

约穆特和郭克连（Göklen）、特克（Teke）、撒鲁尔（Salor）、撒拉克（Sarik）等其他同源土库曼群体被组织成一个领土群体的裂变系统（segmentary system），其功能与世界其他地区所描述的无政府裂变社会类似（Evans-Pritchard, 1940; Fortes 和 Evans-Pritchard, 1940; Middleton 和 Tait, 1958）。约穆特及其他土库曼群体的土著政治结构与波斯其他部落群体的政治组织形成了强烈对比，后者往往在其政治结构中分层突出，且在传统上更紧密地融入国家组织（Irons, 1972）。这种政治组织尤其与邻近团体的掠夺性关系相匹配的假说似乎在约穆特个案里得到了证实（Sahlins, 1961）。然而，约穆特裂变系统的一些特点似乎是为了适应强化他们的以军事为目的而进行的游牧生活。约穆特有一种政治制度，使得家庭或整个部落特别容易在一个新地点建立自己的住所，作为对其原地点敌对政治关系的回应。约穆特社会政治规则的许多特点使得以上这种情况变得可能。这些规则的影响将在第三章末尾进行简要讨论。

还应该指出，这种为政治和军事目的而流动的情况体现在约穆特生活方式的方方面面。这其中最明显的是，他们的游牧居住模式。他们的游牧居住模式本身并不完全是对经济条件的反映（在中东、中亚和北非游牧民族中经常被认为普遍如此）。相反，他们的游牧生活在很大程度上是对政治条件的直接反映（Irons, 1974）。

家庭组织似乎是亲属制度适应环境条件的第二个方面。我是在以游牧生活为主的地区收集资料的，那里的家庭规模和经济发展之间存在着明显的联系。更大的家庭显然更富有，在这种情况下，规模更接近于自变量。另一种说法是，家庭群体的长期经济状况更多地取决于群体中成年劳动者的数量，而不是家庭在任何时候拥有的资本（牲畜和耕地）。这种情况很大程度上是牧场和水的自由使用，以及由于雇用牧羊人产生了大量就业机会而造成的结果，在这种情况下，将劳动力转化为经济生存所需的资本相对容易。直到最近，优质的可耕地供过于求，任何人只要愿意花费必要的劳动力来耕种就可以获得未开垦的土地。因此，在最近的几年，从劳动力和资本的相对重要性来看，这个天平明显倾向于劳动力。

家庭群体发展周期的某些特点似乎是对这种情况的适应，因为它们具有扩大家庭规模的效果，或者更准确地说，即具有最大程度降低一个家庭中调动成人后备劳动力的频率的效果，这些后备成人劳动力往往未达到独立生存的水平。这些特点包括儿子建立经济独立的家庭时间通常较晚，幼子继承制，没有男性继承人的男子收养男孩。这一观点将在第七章中讨论。

应该指出的是，牧区约穆特人的劳动力容易转化为资本的经济模式，直到近来还在被农区约穆特人共享。在近来变化之前，农业生产中的耕地存在需求过剩的情况，大片可耕种土地未被开发。在这种情况下，一个家庭耕种的土地数量取决于其劳动力供应，而不是任何土地所有权的归属。因此，正如在1966年至1967年牧区约穆特人中存在的情况一样，这种在第七章中描述的情况在最近的农区约穆特人中以更加夸张的形式存在。然而，当我在1966年和1967年进行第一次研究时，这种情况不再存在于农区约穆特人中。由于20世纪50年代开始的农业发展，所有的可耕地和所有可用于灌溉的水都被人占有了。土地价格尤其是水浇地价格很高，涨价极快。在这些条件下，资本所有权对家庭群体繁荣的影响可能比劳动力资源的影响更大。

亲属制度的第三个特征似乎是对环境条件的适应，即围绕婚姻的习俗，特别是彩礼和夫妻推迟同住的问题。约穆特新娘的彩礼与许多群体的情况不同，贫困家庭新娘彩礼通常不低于富裕家庭。新娘彩礼数额通常给许多家庭带来经济负担，并导致约穆特社会较贫穷阶层的婚姻延迟。更严重的问题是，通常在支付新娘彩礼后的几年时间里，新娘仍然属于她父亲的家庭，在此期间严禁新娘和她的丈夫进行任何接触。这种情况的统计

第一章 简介

结果是,在有详细人口普查数据的社区中,达到生育年龄妇女的比例相当高,她们要么未婚,要么处在与丈夫的回避期。这一事实表明,约穆特亲属行为的这些方面可能对调节人口规模具有重要意义,或者至少在最近可能如此。在第六章的末尾对这种可能性进行了讨论。然而,在目前正在进行的研究完成之前,还不能得出关于这种特殊可能性的确切结论。

上面概述的所有理论问题都是其他著作广泛讨论的主题(Irons, 1972, 1974,未出版)。此外,旨在进一步探索上述第二个和第三个观点的研究目前正在进行中,希望在完成这项研究后,可以对这些观点进行更彻底的实证检验。此后会有更多与这些假设相关的资料可用,它们没有在这本专著中深入地被讨论。《约穆特土库曼人》在某种意义上其实是尚未完成的初步研究报告,因此它强调的是基本的描述性材料,这是任何人类学研究的必要起点。

在此还应强调,本专著中描述的是当时传统社区的亲属制度、基本生态和社会背景。同时对土库曼人的近代史也给予了相当大的关注。这里介绍的内容并不能代表今天全体约穆特人。这种把注意力集中在传统而不是典型的选择并不是随意的。当我开始在约穆特人中进行研究时,他们处于社会变革的阶段,这种变革将使他们很快成为一个经济繁荣、政治强大的国家的现代公民。当时在约穆特人中可以观察到的较为传统的部分,不久将不再在任何地方观察到。同时,约穆特的传统亲属制度似乎在许多方面适应了近来的环境条件,这些条件特别是在保守地区遗存下来了,并且在许多报道人的头脑中仍然清晰存在。

因此，在这里呈现出来的研究，以及目前正在进行的研究，在不久的将来会变得不可能。考虑到这种情况，专注于描述更传统的约穆特社会组织形式及其依附的环境变得更为重要，社会变革过程的描述则不作为重要的部分，因为社会变革的变化在未来一段时间内将在某种形式上是可以观察到的。

第二节　民族志背景

约穆特人是几个较大的血缘群体（descent group）中的一个，他们拥有共同的民族名称——土库曼，并且共同占据了苏联中亚西南部以及伊朗和阿富汗邻近地区的一个毗连地区（见第12页图1）。所有这些群体都说相同的语言，分享基本相同的文化传统，并维持一种共同起源的理论：要么通过同一神话祖先乌古斯可汗（Oghuz Khan）[1]的血统，要么通过与乌古斯可汗的后代共同居住而吸收的血统。[2]中亚土库曼人都是逊尼派穆斯林，

1　Oghuz Khan 和 Oguz Khan 是对这个名字通常的拼写形式，但约穆特人的发音是 Oghuth Han。本书注释除署名者外均为原注。

2　在安纳托利亚（Anatolia）、高加索地区（Caucasus）和新月沃上地带（Fertile Grescent）也有少量分散的被称为土库曼人的群体。尽管这些群体在历史上和中亚土库曼人有联系，但他们独立生活几个世纪后，可能已经在语言文化方面有了明显的区别。他们当中的许多散居土库曼群体在当地属于什叶派穆斯林，但中亚土库曼人属于逊尼派穆斯林，所有我认识的人都认为，一个人如果不是逊尼派人士，那么他不可能是土库曼人。这些群体的居住地可以在布鲁克（S. I. Bruk）和阿彭琴科（V. S. Apenchenko）的著作中看到（1964:28-32, 70-71）。在此项研究中，"土库曼"一词仅指中亚土库曼人。

/ 第一章 简介 /

遵从哈乃斐学派（Hananfite）教法，他们高度认同伊斯兰教，尽管没有像他们部分宗教领袖倡导的那样严格遵从伊斯兰教规范。土库曼语被土库曼人自己称为Türkī、Türkmenche和Türkmen Dil，被语言学家归于乌古斯或西南突厥语组，与阿塞拜疆语和现代土耳其语有密切关系（Menges, 1967: 72-74）。与后两种语言一样，土库曼语也有大量的阿拉伯语和波斯语借词。土库曼语与乌兹别克语、哈萨克语和吉尔吉斯语的语言关系被认为比与阿塞拜疆语或土耳其语的距离更远（Menges，同上）。然而，土库曼人与中亚其他突厥语民族，特别是哈萨克族和吉尔吉斯族的文化亲缘关系比与他们语言上最亲近的阿塞拜疆族和土耳其族的文化亲缘关系更强。后一点与本研究更加相关，因为约穆特人的亲属制度与哈萨克族和吉尔吉斯族的亲属制度，甚至与各蒙古语民族的亲属制度，比它与阿塞拜疆族或土耳其族的亲属制度有更大的相似性。[1]

有记载的土库曼的历史大约有1000年。[2] 在很大程度上，早期历史的具体细节与本研究无关。土库曼历史中确实出现了一个相关的事实：至少1000年来，土库曼人一直与城市文明接触，并与定居人口和城市人口有重要的经济和政治关系。在思考他们的近代史时，了解这一事实是很重要的。

在过去的一个世纪里，土库曼人经历了许多社会变革的压

---

[1] 相关亲属制度的描述见：Aberle, 1953; Hanessian, 1963; Hudson, 1938; Krader, 1963*b*; Stirling, 1965; Vreeland, 1957。

[2] 关于土库曼人历史概况，见Barthold, 1962: 73-187。

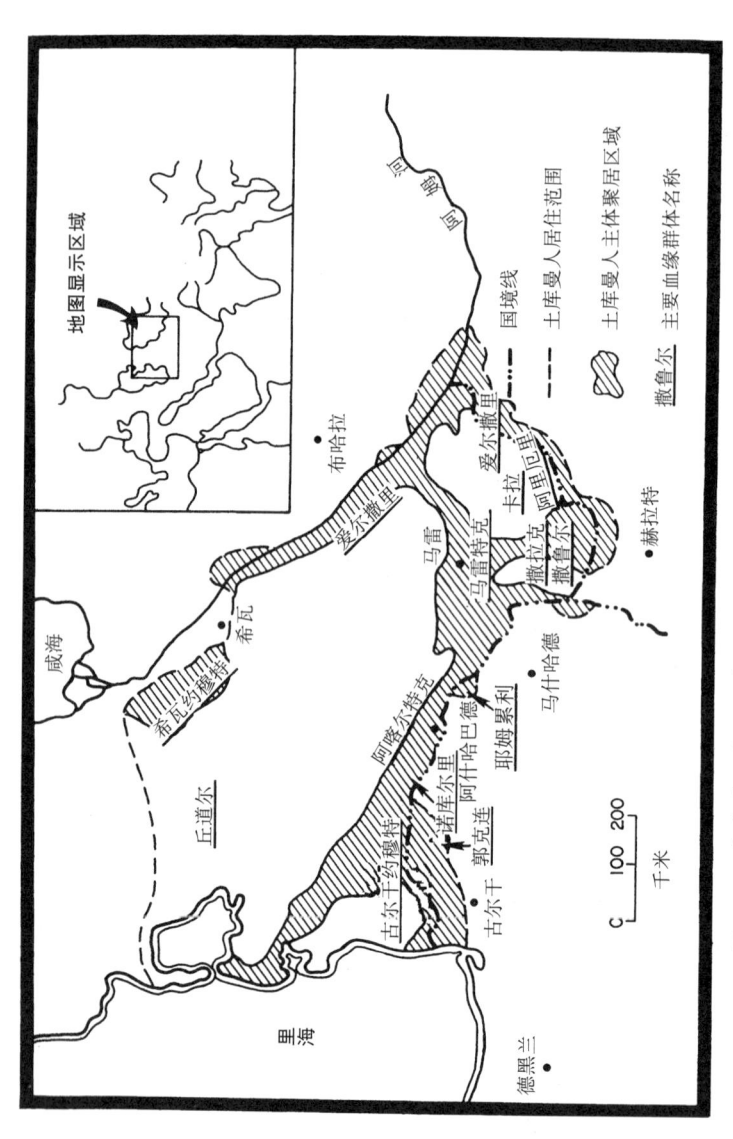

图1 / 土库曼人主要后裔（本书所有图表均为原文插附。——编者）

/ 第一章 简介 /

力。俄国在19世纪下半叶征服了大部分土库曼人,后来他们又被波斯和阿富汗政府征服,这为变革提供了最初的动力。近几十年来,越来越广的土库曼人生活领域被政府控制和渗透的程度加深,使得他们的压力不断增加。人类学家对世界其他地方的类似变化过程也很熟悉。然而,土库曼人在这方面的经历与美洲、撒哈拉以南的非洲和大洋洲的大多数"原始"民族不同,因为他们在有记录的历史中一直与"文明"接触。人类学家研究的许多民族直到最近才熟悉国家机构,才融入到城市市场所连接的经济中。相比之下,土库曼人对国家和城市市场等文明机构的熟悉至少已有1000年,他们最近所经历的仅仅是国家控制力急剧增加的现实。

历史证据表明,在这些变革力量出现之前,土库曼人与自然和社会环境都实现了稳定的关系,因此,他们的文化和社会结构的大致轮廓可能在一段时间内没有发生改变。[1] 这个稳定的调适可以概括如下:土库曼人以生产为导向,在城市市场进行贸易,通过贸易,他们获得了许多自己不能生产的产品。这些产品包括粮食、布、金属工具、枪和火药。特别是卡拉库姆(Kara Kum)沙漠以南的土库曼人部落在很大程度上没有受到任何邻国的有效政治控制,尽管他们经常承认定居的统治者是他们的宗主国。他们经常认为与宗主国的外交关系是两个

---

[1] 可能在10世纪信奉伊斯兰教和13世纪融入蒙古帝国的历史同样对土库曼人的文化和社会组织产生了深远影响(见Barthold,前引书)。

自治政治体之间的联盟,而不是接受权威统治,他们对自己政治地位的解释绝不是不切实际的。尽管他们有能力抵抗政府的控制,但认为他们只受到国家制度的表面影响是不现实的。定居社会的中央政权和军事机构一直是他们不得不考虑的一个因素。那些可以通过军事手段反抗国家权力的人这样做了,但实际上是保持充分的事实上的政治主权,同时按照裂变政治体系(segmentary political system)来规范他们的政治事务。那些由于这样或那样的原因不能做到这一点的,认可政府代理人对他们事务的有限控制。土库曼人的自治程度,或者相反,他们接受的政府控制程度,比其他任何东西都更能反映出权力的制衡关系。[1]

土库曼人已经成为定居国家不得不应付的一支力量。建立在定居社会基础上的国家经常采取一个防御性很强的政策去反对土库曼人(Barthold, 1962:146)。在其他时间,定居的政治首领们从各种土库曼群体那里寻求军事支持。比如,18世纪后半叶伊朗卡扎尔王朝(Kajar dynasty)建立时,伊朗的土库曼人起了重要作用,伊朗宪法的反对者曾在1909年革命时期寻求土库曼人的支持。

这种与定居和城市居民长期的经济政治关系史,可以自然地在土库曼文化和社会结构中多方面反映出来。土库曼文化中的大部分是对更复杂的伊斯兰城市传统的修改和简化。他们文化中的其他方面体现出前伊斯兰时期突厥传统的延续。

---

1 相似的情况在伊朗西南部有过描述(Garthwaite, 1969)。

/ 第一章 简介 /

在土库曼人的知识传统中,城市影响特别明显。土库曼人从10世纪开始信奉伊斯兰教,他们目前对这种宗教的坚持绝不是表面性的。大多数成年土库曼男性都在勤奋地进行这种义务性的伊斯兰仪式,如一天五次的祈祷和每年一个月的斋戒。富有的土库曼人通常会前往麦加朝圣,在他们返回后,他们因获得朝觐的地位而备受尊敬。土库曼人还遵守规定,他们每年将其财产的规定部分用于慈善或宗教用途(见Coon, 1958: 109-111; Lane, 1908: 92-92)。那些学习宗教的土库曼人会用阿拉伯语识字,一旦他们学会了,他们就可以相对容易地使用阿拉伯字母来读写自己的宗教书籍。少数识字的宗教教师还创作了少量土库曼语言文学作品,其中大部分是宗教诗歌(Köprülü Zāde, 1931: 898-899),也有少量的历史以土库曼语书写。[1]

虽然城市文明在亲属关系领域的影响不如宗教领域广泛,但仍然是可见的。伊斯兰传统的影响最明显地体现在允许与近亲结婚,这是土库曼人与中东穆斯林以及中亚定居的乌兹别克人的一种做法。伊斯兰法也影响着财产继承和遗孀的待遇。

第三节 土库曼人的近代史

伊斯兰世界的近代史主要是受西方影响的历史,土库曼人也不例外。像伊斯兰世界的其他游牧民族一样,他们比定居和

---

[1] 广泛知晓的用土库曼语写的是阿布尔·哈齐的著作(Abul-Ghāzī, 1958)。

城市民族更保守，对西方影响的适应更慢。

在过去的一个世纪里，所有的土库曼人都是通过武力被置于俄国、伊朗和阿富汗三个政府的有效控制之下。由于政府的影响，近几十年来，大多数土库曼人都变成了定居人口。然而，这些变化是零星发生的，对一些地方的影响比其他地方更早更彻底。这项研究重点关注的特定社区是一个保守的群体，在我1965年至1967年进行第一次研究之前，他们一直保持游牧状态（事实上，直到1970年还保持完全的游牧状态）。他们的许多文化和社会结构与失去政治独立性之前一样，因此，这些文化和社会结构的大部分只有在以前的政治条件下讨论才有意义。因此，简要回顾土库曼人的近代史，特别是伊朗北部的历史，作为更具体的亲属关系讨论的前言是有用的。

一个世纪以前，土库曼人较大的群体分布如下。[1] 土库曼人口的大部分，跟现在一样，都集中在卡拉库姆沙漠更肥沃的边缘地带。他们的人口当时约有90万（Vambery, 1865: 355）。现在他们的人口大约是150万（Krader, 1968: 408）。最强大和人数最多的部落是特克（Teke），他们占领了卡拉库姆以南的阿喀尔（Akhal）山脉和阿喀尔山脉以西的马雷（Merv）绿洲。在军事实力和声誉方面居第二位的是约穆特人，他们占领了卡拉库姆以南和特克以西的古尔干（Gurgan）平原和巴尔汗（Balkhan）

---

[1] 关于19世纪土库曼人较大后裔群体的分布见万贝里（Vambery, 1865: 347-355）和雅林（Jarring, 1939: 35-51）的著作。

山脉。另一群约穆特人住在卡拉库姆以北的希瓦（Khiva）市附近。最近被特克人从马雷绿洲赶走的撒鲁尔人和撒拉克人，虽然人数较少，但以派出令人可怕的劫掠部队而闻名。丘道尔（Choudor）人在希瓦约穆特人以西的非常干旱的乌斯特尔特（Ust Urt）高原上，他们人数不太多，但他们像许多居住在干旱地区的部落一样，擅长袭击，他们的邻居非常害怕他们。马雷东南部的卡拉（Qara）部落是个小部落，同样居住在特别干旱的地区，以可怕的强盗名声而闻名。

其他大部落并不以军事实力著称。居住在阿姆河（Amu Darya）岸边的爱尔撒里（Ersari）人是布哈拉（Bukhara）可汗相对和平的臣民。郭克连人占据了古尔干约穆特东南部一片灌溉良好的地区，他们主要从事农业，被认为是土库曼部落中最文明的部落，也是最具宗教信仰和对鸦片最上瘾的部落。

这些部落人口众多，具有重要政治地位，有许多著作记载了他们。也有一些在政治上不那么重要的部落得到较少的关注。这些人中有艾乌拉德（Ewlad）人，是居住分散的群体，他们声称是前四个哈里发的后裔，他们的神圣血统使他们在部落间的战争中获得了非战斗人员的地位。这里也有一些其他的小团体，如阿喀尔山脉的诺库尔里（Nokhorli）人和安德胡伊（Andkhui）的阿里厄里（Ali-eli）人，他们被认为原本不是土库曼人，直到最近才被土库曼化（Turkmenized）。由于他们被推定为非土库曼血统，这些人被更大、更强的部落认为是社会地位较低的群体。

土库曼人在被征服之前，因掠夺奴隶而声名狼藉。大部分的袭击是由特克、约穆特、撒鲁尔和撒拉克完成的，他们大部分的掠夺都是针对波斯东北部和阿富汗北部。在他们的掠夺中，他们利用两个因素获得了相当大的优势：突然袭击和马匹的巨大耐力（见 Marvin, 1881: 177-200，关于土库曼奴隶的讨论）。突袭部队通过夜晚行动、白天隐蔽的方式进入他们希望突袭的地区。在仔细侦察了选定的村庄或商队作为目标后，他们会埋伏在周围。一旦俘虏被抓获，他们就会迅速撤退到自己的领土上。他们拥有优良马匹，但他们骑着羸弱的坐骑到突袭现场进行伏击，以便他们更好的马匹拥有充沛的体力撤退。这通常使他们很容易摆脱可能在突袭后被召集的任何追踪者。

在这些掠夺中被抓获的俘虏被扣留并索要赎金，可以在他们自己的部落中出售，或者由商队穿过卡拉库姆沙漠送到希瓦、布哈拉或马雷的奴隶市场。有证据表明，奴隶买卖是非常有利可图的（Marvin, 同上；Coon, 1958: 223）。有趣的是，虽然伊斯兰教禁止一个穆斯林奴役另一个穆斯林，但土库曼人辩解他们的受害者不是正统穆斯林，而是什叶派信徒，以此来证明他们的做法是正当的。他们解释，奴隶掠夺把许多迷途的灵魂带进了正统逊尼派信徒的圈子里。

沙皇俄国在19世纪的最后25年使大多数土库曼人处于其控制之下，并结束了大多数奴隶贸易。1873年沙皇军队占领了希瓦并征服了约穆特的北部地区（d'Encausse, 1967a: 147-149）。接踵而来的是一连串的征服。1877年对柯孜尔·阿尔瓦特（Qizil Arvat）的征服使除阿特拉克（Atrak）河南部地区以外，整个约穆特处于俄国的统治之下。在1879年被特克人挫败后,俄国人继续前进,于1881年夺取了阿什哈巴德(Ashkhabad),1884年夺取了马雷。

历史学家通常认为1884年征服马雷是对土库曼独立的最后一击。这次征服关闭了最后一个中亚奴隶市场,并使俄国人控制了大部分土库曼人居住的地区。然而,实际上并不是所有的土库曼人都被置于俄国的统治之下。在古尔干平原,就是本研究获得资料的地方,俄国的征服在阿特拉克河止步,留下了约穆特部落的很大一部分,以及大部分郭克连部落,他们名义上处于宗主国波斯的统治之下。波斯的卡扎尔政府对这些土库曼人的控制力是很弱的,从一个地区到另一个地区差别很大。这种情况在古尔干平原一直持续到1925年。

幸运的是,在19世纪后半叶和20世纪上半叶,对古尔干平原有一些很完整的书面描述。[1]此外,20世纪早期的情况也在我采访的年长报道人的记忆中。这使得有可能结合书面和口头资料来研究当时盛行的情况,从中发现书面记录和报道人口头陈述中出现的画面是一致的。

在此期间,郭克连部落处于博季努尔德(Bujnurd)市库尔德(Kurdish)酋长的控制之下,他们任命了一名郭克连总督,并向他提供了一支由200名骑兵组成的民兵。总督和他的大多数

---

1 见Bustāmī, 1878; Qūrkhānchī Ṣaulat Niẓām, 1903–04, 1909–1910; Rabino, 1928: 67–104; Yate, 1900: 212–281。更近期的情况见Pūrkarīm, 1966a, b, 1967, 1968a, b, c, 1970。

军官都是从博季努尔德地区的库尔德人中抽调出来的，但骑兵是郭克连人。总督和他的民兵的主要职能是征收轻税和防止郭克连对博季努尔德的突袭。总督的权力不足以管理郭克连的内部事务或保护他们免受约穆特的影响。内部纷争和与约穆特的关系是由郭克连处理的，没有总督或民兵的干预。郭克连与约穆特之间充满了持续袭击和反袭击的关系。结果，在这两个部落之间出现了一片无人居住的地区。

对约穆特人的控制要宽松得多。当时的约穆特人如今天一样沿着经济路线将自己分成两个群体。恰尔瓦（charwa）指从事牧业的一群人，恰米尔（chomir）指从事农业的一群人。恰尔瓦人在很大程度上没有任何形式的政府控制，尽管他们中的一些人季节性地迁移到俄国领土上，沙皇当局在那里保持着一定程度的控制。那些占领着离古尔干平原行政中心很远领土的恰米尔人也不受政府控制。靠近行政中心的恰米尔人向阿斯特拉巴德（Asterabad）城（现代的古尔干）缴了税，尽管比郭克连缴得少一些，并且政府承担他们部落首领的骑马民兵开支。关于1925年以前古尔干平原约穆特政治条件的更多细节将在政治结构讨论中提出。

1925年，由于伊朗国家大事的发生，伊朗约穆特人的情况发生了急剧变化。在20世纪20年代，伊朗政府在礼萨汗（Reza Shah）的领导下经历了巨大的转型，致力于改革、经济发展的政府转型，并将外国影响排除在伊朗事务之外。这一转变的一个重要方面是征服和解除各个部落的武装，在此之前，这些部落享有相当大的自治权，而且事实上是独立的。这是一项艰巨

第一章 简介

的任务，军队在10年中的大部分时间里都在对一个又一个部落进行军事行动。作为有效控制伊朗所有部落的总体努力的一部分，伊朗军队在1925年秋天开始了一场镇压和解除约穆特和郭克连武装的行动。

约穆特人起初进行了顽强的抵抗，但在发现对手对他们来说太强大之后，他们中的大多数人带着家人和牲畜越过边境逃到了俄国领土。因此，在被控制之后，约穆特人以前占领的领土基本上是无人居住的。然而，伊朗军队继续控制这片领土，只有在他们交出武器并承诺接受伊朗当局的情况下，才允许约穆特人返回。

当时俄国一侧的边境管理基本上是无效的。在革命期间，俄国当局在本国的土库曼地区处于完全崩溃状态，1925年新的革命政府才开始重建该地区的行政管理。尽管一些人更早地回到伊朗，但是还有许多在1925年秋天逃离伊朗的约穆特人更愿意留在政府控制力较弱的俄国一侧边境，直到20世纪30年代中期。在20世纪30年代中期，革命政府开始更加激烈地干预约穆特人的事务，试图将其财产集体化，并限制其宗教活动。大多数在1925年逃离伊朗但尚未返回的人此时返回，许多一直生活在俄国一侧边境的约穆特人也加入了他们的行列。

在这些事件发生后不久，伊朗政府也开始更广泛地干预约穆特人的事务。正是在这一时期，伊朗政府开始实行强迫游牧民定居的政策。在俄国人占领伊朗北部期间（1941—1946年），政府控制在一定程度上又像1925年前一样缺乏效力。这种情况在俄国占领军几乎没有行政利益的干旱地区尤甚。在1941年入侵后不久，在俄国人的批准下，当地重建了伊朗行政机构，但其权力非常有限，特别是在人口较少的约穆特领土部分。

第二次世界大战后，在古尔干平原重建了有效的伊朗行政机构，人口更多、灌溉条件更好的平原南部开始了一段经济快速发展的时期。古尔干平原的南部是机械化农业的理想之地。这里相当平坦，既有高降雨量，又有许多小溪，可以从中取水灌溉。此外，这里人口密度低，耕地面积大。这些特点导致了商业性机械化农业的快速发展。结果，古尔干河以南的所有土库曼人都成了定居的棉农。

在古尔干河以北更干旱的地区，变化没有那么剧烈。这在进行此项研究的郭克恰（Gōkcha）丘陵地带尤其如此。1941年，这个地区的土库曼人完全恢复了游牧，在我研究的时候，他们仍然从事游牧活动。在第二章则更全面地描述了这个地区是如何受到这些变化的影响的。

第四节　资料与研究方法

本专著中提供的资料基于1965年12月至1967年11月之间进行的16个月的实地调查。大部分研究是在贡巴德卡武斯市以北约30英里[1]的一个游牧社区中进行的。此外，在贡巴德卡武斯东北

---

[1] 1英里约合1.6千米。——编者

第一章 简介

约15英里的一个最近定居的社区中,花费了相当长的时间来收集资料。我还进行了旅行,对古尔干平原上约250个约穆特社区中的39个进行了短期访问,还访问了属于郭克连血缘群体的7个土库曼社区。整个民族志研究涉及1965年至1967年这一时间段。第四章至第七章中的所有描述性材料都指上述游牧社区的情况,除非另有说明。

关于我的研究方法的一些说明可能会帮助读者评估所提供的资料。像许多人类学家一样,我开始实地调查时,对我要研究群体的语言一无所知。学习土库曼语的任务和我的实地调查是同一天开始的。然而,实地调查的语言问题通过几件事得到了缓解。首先,我在密歇根大学读研究生时受过很好的语言学方法训练。这次培训,使我更好地在没有教科书、语法书或专业语言教师的帮助下做好了学习一门语言的准备工作。其次,土库曼语与标准土耳其语密切相关,以英语为母语的学习者能够获得优秀的土耳其语初级语法书和教科书。土库曼语和土耳其语并不像大多数文献资料所说的那样相近。

两种语言的音系差别很明显,大约一半的词汇是不同的,包括非同源词(noncognates)或假同源词(false cognates),虽然语法在一般形式上是相似的,但几乎每个语法结构在细节上都是不同的。尽管如此,我还是发现一本专为教土耳其语而编写的教科书非常有用,当我汇总自己的粗略语法和词汇表时,该书可作为整理材料的指南。我还使用了杜林(G. K. Dulling)的《土库曼语概况》。然而这本书帮助不是很大,作为伊朗北部土库曼人的语言指南，它既肤浅又不准确。最后一个缓解田野调查最初的语言交流困难的因素是，当我开始学习时，我已经知道作为伊朗国的通用语波斯语，并且能够使用波斯语与许多土库曼人交流。

开始学习土库曼语的进展缓慢，因为它是一门比较难学的语言，而且与我所了解的任何其他语言都完全无关。经过大约6个月的实地调查，我已经学会了基本的土库曼语，能够用土库曼语进行采访，10个月后，我能够理解大多数母语为土库曼语的人之间的大部分对话。

在调研社区生活时，我建立了一个相当于半独立的家庭，由我和我的助手住在一顶帆布帐篷里。在后来几个月的研究中，在我们的装备中又增加了一顶土库曼小帐篷。除了几个星期外，在社区的所有时间里我都住在头领的帐篷旁边，他家里女人们烤的面包成了我们的主食。在访问其他土库曼社区时，我是当地家庭的客人。像其他穆斯林民族一样，土库曼人有热情好客的传统，这极大地方便了我们的旅行。出现在他们家门口的陌生人总是被邀请进去，以茶和面包招待。如果客人看起来需要住宿，主人会简单地问"你要住下来吗"。如果答案是肯定的，不经什么手续就会给客人提供食物和睡觉的地方。事实证明，以这种方式进入土库曼家庭对我的工作是有益的。当我住进自己的帐篷时，情况正好相反，除了每天进出几次的近邻外，我得向所有选择来我帐篷参观的人提供面包和茶。当我的助手准备好饭菜时，我通常会邀请头领、他的父亲和他的一些兄弟加入我们。与土库曼人在一起时，我尽我所能地遵守土库曼人的

第一章 简介

礼仪和个人行为规则。我做这些事情的目的是尽量减少我在他们眼中的"奇特"印象,尽最大可能增加个人接触的机会。我的意图不是要成为一个土库曼人,这本来就是不可能的,而是为跨越文化边界的交流铺平道路。

最初我做这件事的尝试完全失败了。我和我的研究对象之间的差距太大了,无法在几天内缩小。古尔干平原的土库曼人与外来者接触的程度因地区而异。在古尔干平原的市中心,人们可以找到见多识广的土库曼人:政府官员、企业家,以及从事机械化作业的农业资本家。他们当中的许多人都在伊朗的学校或国外接受了现代教育。在经济不景气的古尔干平原地区,人们能发现更保守的人,他们住在帐篷里,以养羊为生,他们与城市生活的唯一联系就是偶尔到附近的城市由另一个土库曼人——通常是亲戚——开的商店购物,或者把绵羊或地毯卖给土库曼中间商。就像许多人类学家一样,我对受现代化影响最小的人最感兴趣,所以我选择研究一个保守的游牧社区。然而,这极大地增加了沟通的障碍。缺乏共同语言绝不是唯一的困难。最重要的是当地人把我看作一个异教徒,认为我的存在只会带来不幸。虽然他们没有勇气要求我离开,想象着我一定对政府有很大的影响力,因此有潜在的危险,但他们清楚地表达了对我在场的不适。我不知不觉地问了他们认为不雅的问题,例如询问他们的姐妹,并做出了他们认为亵渎的行为,例如将面包屑扔进火里,从而加剧他们对我的不适感。我寻找的大部分信息他们都不会轻易提供给任何陌生人。他们族谱的一部分被精心保护着，因为这些信息如果落到错误的人手中，可能使他们成为血腥复仇的目标。[1] 询问他们有关姐妹和女儿的问题是不雅的。询问年轻人的年龄会涉及征兵这一敏感问题。我雇来做助手和翻译的那个人是来自另一个地区的土库曼人，他意识到我与当地社区的隔离增加了我对他的依赖，所以他开始用自以为好的方式改善情况。他警告当地人，我被怀疑有危险的秘密政治任务，他的工作是代表伊朗宪兵监视我。他还说，他们不应该直接和我打交道，而只能通过他。

由于这些困难，在我和土库曼人相处的头几个月里，我的研究进展甚微。最终，随着我学到更多的当地语言和文化，我开始意识到困难的根源，并纠正它们。对当地个人行为准则的正确理解和尊重，以及一个新的、更诚实的助手在我与想要研究的人之间打开了一条更好的关系融洽的道路。最后，我和许多土库曼人建立了信任关系，并能够获得这些报道人的帮助。我的大部分信息来自几个报道人，而且当我能够单独与他们在一起时，我的大部分采访不得不以不定期的间隔进行。我寻求的大部分内容都不是当地人愿意和外人讲的信息。

然而，在这些不利的条件下工作，我仍有可能获得想要的资料。我研究的社区很小，社区的成年人对彼此的事情很了解。

---

[1] 通常获得六七代人的信息很困难。获得较近几代人的信息不困难。一般情况下，七代以上的家谱毫无疑问是不完整和不准确的（见第61—62页，第154—156页）。传承了七代以上的家谱在我这本书里被认为是推断出来的，这样的家谱寻找起来并不困难。

第一章 简介

虽然我只能从有限数量的人那里收集某些类型的信息，但我通过这些能够收集关于更广泛人群的信息。比较不同报道人提供的信息可以对我资料的准确性进行核实。我还能够通过直接观察核实听到的大部分内容。

我的主要报道人有三个，他们非常聪明，对波斯语掌握得很好，而且识字。其中两位是接受传统宗教教育的宗教教师，他们是我所研究的社区的居民。其中一位，当我们第一次见面时，年龄为61岁。在伊朗政府有效控制古尔干平原前几天，他参加了部落间的战争。另一个，在我初识他时，年龄为30岁。我的第三个主要报道人是我的第二个助手，当我第一次见到他时，他已经30岁了。他出生在我所研究的社区，并且在那里长大，后来又永久地迁移到另一个社区了。他受过一点宗教教育，但在伊朗军队服役时，他的识字能力以及对波斯语知识的掌握都有了极大提高。

我初识这些人是在我的研究开始后不久，我在很长一段时间内得到了他们的帮助。这三个人都对我的工作产生了情感上的认同，并开始理解我想要什么样的资料。这三个人在信息提供方面都很诚实，当他们没有我搜集的资料时，他们坦率承认自己的无知。他们也都愿意寻找我想要的信息（如果他们还没有的话），或者寻找能够提供特殊类型信息的报道人。这些人中的每一个都被视为当地事务的领导者，由于他们担保我的意图是善良的，通常那些不信任我的人也开始对我变得信任了。

其他的人也提供了一些帮助，其中一些人经常充当报道人。

只有在成年女性比我大得多的情况下,我才能采访她们,而且我与女性的接触要比男性少得多。另外,在我与土库曼人相处的大部分时间里,我是社区中唯一的非土库曼人,生活就在帐篷里,他们的大部分家庭事务都很容易被观察到。我有足够的机会观察土库曼人与另一个人的互动,并且我自己也能够与他们互动。

除了对约穆特日常生活的直接观察和同住交往的日常生活体验外,我所收集的资料主要包括以下内容:族谱、人口普查信息(包括家庭构成、年龄、结婚年龄和财产持有情况)、简要生活史、社会规范以及价值观和信仰的说明,对特定事件的描述,例如说明约穆特社会生活中关于新娘聘礼费用的争议和协商,对地方近代史的描述,不同季节特定社区牧场上的营地、水井和农地分布示意图(用指南针和计步器制作),显示居住群体位置的示意图,关于居住群体的血缘群体构成资料以及这些居住群体的历史。

应该对这些资料的某些部分做出一些说明。与人类学家在其他地方遇到的情况不同,约穆特报道人知道他们自己以及他们的亲戚和熟人的年龄。年龄计算是以12个生肖为一个周期进行的。[1]

---

[1] 生肖动物的使用很明显是远东影响的结果。土库曼人的年份名称以年轮中的第一年为开始,并且依次排序:thichin(鼠)、thighir(牛)、barth(豹)、tawshin(兔)、baliq(鱼)、yilan(蛇)、yilkĭ(母马)、qoyin(羊)、bĭjin(据说是一种红而小的、生活于大海中的未知动物)、taok(鸡)、ĭt(狗)、dongith(猪)。一个完整的12年的周期被称为一个müje,三个müje也就是36年,被称为一个hengam。一个hengam大约就是伊斯兰历法月份根据公历年的完整周期组成的时期。因此,如果伊斯兰教法法中的一个特定日期是一个特定公历年的春分,那么它比hengam的春分稍晚点。

/ 第一章 简介 /

每一年都与特定的动物有关,并且该年的天气与一些大事件和本年的生肖属性有关。每个新的生肖年在春分前10天开始。人们出生的生肖年会被记住,尽管人们通常会忘记确切的出生日期。通过比较一个人出生的生肖和当前的生肖,可以确定他的年龄是几个可能年龄中的一个,每个年龄相隔12年。因此,当我的研究开始于蛇年时,生于猪年的人可能是6岁、18岁、30岁、42岁、54岁、66岁或78岁。考虑到这些,要准确确定选择哪个年龄并不困难。土库曼人也使用这种方式来记住有意义的具体事件,因此聪明的报道人可以为过去的事件提供准确的日期(然而,在将他们的年龄与我们的年龄换算时,人们必须记住,他们的新年是3月11日,一个孩子出生时被认为是一岁,而在看到一个新年之后,孩子会被认为是两岁)。

关于年龄,应该注意的是,所有的年龄都在同一天发生变化,因此根据土库曼人估算的一个人的年龄在一年中的一段时间内和一个普通西方人估算的年龄不一样。给我提供的年龄总体上和我所估计的不一样。在我看来,大多数20岁以下的人看起来比他们的实际年龄更年轻,而那些超过40岁的人看起来比实际年龄大。可能约穆特人较为晚熟,而成熟后,他们比美国中产阶级人口老化速度要快得多。

开始时,我对社区的普查材料(我的大部分资料都来自这个社区)得间接地从一个新报道人那里获得。后来,可以不时访问各个家庭的帐篷,并在每次访问过程中记录人数及其性别和大概年龄,以便核实开始时的间接计数的准确性。在挤奶的时候，也可以粗略地统计一下牲畜的数量。然而，由于这种工作所耗费的时间，我用它来核实报道人信息的准确性，而不是自己做一次全新的调查。通过直接观察发现，在间接收集的人口普查数据中的唯一不准确之处是偶尔遗漏了5岁以下的女孩，这一类别的人在约穆特社会中被认为不是非常重要。然而，这些不准确的地方并不多，在大多数情况下，可以通过进一步的查询和比较不同报道人的描述来纠正这些错误。

不幸的是，由于我的统计方式不能总是获得准确的年龄，我只能经常记录报道人揣测的某人年龄数字。然而，与其他报道人的比对核实显示，这些揣测的精确性通常在正确年龄的两三年以内。

由于统计方式所限，我对牲畜数量的统计是不可能精确的，而报道人提供的数字通常是四舍五入的。然而，牲畜规模在不断变化，其数量在产仔季节增加，在一年的其他时间里又减少，因此在某个时间点的精确数字不会特别有意义。我自己的计数表明，我的报道人提供的资料是准确的。

约穆特地区的地图通过访问一些社区获取，并在每个社区请求头领绘制自己部落领土的示意图，包括河流和其他地标以及居住群体。通过获得同一地区的几张地图，可以查漏补缺。然后将这些草图与从美国陆军制图局（N502系列，1951年版）获得的地图相结合，军队地图显示伊朗所有约穆特社区的位置，并显示每个社区的主要经济生产方式（农业和牧业），以及约穆

/ 第一章　简介 /

特血缘群体在这些社区中的分布等资料。[1]

在访问过程中我还收集了关于地方历史和更大血缘群体的系谱。[2] 这项研究的大部分工作都是去找当地负责人,要求他把社区的长者(yasholīs)召集起来,这样我们就可以作为一个群体向他们询问。这在约穆特社会关系中是一个通常的做法。

关于我花了大部分时间停留的社区的位置和历史的相关细节信息应该做如下说明。应该注意到,尽管位置和历史事件都是准确的,但这个社区已经被赋予了一个虚构的名字,"阿吉·奎"(苦水井)。一些人的名字也被替换为其他社区的人名了。偶尔,较小的血缘群体的名称也被替换为来自其他地区的类似大小群体的名称;脚注表明哪些血缘群体的名称是虚构的,所有未指明的都是所述群体的实际名称。

---

[1] 绝大部分约穆特居民点在美国陆军地图上没有被标识,标识的一半以上与我调查的名称没有相似之处。由于这个原因,只有一小部分社区能够被精确定位。其他的如一些地标可被大概地定位,就像河流和社区点能被定位一样。图2至图9是根据美军地图和我自己调查资料绘制的简化图。
[2] 这些系谱不敏感因此容易获得,详见第26页注释1说明。

第二章　生态

本章从描述约穆特的传统生态入手，讨论了向定居生活的转变，机械化农业的引入，以及其他影响到大部分约穆特人的重大变化。最后，描述了我获取大部分资料的那个牧区的当前生态。从这种描述中发现的最重要的一点是，约穆特人的传统经济以及在我调查时的保守牧民社区的经济可以很容易地与半定居点模式相结合。在过去所有地区，以及在我调查的保守地区，他们实行的更游牧的居住模式没有产生比半定居居住模式更多的经济优势。

第一节　传统生态与经济

古尔干平原是伊朗约穆特人的栖息地，是中亚低地的最西南部分，从里海向东延伸到帕米尔和阿尔泰山脉，从伊朗高原向北延伸到亚洲俄罗斯的森林。这片平原的西部毗邻里海，位于海平面以下，逐渐向东上升，直到到达形成其东部边界的郭克恰山和科佩特山（Kopet Dagh）。平原的南部以厄尔布鲁士

（Elburz）山脉为界，这些山脉的山峰陡然上升到2500至3000米。这种海拔的急剧上升是古尔干平原不寻常气候条件的成因。在低地上空向南移动的空气在遇到厄尔布鲁士山脉时会上升，并在山脉的北坡和平原的南部边缘释放大部分水分。这些斜坡的年平均降雨量超过60厘米，在未开垦的地方，森林茂密（Bobek, 1968: 284-285）。降雨量向北急剧减少，导致地貌从森林变为草原，然后在短距离内变为草原沙漠（见图2）。[1] 因此，如果一个人开始从古尔干市南部山区500米的等高线向北移动，在20千米内，就会到达海拔略低于海平面的森林边缘。如果继续向北走，再走20千米，就会到达可能进行降雨农业的地区边缘。再往北就是一片草原沙漠，没有灌溉，只能用来饲养家畜。

这三个生态区——森林、草原和草原沙漠——对应于三个不同的民族志区域。从厄尔布鲁士北部斜坡延伸到古尔干平原南部的森林地区居住着讲波斯语和突厥语的定居农民。这些农民都信奉伊斯兰教什叶派，并且都被土库曼人称为外拉叶特（Welayet）。[2] 紧靠林区的北面是一个草原地带，主要居住着土库曼农民。在土库曼语中这一群体被称为恰米尔，和土库曼牧民明显不同，后者被称为恰尔瓦。这第三个群体恰尔瓦占据了古尔干河以北的沙漠地区。

---

[1] 这儿的草原主要是一望无际的密草覆盖的无树木地区。草原沙漠指覆盖着稀疏绿草、点缀着成片裸露地表的更干旱地区。这个分类来自以下材料：Bobek, 1968; Krader, 1963: 10-14; Kovda, 1961: 175-218。

[2] 外拉叶特在土库曼语中始终被当作一个民族名称。因此，它是首字母大写的。

/ 第二章 生态 /

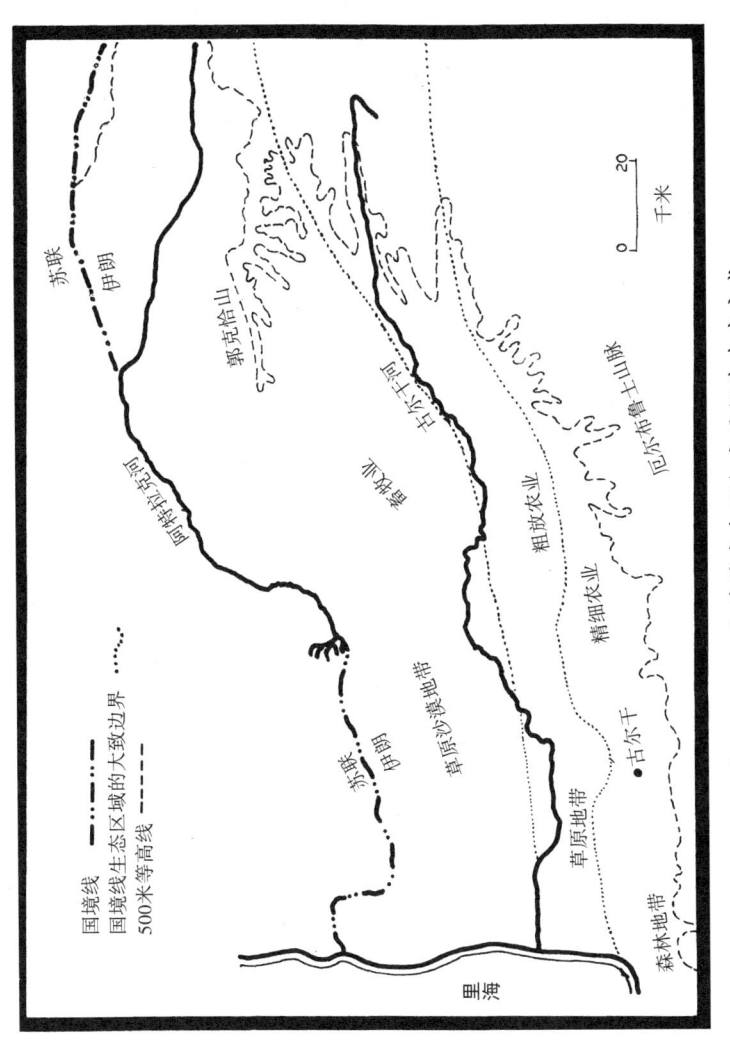

图2 / 1950年前的生态区与主要经济生产方式

/ 约穆特土库曼人 /

在20世纪30年代的定居工程之前,尽管恰米尔人的支柱经济是农业,但他们在游牧生活方面也体现出与众不同的特点。他们生活在中亚类型的帐篷"玉特"(yurt)中,帐篷由覆盖着毛毡的半球形木架组成。他们利用帐篷进行短暂的迁徙,到了种植或收获时节他们在田野附近露营。像林区定居的村民一样,他们也饲养小群绵羊和山羊。[1]

在一年中较冷和较暖的时间里,恰米尔人进行季节性迁徙(见第38页图3)。冬季期间,他们在自己的农业用地附近露营,这些土地集中在他们领土的南端毗邻林区。在这个季节,他们进行耕作和种植,主要农作物是小麦和大麦。偶尔,当无须建造大规模的灌溉工程时,他们也会在河流或泉水附近种植小块土地的水稻。并不是所有的可耕地都是用来耕种的,这个地区也有牧场供他们放牧。由于耕地过剩,任何需要额外土地的家庭都有可能犁出未使用的土地,并将其占为己有。

春季期间,大多数恰米尔人向北迁移到古尔干河岸边,在一定程度上是为了躲避森林地带的苍蝇和蚊子。这些害虫不仅让人很不舒服,而且对他们自己和牲畜的健康都是有危害的。整个夏天,恰米尔人都待在古尔干河岸,仅留下几户家庭守卫着田地。在春天结束收获庄稼时,每个家庭至少有一部分人搬到南方,然后再次回到他们在古尔干河岸的营地。在深秋时节,恰米尔人搬回到森林的边缘。

---

1 恰米尔人与外拉叶特人的绵羊跟恰尔瓦人的不同。恰尔瓦的绵羊是一种肥尾羊。外拉叶特和恰米尔的羊体形更小,尾巴更细。

/ 第二章 生态 /

那些紧邻恰米尔人北部的恰尔瓦人也开始与雨季和旱季相对应的类似南北方向的迁徙活动（见图3）。在旱季（冬季和春季），他们在古尔干河岸边露营。在雨季，他们向北迁移到草原沙漠。更往北部的恰尔瓦人的模式有所不同，其基本上与本章后面描述解释的阿吉·奎的部分当前生态相同。在冬季和春季，在草原沙漠地区有零零星星的雨水池，恰尔瓦人可以从那里获得能满足他们家庭和牲畜所需的用水。虽然恰尔瓦人过去和现在仍然是牧民，但是他们在古尔干和阿特拉克之间的这一地区耕种了小块土地。散布各处的聚集着雨水的洼地可以被耕种，在雨水较多的年份里，虽然该地区普遍干旱，但能够收获大麦，甚至偶尔也能收获一些小麦。[1] 这些田地，就像恰米尔人的田地一样，也是在冬天种植、春末收获的。

冬天是产羔羊的季节。在这个季节，游牧的土库曼人在他们的牲畜附近露营，晚上把绵羊和山羊幼崽关在他们的帐篷里，以保护它们免受寒冷。由于幼小的牲畜身体虚弱，无法远距离移动到日常牧场，因此他们必须要在好牧场附近建立营地。每当营地附近的草料耗尽时，短途迁徙就要开始了。在春天，挤奶季节开始了。这时，营地也必须保持在靠近牲畜的地方，因为每天需要给绵羊和山羊挤奶。[2] 这个季节，许多放牧的土库曼人越过阿特拉克进入俄国领土，寻找好的牧场，躲避森林地区的苍蝇和蚊子。

---

[1] 关于采用的耕作方法见Kovda, 1961；同时，见马里俾路支人（Marri Baluch）采用的雨季农业技术（Pehrson, 1966: 8–9）。

[2] 除了特别富有的家庭外，绝大部分奶和奶制品都被生产者自己使用。

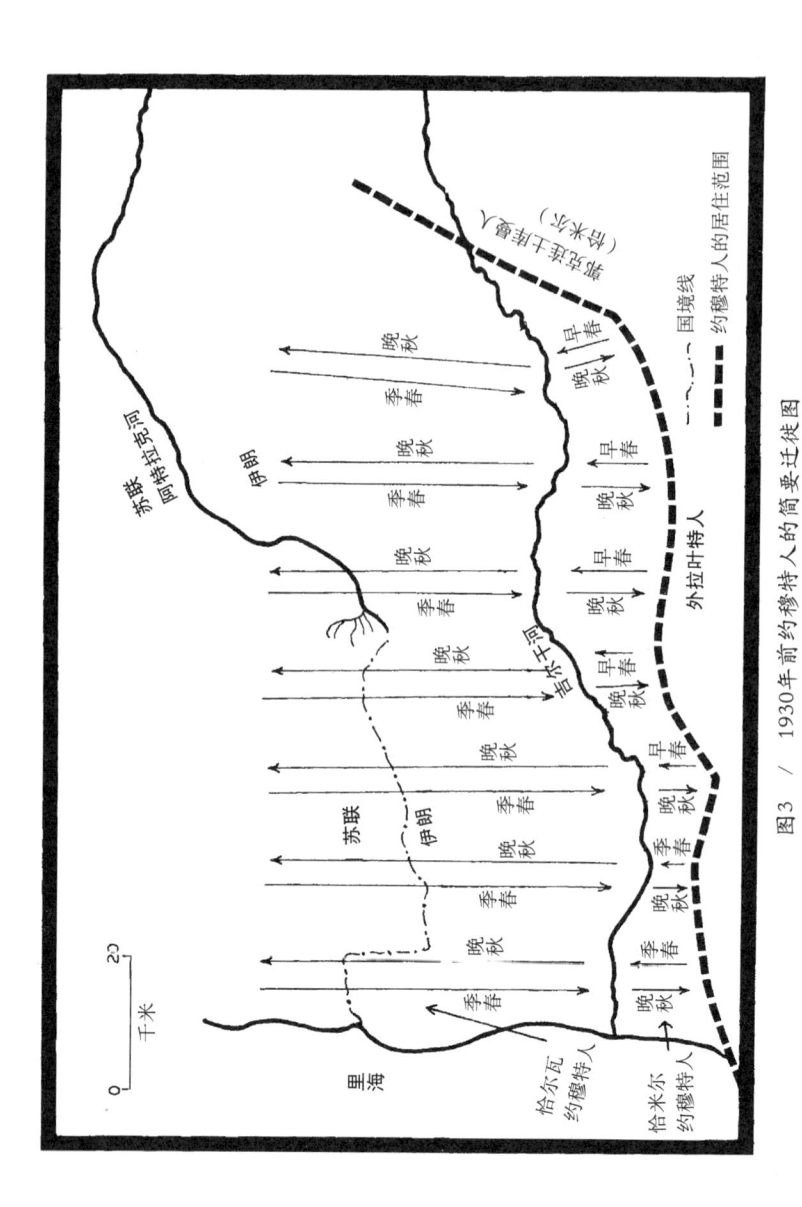

图3 / 1930年前约穆特人的简要迁徙图

第二章 生态

在旱季（夏季和秋季），这些土库曼人的居住模式发生了变化。不需要把牲畜固定在营地，因为这样做不太方便。每年的这个时候牧草稀少，牛群得经常移动。因此，如果将牲畜和营地固定在一起则需要频繁地迁徙。然而搬迁所涉及的大部分劳动将落在忙着编织地毯的妇女身上，而且频繁的迁移对于最受人尊敬的老年人来说也是一种不便。因此，基于生产效率考虑，每个家庭被分成两组，分别居住。家庭的帐篷被安置在一个长期有水的地方附近，年长的男人、妇女和儿童居住在那里，整个旱季他们都留在一个地方。年轻的男人则单独住在简陋的小帐篷里，每天都跟随牲畜一起移动。

恰米尔人和恰尔瓦人的经济一样，把维持生计的生产和市场交换的生产结合起来。恰米尔人提供小麦和大麦，而恰尔瓦人提供牲畜、羊毛、毛毡和地毯。一些恰米尔人社区专门为其他恰米尔人和恰尔瓦人的帐篷制造木制框架。两群人都通过购买获得了大米、糖、茶、盐、布、金属工具、步枪和火药。此外，恰尔瓦人依靠贸易来换取他们的主食小麦。恰米尔人和恰尔瓦人都依靠外拉叶特地区的磨坊将他们的小麦磨成面粉。市场交换是通过多种渠道进行的。有时候，土库曼人会到城市购买商品，而在其他时候，他们通过流动商人来进行贸易。商人是土库曼人中的少数，他们在自己的部落中旅行，出售在其他地区购买的产品以换取当地产品或现金。外拉叶特商人也在土库曼旅伴的保护下在土库曼人之间旅行，这些商人在遇到困难时会给土库曼旅伴保护费。

恰尔瓦人比恰米尔人富有，而且一般被认为从事更好的职业。报道人认为糟糕的身体健康状况是恰米尔人不良生活的原因。在20世纪50年代中期之前，疟疾在林区和恰米尔人的草原地区都是一个特别严重的问题。相比之下，恰尔瓦人通常能够避免接触疟疾，总体上的环境健康得多。约穆特人从古至今一直没有意识到蚊子是在恰米尔地区令人痛苦的疟疾产生的原因。他们坚持认为阿特拉克地区的空气更健康，使人们拥有"更多的血"，而古尔干地区的空气则不健康，导致人们"贫血"。他们称，从恰米尔人和恰尔瓦人的肤色中就可以看到不同的状况。

由于这些差异，那些富有的恰米尔人会购买牲畜，并在古尔干河以北过上游牧生活。那些贫穷的恰尔瓦人有几条途径可供他们选择：一种是靠当牧羊人来过活；（在某种程度上，也可以依靠亲属的经济援助。）另一种是迁移到古尔干南部，开始和恰米尔人一样过农业生活。恰米尔人的经济显然被视为一个收入不太可观的经济生活，只有当他们不能维持在恰尔瓦地区的游牧生活时才把它当成最后的选项。所有的约穆特部落，包括恰米尔人和恰尔瓦人，他们通常都占据邻近的领土。这使得人们可以在自己部落内从一种职业转换到另一种职业。

第二节　近期变化

近几十年来约穆特人的主导生态趋势是以牺牲游牧生活来追求农业增长，特别是在我进行田野调查之前的10年里，他们更多将注意力放在了引进农业机械和对现金的重视上，忽视自

第二章 生态

给自足的庄稼。比起其他地区，这种趋势更早更彻底地影响了一些地区，而我研究的这个特定社区代表了保守的极端例子，依然保持着主要的游牧方式。然而，这个社区和其他类似的社区以不同的方式感受到了这些变化。

在20世纪30年代，由于俄国边境的关闭和伊朗政府的强制定居政策，使得约穆特的生态环境遭到了破坏。第一次真正有效地阻止约穆特牧民越过俄国边境的做法是在1928年的季节性迁移期间。在此之前，据较年长的报道人称，理论上政府禁止跨越边界，但实际执行无效。俄国边防巡逻队只有在抓到正在越境的游牧民，才会试图阻止他们越境。在这些情况下，不时发生枪战，牧民撤退到伊朗领土上等待更好的机会越境。应该指出的是，在20世纪20年代的10年中，俄国中亚地区处于普遍的政治动荡状态，布尔什维克政府对土库曼大部分领土的控制是薄弱的（d'Encausse, 1967b, 1967c）。从1928年到1930年，一些游牧民能够通过俄国当局的官方许可穿越边境；但在1930年之后，边境被封锁了，游牧民则无法进入。一些养成季节性越境习惯的约穆特牧民则永久留在了苏联，其余则留在了伊朗。自那以后，偶尔会发生由政治原因引发的跨越边界事件：边境两侧和当地政府有矛盾的土库曼人都在边境另一边寻求永久的庇护权，但这种运动与寻求牧场的牧民的迁徙几乎没有共同之处。

留在伊朗的牧民不得不调整他们的季节性迁徙；一些无法找到足够牧场的人转向农业生产。那些保持游牧生活的人开始向东方迁徙，因为古尔干平原的东部边界向北延伸，留下了更多适合伊朗一侧放牧的土地（见第38页图3）。当约穆特人的经济疲软时，他们就得改变迁徙路径。1925年和1926年的畜牧业不景气，政权处于混乱时期。当他们的迁徙模式遭破坏时，这种综合因素导致1928年牲畜的大量损失，使得他们未能完全恢复元气。在这种情况下政府又启动了强制定居政策，致使他们的经济进一步遭受打击。

与扎格罗斯（Zagros）部落更加广为人知的艰难相比，约穆特人并没有因为被迫定居而遭受很大的经济困难。在务农的土库曼人中，迁徙不是经济目的所必需的，因此，建造永久房屋并全年留在当地，虽然令人不快，但其本身并未导致经济衰退。在游牧的土库曼人中，半定居的生活方式在没有经济压力的情况下是可能存在的。这种居住模式需要永久定居，所以其中大部分人在旱季时居住，家庭中的青年男子与牲畜分开迁徙。在雨季，他们被允许住帐篷，并为他们的经济进行必要的短途迁徙。

在强迫定居时期，政府对经济活动进行了严厉的控制。约穆特人的大部分领土在此期间已成为国王的私有财产，这是促进对地方经济进行严格管理的一个因素（Lambton, 1953: 243–244, 256–257）。约穆特人成为国王的佃户，向为管理王室地产而设立的地产管理局（idarehyi amlak）支付耕地租金和牧场费。这些租金和费用不是很高。地产管理局的代理人就地方经济活动做出重要的决定。种植什么作物、种植多少，以及何时将牲畜带到何地牧场是由上级做出的决定。有时，就当地环境而言，这些决定是不明智的。例如，在强迫定居的最初几年，贡巴德

第二章 生态

卡武斯东北部的土库曼人被迫种植棉花，但该地区太干燥无法种植棉花。经过几年的错误指导，负责这些领域的政府官员从错误中吸取了教训，对约穆特人的经济管理变得更加合理了。

1941年至1946年苏联政府占领了伊朗北部，结束了针对约穆特人的强制定居政策和对地区经济事务的严格管理。总的来说，政府对约穆特人的管理大大减弱。也是在这一时期，王室地产受到新法律的约束，允许以前的所有者在特定条件下收回土地（Lambton, 1953），并且大部分王管土地都归还给了最初的约穆特人所有者。（在个别情况下，甚至不太确定的最初拥有权请求也得到了尊重。）

第二次世界大战以来，古尔干平原的经济发展令人印象深刻（相关的全面讨论见Okazaki, 1968）。平原肥沃的南部为农业发展提供了非同寻常的机会。这个地区降雨量大，旱地有利于种植小麦和大麦，并且有丰厚的经济效益。如前所述，它还可以提供充足的灌溉机会，这点被外拉叶特人利用了，但被恰米尔人忽视了。这个地区土地极为平坦，为农业机械的使用提供了一个理想的条件。同时相对于土地生产能力而言，极低的人口密度使得引进机械的条件也非常理想。约穆特人致力于对他们的环境进行粗放式经营而不是精细化经营，因此保持的人口水平远远低于他们土地能支持（假如能更精细耕作）的程度。第二次世界大战后不久，当地各种商人包括土库曼人和非土库曼人（在战争期间利用粮食价格的快速上涨积累了财富），租用了大片的王管土地，并开始用政府进口的机器耕种（Okazaki,

1968）。事实证明，这样的行动是有收益的，来自德黑兰的一些有影响力的富人在古尔干平原开始了类似的大规模生产。这类土库曼企业家在这些生产中雇用其他土库曼人作为劳动者，而非土库曼资本家则从伊朗东南部的贫穷地区锡斯坦（Sistan）的扎布尔（Zabul）和俾路支斯坦（Baluchistan）省输入劳动力，结果使得古尔干以南的人口密度增加了。

1955年，政府开始向普通土库曼部落成员出售2公顷水浇地或10公顷旱地的王管土地，这个举措加速了农业发展。[1] 到目前为止，这些土库曼人一直是王管土地上的佃户，在大多数情况下，他们和他们的祖先在1925年之前占据了相同的区域。购买这类土地的年度付款低于当时已支付的年度租金。[2]

在将王管土地分配给土库曼农业承租人之前大约3年，承租人开始从大农场主那里租用农业机械。机械耕作比牵牛耕作容易得多，这使农民能够增加耕作的土地数量。这同时又减少了可供牲畜使用的牧场面积。因此，在本研究所依据的实地调查之前的15年中，在适宜农业生产的地方，整个约穆特地区的农业生产得到了扩张，而畜牧业生产急剧收缩。气候条件阻碍了在约穆特领土的北部扩大农业主导的经济生态，该地区仍被用作畜牧业生产（见图4）。在这一地区，只有在土地用来自阿

---

[1] 王管土地的分配对伊朗全国的一般性土地改革项目来说是个序曲（见McLachlan, 1968: 691–692）。

[2] 在贡巴德卡武斯东北部地区，旱地租金每年每公顷30土曼（tuman）。同样的土地购买25年的费用，每年第一笔为15土曼，剩下的为10土曼。

/ 第二章 生态 /

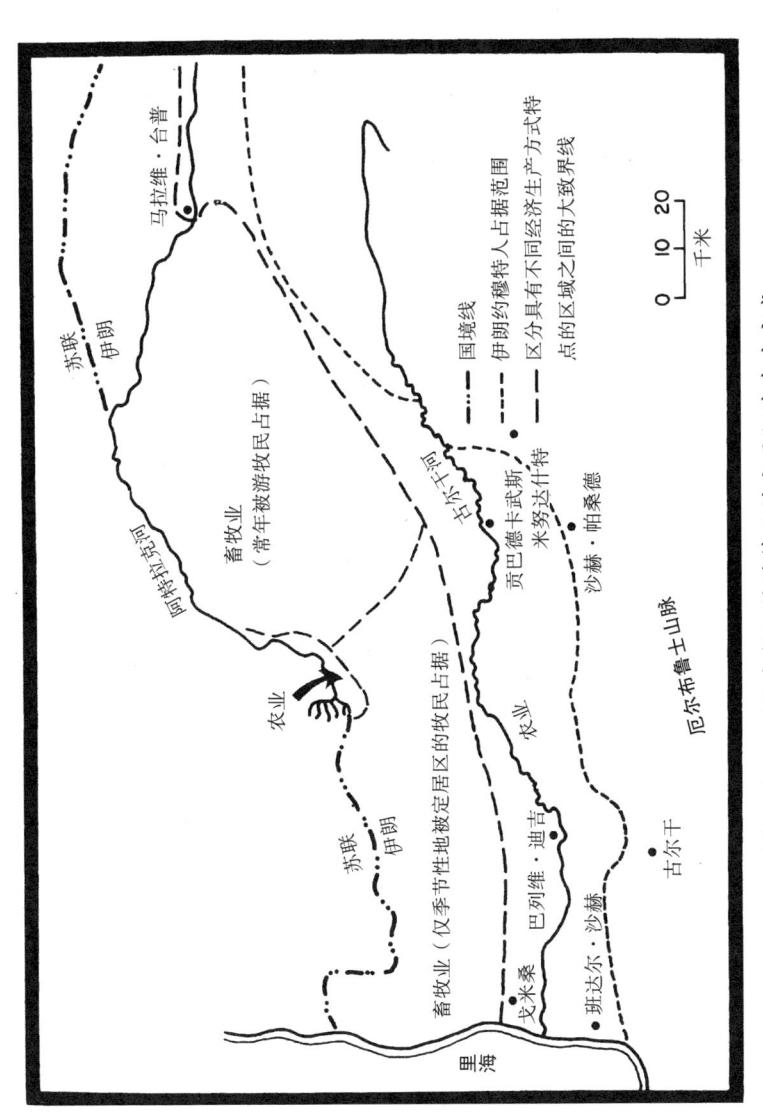

图4 / 1967年古尔干约穆特人的主要经济生产方式

特拉克河的水灌溉的情况下，才有可能进行有限农业生产。在阿特拉克河被引到俄国领土上的盐沼地的地区，有个别社区从事农业活动。那里的河岸很低，灌溉相对容易。同样，马拉维·台普（Marāveh Tappeh）附近的一些社区依赖阿特拉克河进行灌溉，其余部分的土地主要用于放牧。

在平原的西部，由于干燥而不能从事降雨农业，这一小块狭长土地现在只由来自土库曼定居社区的牧羊人季节性地占据着。平原东部的牧区很大，在这里仍然可以找到完全的牧业社区。阿吉·奎就是这些社区之一。在第三章至第六章中提供的资料主要是基于我在那个社区的观察和了解的生活来写的。这可以被看作是传统约穆特领土东北部地区大约10 000名牧民生活的缩影。在很大程度上，这也代表了所有古尔干人的早期社会状况，包括现在苏联领土阿特拉克河以北的情况。

第三节 阿吉·奎的生态现状

在我第一次研究之前，古尔干平原东北部干旱和人口稀少地区的社区一直保持着游牧生活，和南部肥沃平原社区形成了鲜明对比。[1] 这个地区与南部地区之间的某些明显差别可以通过观察每个地区的人口密度而感受到。约穆特领土南部以农业为

---

1 紧邻古尔干平原南部的山区和经济落后的干旱地区是一样的，后者与经历快速而广泛经济发展的地区相连接。

第二章 生态

主，在1966年人口超过了122 000人，密度超过68人/平方英里[1]；北部地区人口约16 000人，密度约为6人/平方英里。[2] 约穆特南部地区的生产力可以与里海南部沿海地区相比较，可以将其视为一种延伸。北部地区是伊朗典型的干旱地区，承载着大量的游牧人口。

阿吉·奎是约穆特东北部地区几个主要的游牧社区之一。阿吉·奎的主要收入来自绵羊和山羊群，他们每年的短途迁徙模式在很大程度上是由他们羊群的需要决定的。其他生产活动包括饲养马、牛和骆驼，以及耕种边缘地区的农业用地。这一地区的许多家庭也从古尔干河北岸的农地中获得一部分收入，这些是10公顷的生产用地，用于旱种小麦和大麦，是上面提到的分配王室土地时获得的。虽然在划分土地的时候，这些牧民并不是古尔干社区的佃户，但当时将土地提供给他们是为了鼓励他们定居。大多数拥有这种土地的人都会以固定的租金将土地租给当地居民，然后由当地居民耕种。因此，他们作为在外地主来管理这些土地，同时将自己的生产投入到牧场和他们领地上边缘土地的耕种。

1　1平方英里约合2.6平方千米。——编者
2　这些估计的人口只包括相关农村地区的人口。人口估计基于以下方面的资料：（1）伊朗公开的从1956年到1966年的人口普查，1961: 21-24；Benham, 1968: 468-485；（2）美国陆军制图局：Gasan Kuli, 1: 250,000，N502系列第NJ40-9号纸和Shahrud, 1: 250,000，K502系列第NJ40-13号纸；（3）我个人的调查资料。由于未能获得从伊朗贫穷地区移入的大量农业劳动力和他们的家庭人口，因此关于约穆特南部地区的人口数是被低估的。

1965年至1967年，阿吉·奎土库曼人的生产活动和迁移模式与之前描述的传统模式几乎没有什么不同。1936年至1941年，他们被迫过着半定居的生活，但在1941年，他们恢复了传统的居住模式。图5显示了他们的季节性迁徙。在旱季，他们的营地分散在一组水井周围大约20平方英里的区域内。其中两口井在整个旱季提供饮用水，可以在这个季节满足家庭需要。剩下的一些水井提供的水只适合牲畜使用。在此期间，一些役畜和几只羊被饲养在他们的营地附近。山羊留在附近作为奶源。旱季留守在这个地区的少数牲畜必须得用切碎的饲料喂养，这些切碎的饲料在春末被割下并储存起来。在旱季，大多数家畜被每家年轻人送到古尔干河以北的耕地上吃麦茬。一些牲畜也被送到阿特拉克，因为那里可以找到草料和水源。在白天温度较高的时候，牲畜和牧羊人都睡觉（8月，最热的月份，帐篷内记录的白天最高温度从100华氏度到110华氏度[1]）。在这个季节，由于在无树的草原没有荫凉可蔽日，牧羊人将牲畜放在简陋的小帐篷里。晚上，牲畜们在河边吃草，每隔一个晚上它们必须在河边饮水。通常的模式是在一天晚上给牲畜喝水，然后慢慢地把它们移到北方，以便它们在迁徙时能吃草。第二晚，牲畜们被赶回来，路上吃着草，来到河边它们又要饮水。

在古尔干平原，雨季在冬天开始了。在这个季节里，郭克恰山的大部分以及周边地区都长满了虽短却相对茂密的牧草。

---

[1] 约为37.8摄氏度到43.3摄氏度。——编者

在郭克恰山上，面向北方的山坡上长满了绿草，而那些向阳的山坡却是一片贫瘠。在冬天的时候，气温是温和的，很少降至冰点以下，而偶尔会降落的雪很少会持续超过一天。这里雨水充沛，除了偶尔融化的雪，雨水在分散的洼地上聚集，形成池塘，游牧民从这儿为他们的家庭需要取水。在年景好的时候，当牧草茂盛且含有大量水分时，牲畜在冬天很少需要水，但在干旱的年份，他们也必须使用分散的临时水池。在冬季里，绵羊和山羊幼崽需要悉心照料，同时由于春天是挤奶季节，因此，在这些季节，营地和牧群必须保持相近距离。在潮湿的冬春季节，牧民们驻扎在能找到水和合适牧场的地方。通常情况下，在旱季营地不远的地方就能找到充足的牧草，因此他们的大部分迁徙路途都很短。在大多数年份里，阿吉·奎的牧民们分散住在他们干燥季节的营地周围，分布大约120平方英里（见图5）。如果一个地方的牧场退化，他们就会迁移到另一个地方，通常是在一天之内能轻松完成一次短途迁徙。

这种迁徙模式与伊朗高原及其周围的许多游牧群体的迁徙模式有很大不同，后者在不同的生态区之间进行长时间的季节性迁徙。呼罗珊（Khurasan）北部的库尔德人和来自古尔干平原西南部厄尔布鲁士山脉的桑萨里（Sangsarī）人是牧民，他们进行的是后一种类型的迁徙。当他们的夏季牧场冰雪覆盖时，这些人群在冬季来到古尔干平原，然后在春末回到山区牧场。他们在夏季和冬季牧场之间每年进行两次迁移，每次约150英里。相比之下，游牧的土库曼人在一年内只会进行几次短途迁徙，

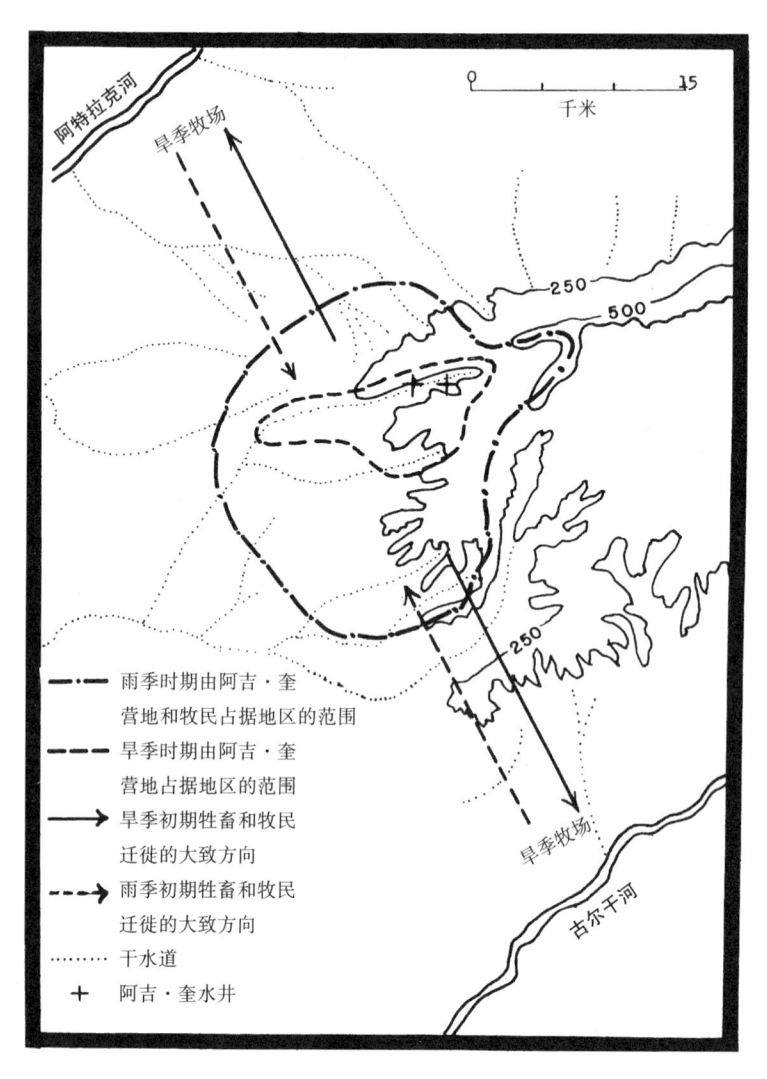

图5 / 阿吉·奎居民的迁徙模式

第二章 生态

绝大部分少于10英里。这些群体中的每个人都称他们的绵羊品种适应了他们特有的迁徙模式。库尔德人和桑萨里人坚持认为，他们如果在炎热干燥的夏天在古尔干平原上放牧，而不是返回更凉爽、更新鲜的山区牧场，他们的羊群就不会这么繁荣。土库曼人反过来称，如果他们的羊群被迫通过崎岖的山路进行长时间的迁徙，他们的羊就不会有这么好的表现。

冬天，阿吉·奎的居民也在他们分散的农地上耕作，他们播种小麦，希望可以在春天收获。如上所述，大多数的这些土地是个人拥有的，然而当偶尔一小地块有几个继承人时，他们共同拥有它而不是分割成几小块单独拥有。

此外，自1959年以来，阿吉·奎的约穆特人在一位远亲富商的帮助下，共同开垦了一个占地约100公顷的山谷。商人拥有用来耕种这片土地的农业机械。耕种这样一大片土地，需要投入大量人力和畜力，还伴随作物歉收的风险，因此早期人们对这儿的大规模种植是望而却步的。然而，由于阿吉·奎的大部分牧场都在丘陵地带，农业机械无法到达，所以这种大规模的耕作只能在少数几个地点进行，那里土地平坦，农机可以进入。上面提到的富商的拖拉机被用于他与当地人共同开垦的区域，还有偿地耕作其他一些便利的土地。阿吉·奎的其余耕作是由役畜、马和骆驼完成的。

上述共同开垦山谷的作物收割是用当地土库曼商人亲属拥有的联合收割机完成的。但是因为联合收割机费用高，当地人并不参与其中来耕作少数几块可以通过农业机械来收割的土地。

除了一个大的山谷地块外,所有的收割都是通过传统的方式完成的。

在收获的季节,每个家庭都会举行丰收盛宴(oroq thadagha)。根据习惯,要宰杀一只一岁山羊来庆祝丰收。阿吉·奎的大多数人都会参加这样的宴会。在那一天,他们也会在设宴之家的土地上义务帮忙收割。这加快了(但通常不会完成)用镰刀收割庄稼的艰苦过程。之后,脱粒是通过传统的方式进行的:驱赶役畜碾压小麦或大麦秆子,再使用简单的将谷物和谷壳抛入风中的技术进行扬场。最后,除了留出立即使用的谷物外,将剩下的谷物掩埋在深坑中储存。所有的耕作、种植和收割都是由男性来完成的。

剪毛工作在春末进行,通常是在牲畜挤奶的时候,牧民每天剪几只。直接照料牲畜是男人的任务,剪毛也如此。然而,挤奶是由女性来完成的。男人少的家庭偶尔会举行剪毛盛宴(qirqim thadagha),而参加宴会的所有人都进行义务帮助。秋季剪毛总是伴随着剪毛盛宴,因为剪毛盛宴是在牲畜远离营地时进行的,而且老年人通常必须花一天时间去年轻人放牧的地方。剪毛盛宴结束得很快,这样老人们就可以尽快回到他们的营地。在那儿的旱季期间,老人都坐在帐篷里,喝茶聊天,以此打发他们大部分的时间。

随着旱季的开始,迎来了收获的季节。春天的绿色牧场逐渐变成了荒芜的褐色,雨季的雨水池消失了。当这种情况发生时,阿吉·奎的土库曼人会搬到水井附近的营地,并将他们的牲畜

/ 第二章 生态 /

和年轻人一起送到古尔干或阿特拉克的河岸（见第50页图5）。

在旱季，大多数妇女忙于把春天的羊毛织成地毯。[1] 洗毛、梳理、纺纱、染色和编织都是妇女的工作。通常有几家庭将他们的羊毛集中起来共同生产一条或几条大地毯。几个女人轮流在家务劳动的间隙编织，工作比较容易完成。所有的编织都是用一台简单的平织机完成的。秋天的羊毛质量较差，通常不适合制作地毯。把这些羊毛的大部分制作成毛毡同样是妇女的工作。

春末是出售羊羔的理想季节，因为羊羔在这个时候是最肥的。然而，许多家庭在其他季节零星地出售牲畜以满足眼前的需要。由于要在春末出售大量的牲畜，所以早春饲养数量更多。秋天，当畜群规模变小的时候，是计算则卡提（thakat）[2] 的时候（见Coon, 1958: 109-111和Lane, 1908: 92-93）。

约穆特恰尔瓦人生态系统最显著的特点是他们的迁徙模式受到了很大限制，就像1936年至1941年在政府强制下一样，很容易和定居点的季节性使用结合起来。然而，他们不喜欢长期定居，只住在"玉特"帐篷里。不过，所有的恰尔瓦人都承认，

---

1 约穆特人所有生产地毯的过程，包括从剪羊毛到最后一步剪切用于装送地毯到织布机的包线，都是或者由单个家庭单位完成，或者由几个各自投入羊毛或劳力资源的家庭共同完成。使用的人工颜料是唯一不能由牧民自己生产的原料。这和所描述的其他伊朗地区的生产方法形成了鲜明的差别。

2 阿拉伯语，原意为"纯净"，指穆斯林缴纳则卡提后使自己的财产更加纯净。伊斯兰教规定，凡穆斯林财产达到一定数目时要按一定比例缴纳此费用，一般用于接济穷人。——译者

在炎热的夏天，一个好的泥屋（tam）要比帐篷更舒适、更凉快。他们不喜欢住在房屋的原因在一定程度上是由于传统原因，其暗含的意义将在下一章讨论。

将短期游牧与主要的游牧经济相结合的类似生态在中亚其他群体中也已经得到了描述，如特克土库曼恰尔瓦人（König, 1962: 46-53）和喀尔喀（Khalkha）蒙古人（Vreeland, 1957: 34-47）。迁徙和经济生产的一般模式也与马里俾路支人中的达尔信（darshin）游牧民族有一定的相似之处（Pehrson, 1966: 5-16）。

第三章　政治结构

约穆特的土著政治机构由血缘群体和居住群体的层次体系组成。每一种都有不同功能，虽然有时在功能上会重叠。但需要注意的是，这两种类型机构的构成方式并不相同。每个居住群体往往都有一个数量占优的血缘群体来控制居住群体的任何群体行动。尽管如此，大多数居住群体都由很多家庭组成[1]，这些家庭虽然不属于占主导地位的血缘群体，但仍被算作是居住单位的正式成员。出于以上这个原因和下面的其他原因，约穆特人的地理分布以一种很不精确的方式反映了他们的系谱划分。因此，在某种程度上，有必要将居住地和血缘分开讨论。

哪怕只是为了简单呈现约穆特人的政治，也有必要对他们政治结构中游牧制的作用进行讨论。游牧制确实是约穆特人政治结构中的一部分，如果不理解这点，那么他们的政治和生态都无法被理解。约穆特人利用他们的游牧迁移，达到经济和政

---

[1] 在土库曼人的普遍理解中，在讨论血缘群体时父系家庭核心成员和其总成员数之间没有什么区别。在这项研究中，两个概念可以通用。因此，家庭始终指的是血缘系统中的最小单位。

治目的。在许多强调父权制的社会中,居住权与血统联系在一起,这在约穆特社会中是不可能的。充分有效地利用游牧的流动性才是约穆特人传统生活的显著特征。每个家庭和每个家族都能自由流动到一个广阔的地方,如果需要的话,甚至能在和他们没有密切亲缘关系的人群中定居(见Lewis, 1961: 89)。

此外,任何关于约穆特政治事务的讨论都必须考虑到本土政治机构和伊朗政府的影响。政府在约穆特人政治事务中的角色在最近几十年发生了很大的变化,因此,对古尔干平原近期政治史做一些简短说明是有必要的。然而,不管是对在我研究的时间段还是就近期历史中的平原地方行政的详细讨论,均超出了这项研究的范围。确切地说,我们只关心波斯政府对约穆特人的影响,尤其是对本书重点关注的游牧约穆特人的影响。

第一节 血缘群体

可以将土库曼描述为一个拥有150万人口的血缘群体。从这个相当大的群体开始,可以划分许多层次的群体,将土库曼人逐渐分为更小和更密切相关的群体,直到最终达到由10至40个家庭组成的小群体。所有这些后裔不管其大小在土库曼语中都可以被称为"台帕"(taypa)。其中较大的分支通常被称为"哈勒格"(halq)。像约穆特这样的团体,特克和郭克连(见第12页图1)通常被称为"哈勒格"。最小的群体(由10到40个家庭组成)通常被称为"提热"(tire)。在本研究中,"台帕"被翻译为后代或世系。

/ 第三章　政治结构 /

有文字的族谱图记载所有土库曼人后裔都来自一个神话人物乌古斯可汗。郭克连和丘道尔是乌古斯可汗24个孙子中的两个孙子卡伊（Qayɨ）和邱武尔都尔（Javuldur）的后代（见Barthold, 1962: 109-110和Rabino, 1928: 101）。其余的当代大血缘群体都是乌古尔吉克（Oghurjig）的后代，乌古尔吉克是乌古斯可汗另一个孙子撒鲁尔的后代。图6整理了一份书面世系图，追溯了几个当代大的血缘群体的乌古尔吉克源头。[1] 这些血缘群体的地理位置可见图1（第12页）。在古尔干平原的约穆特人中能不时发现这种书面族谱，被当地人视为权威文献。然而，普通的约穆特人不会记录这样的族谱。大多数约穆特人的族谱知识是从他们的直接祖先约穆特开始的，并将约穆特人的各个亚群体后裔追溯至这个人。图7（第60页）给出了约穆特人较大分支的总体情况；图8和图9（第61、62页）显示了这两个较大分支中的两个分支达斯（Dath）和阿克-阿塔巴依（Aq-Atabay），是阿吉·奎有代表性的两个血缘群体。

必须指出的是，土库曼人并不认为图6至图9所示类型的族谱是完整和精确的。例如，考虑图7所示的族谱：这个族谱是从书面资料中摘录的，比大多数口传的族谱都要详细。还应指出的是，这一族谱是在乔尼（Chonī）血缘群体中发现的，该群体的族谱比谢热普（Sherep）人的更为详细。事实上，谢热普后裔

---

[1] 图6内容基于在古尔干平原约穆特人中发现的书面族谱整理而成。然而，类似的族谱可以在阿布尔·哈齐的著作中找到（土库曼语，Abul-Ghāzī, 1958: 68-72；俄语，Abul-Ghāzī, 73-74）。

/ 约穆特土库曼人 /

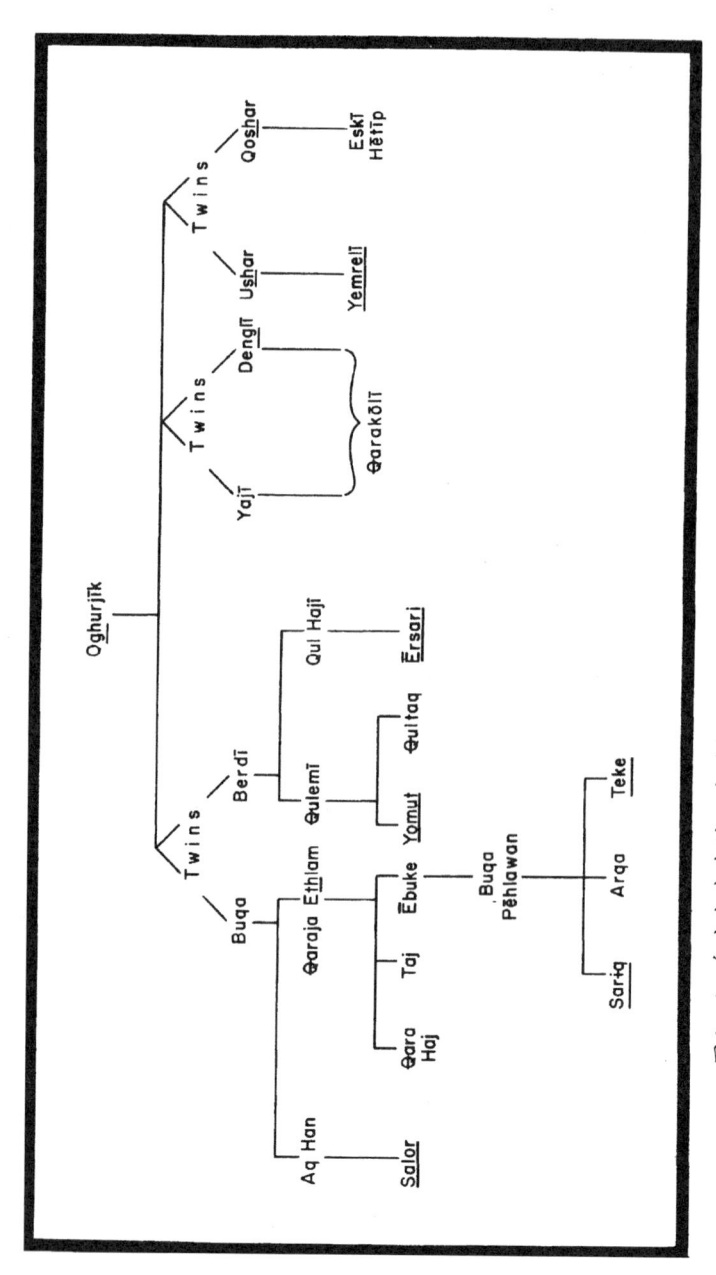

图6 / 乌古尔吉克的后代（根据书面族谱绘制，下划线名称是现存血缘群体）

第三章　政治结构

的几个代表性大分支如别黑勒克（Behéllke）、都吉（Düejī）和卡拉维（Ǫarawī）被完全排除在外。大多数约穆特人在讲述他们的族谱时指出，乔尼、谢热普和高举格（Ǫojuq）是约穆特的儿子，而不是如图7所示的孙子。当图7所示的更为完整的系谱呈现给被调查者时，他们通常不会受到这种差异的干扰；相反，他们明确指出，他们所记忆的族谱中没有古特力·帖木儿（Ǫultī Temur）和乌提勒·帖木儿（Utlī Temur）这一代，因为这些是无关紧要的。在这代人所代表的层次上的分化解释了古尔干约穆特人和希瓦约穆特人之间的关系，但是由于与希瓦约穆特人的接触很少，这代人还没有被认为重要到足以包含在族谱中。报道人会欣然承认，在所有可能的情况下，他们所记忆族谱中的其他关系被遗漏了，而其他的书面族谱很可能会填补更多的关于记忆的空白。虽然书面族谱一般比记忆中的更完整，但人们普遍认为这些族谱也有可能遗漏。这方面的陈述偶尔会出现在书面族谱中。约穆特人称，无论是书面的还是记忆的，与更遥远的世代有关的族谱，只有在它们包含了解释现有宗支之间关系所必需的关联的情况下才是准确的。

与此形成鲜明对比的是，记录最近几代人的族谱完整而精确。大多数报道人，如果被要求讲述他们的祖先，他们会说出五到七个祖先的名字，然后明确地说再往前的祖先他们也不清楚。在讲述了他知道的祖先之后，报道人就可以追踪这些祖先的其他后代，提供一个完整的五代到七代辈分的男性世系族谱。[1]

---

[1] 在这些族谱中的更遥远的一代人，无论是女性还是男性都被遗忘了。

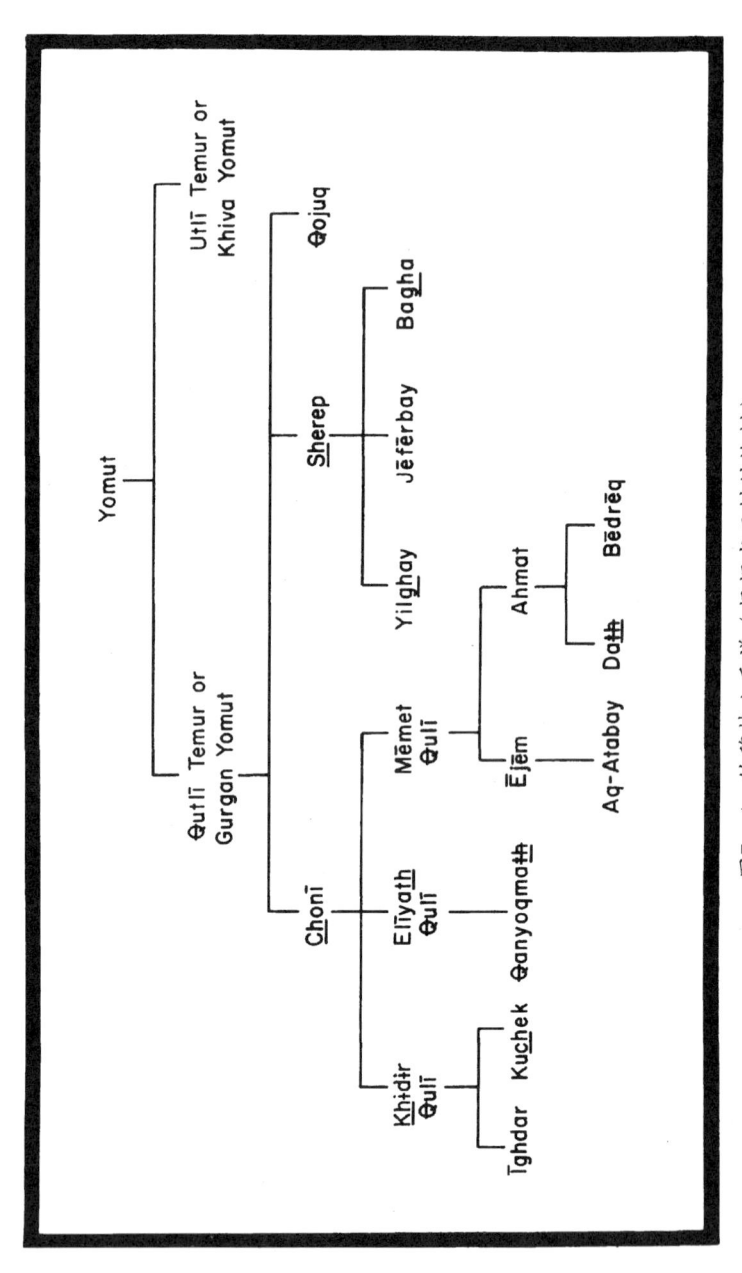

图7 / 约穆特人系谱（根据书面材料绘制）

/ 第三章 政治结构 /

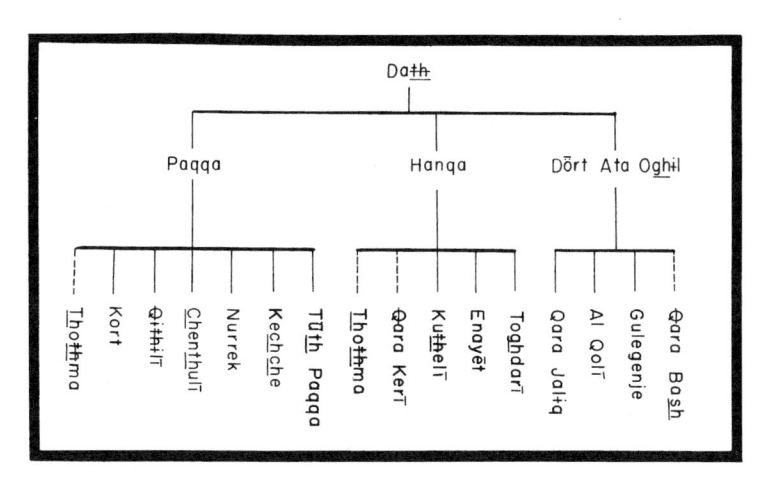

图8 / 达斯人的系谱（虚线标示通过共居吸收的群体）

在本研究中，这类族谱被称为精确族谱，而那些公认不完整的高代族谱则被称为推定族谱。

精确族谱和推定族谱之间的联系是建立在这样一种认识之上的，尽管将他与该命名族谱的创始人分隔开来的代数尚不清楚，但每一个精确记忆族谱的顶端祖先都是某一特定命名族谱的成员。然而，尽管不太精确但已经有足够的信息能够提供图8到图9中的精确族谱与推定族谱之间的关联。因此，图8和图9中所示的最小的每一个群体都被分成若干具有精确族谱的世系。通过一定数量的代际来进行推测，每一个世系的创始人都是一个最小群体创始者的推定后代。大多数最小的血缘群体包括5个到10个世系，具有精确族谱，通常从20个到100个家庭不等。

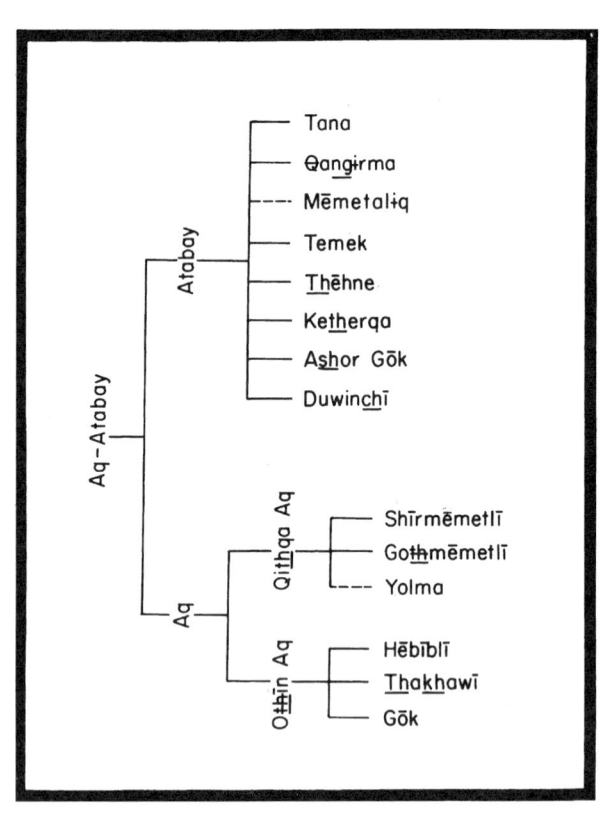

图9 / 阿克-阿塔巴依人的系谱（虚线标示通过共居吸收的群体）

第二节　居住群体

在更详细地讨论血缘系统之前，有必要对约穆特居住群体的特点做一些说明。约穆特居住群体的性质是契约性的，其组成是相互之间达成一致的结果。

/ 第三章 政治结构 /

在游牧的约穆特人中最小的居住群体，是由2到10顶帐篷组成的营组。这类群体往往由户主的父系近亲家庭组成。然而，群体结构是不断变化的。因此，父亲和他独立的儿子通常一起露营。当作为经济独立家庭首领的父亲去世时，一群兄弟也会一起扎营生活。这种密切相关的群体经常与其他类似的浅层父系群体联合在一起，但他们与这些群体没有紧密的亲缘关系。这样一群人可能会一起露营几个月或几年。

在土库曼人的日常生活中，营组是非常重要的。同一营组的成员在经济和群体劳动方面的合作和互助是广泛的。在政治事务方面，这些群体并不重要，但它们在很大程度上是按照政治上较重要的较大居住群体的原则运作的。

营组组成的契约性质可以通过描述当一个家庭离开一个营组而加入另一个营组时发生的情况来解释。一户人家离开一个营组而进入另一个营组时，这一行为要求希望迁居的户主首先同他目前营组的首领协商，并确保首领同意他迁居。这种许可很容易得到那些不是近亲的同营者的同意。然而，由于近亲可能不愿见他们依靠的对象离开，所以离开原来营组的许可并不总是能得到批准。在这种情况下，一户人家仍有可能不经允许就改变其营组，但今后可能受到不被大家帮助甚至被完全疏远的惩罚。

一旦一户人家获准离开一个营组，该户人家的户主接下来必须获得另一个营组的进入许可。这同样需要与新营组的户主们协商以获得他们的同意。同样，建议并不总是被接纳的。拒绝的理由各不相同：最常见的理由是营组附近缺乏水和牧场；还有可能的原因是人们不喜欢请求需要庇护的人加入营组，尽管是这种情况，也有可能会提出一些实际原因以外的理由来拒绝。一般来说，寻求迁进的成员与接受迁进者的家庭之间的亲属关系越密切，就越容易获得许可。因此，只有在非常重要的情况下，第一代或第二代堂兄亲属的请求才会被拒绝。在没有令人信服的理由的情况下，拒绝如此亲密的亲属加入营组，将会导致两者之间关系产生隔阂。

营组不断面临着一些必须由户主们同意的决定：迁移的时间和地点；雨季营组附近的水池哪一个用于牲畜，哪一个用于家庭（同一个水池不能同用，因为供牲畜饮用的水池被穆斯林饮用是非法的，是禁止的）。如果家庭之间在这些问题上不能达成一致，他们当然会散伙。例如，如果一个营组的成员不能就春天迁到哪里放牧达成一致时，他们就可能会分道扬镳。但是，在这种情况下，他们通常特别强调同意该营组的解散，因为未经同意而散伙是双方强烈不满意的表现，会对未来的合作造成障碍。

下一个较大的居住群体是奥巴（oba），由一组家庭组成，这些家庭对某些特定领土享有共同权利。奥巴可以被描述为一组营地或一组家庭。但是，与奥巴领土有关的权利属于个体家庭，而不是营组。奥巴是一个拥有共同财产的团体，每个家庭在共同财产中所占份额相等。奥巴的牧区没有被划分为小块区域，特定营组或特定家庭对这些牧场拥有优先购买权。家庭组成营地的方式并不影响每个家庭利用奥巴领土的平等权利。每一个由其成员共同同意组成的营组都可以自由迁移到奥巴领土内的任何地点,只要没有其他成员已经在该地点拥挤扎营。如果他们想要在某地已有的营地附近扎营,影响到已有营地享有的适当牧场或水源,那么他们必须首先获得许可。如果他们扎营的地方离农田过近,以至于他们的牲畜可能会意外地吃到农田里的草,他们还必须获得相关土地所有者的许可。

在建立有效的政府控制之前,奥巴没有复杂的执行结构,尽管每个奥巴都有一个负责人作为群体对外代言人。该职位不具有权威地位;该负责人是由奥巴成员选出的,只有在他们协商一致的基础上才有权采取行动。这一职位不是世袭的,在位者可以通过一致意见被免职,这与他最初担任这一职务的程序相同。

营组的组成原则也适用于奥巴的组成。要离开一个奥巴并加入另一个奥巴是需要得到许可的,从理论上讲,这需要两个奥巴的所有户主的同意。实际上,当希望搬迁的家庭数量很少时,他们只咨询那些他们认为实际上会关心他们搬迁的家庭。因此,如果一个或两个家庭希望搬到一个新的奥巴时,通常只在营地级别进行协商。如果一个没有被咨询的家庭认为这件事值得更广泛的讨论,它可以要求整个奥巴进行讨论。

另外,大量家庭从一个奥巴迁移到另一个奥巴,则需要整个奥巴进行讨论,并要求每一个奥巴的居民许可。应当指出,奥巴的规模在一定程度上决定了它在必要时保卫其领土的能力。因此,大量家庭的离开可能对留守家庭产生不利影响。总的来说，约穆特人认为，这种类型的迁移需要得到那些会受到迁移影响的人的许可。谁会觉得自己受到了影响，谁会认为这不关他的事，有时很难确定。在这种情况下。约穆特人倾向于请求许可，而不是冒着风险无理冒犯某人。

一旦某人获得加入一个奥巴的许可，他将在新奥巴的共同财产方面获得全部权利。属于奥巴的每个家庭都有权在奥巴的领土上放牧，并有权使用该领土内的任何自然水源。每户人家都有权在这片土地上开垦任何未开垦的耕地，一旦开垦出一块土地，就成了他们的私有财产。水井的权利类似于农业用地的权利。奥巴的任何成员都可以在奥巴的领土上挖一口井，然后这口井就成了他的私人财产。[1]

这是约穆特人调节自然资源的传统方式。在我第一次观察时，这些事情基本上由伊朗政府管理。然而，在1965年至1967年的游牧约穆特人中，这种情况并没有多大改变。虽然从理论上讲，每个游牧奥巴称拥有的大部分领土是王管土地，但在这期间，除1936年和1941年外，政府既没有试图限制或管制占领这些领土的牧民的季节性或永久性迁移，也没有试图管制这些领土的开发方式。从1960年开始，有时向郭克恰山区的牧民收取一些草场费，但这只是象征性的费用，并不是定期收取。这种收费的目的似乎是证明土地的所有权，而不是增加收入。

---

[1] 尽管水井是私人财产，任何人都有权在发现地下水的已有水井旁挖一口新井。因此，地下水资源基本上不能作为私人财产被有效垄断。

/ 第三章　政治结构 /

在奥巴级别之上的第二大居住群体是一个被称为"伊勒"（īl）的群体。在土库曼语中，"伊勒"的意思有很多。然而，当它指的是一个连续的奥巴群体，传统上是彼此和平相处的，它被翻译为"部落"。如图10和图11所示的杰夫尔巴依（Jēfērbay）和阿克-阿塔巴依等群体被指定为"部落"。"伊勒"一词在土库曼语中既是形容词又是名词。作为形容词，它的意思是两个人或团体之间的和平状态。作为名词，它指的是一群相互之间处于和平状态的奥巴组织，它们团结一致，共同防御外来的敌对势力。政治上统一的奥巴中最小的这类群体在地理上是相邻的，因此可以称为居住群体。被指定为伊勒的较大的群体是谢热普和乔尼（见第85—87页），以及作为一个整体的古尔干约穆特人。在政府有效控制这些组织之前，这些组织内部通常是和平的，还结成防御联盟。然而，它们并不总是形成地理上相邻的群体。这种较大的政治单位在本研究中被称为联盟。

如下文所述，谢热普和乔尼这两个名字既指血缘群体（见第60页图7），也指政治联盟集团。然而，这个联盟包括了不属于谢热普和乔尼血缘群体的群体。在土库曼语中，作为一个血缘群体的谢热普人被标记为台帕，由谢热普人的后裔组成（见图7）。作为伊勒（联盟）的谢热普是个较大群体，包括除了高举格、撒拉格（Thalaq）和都吉血缘群外的其他群体。在这一章中应该记住，伊勒（部落或联盟）是用政治术语来定义的，而台帕基本上是用世系术语来定义的。由于土库曼人习惯用伊勒内部数量居多的世系名称来指称伊勒，因此常常会产生混淆。

/ 约穆特土库曼人 /

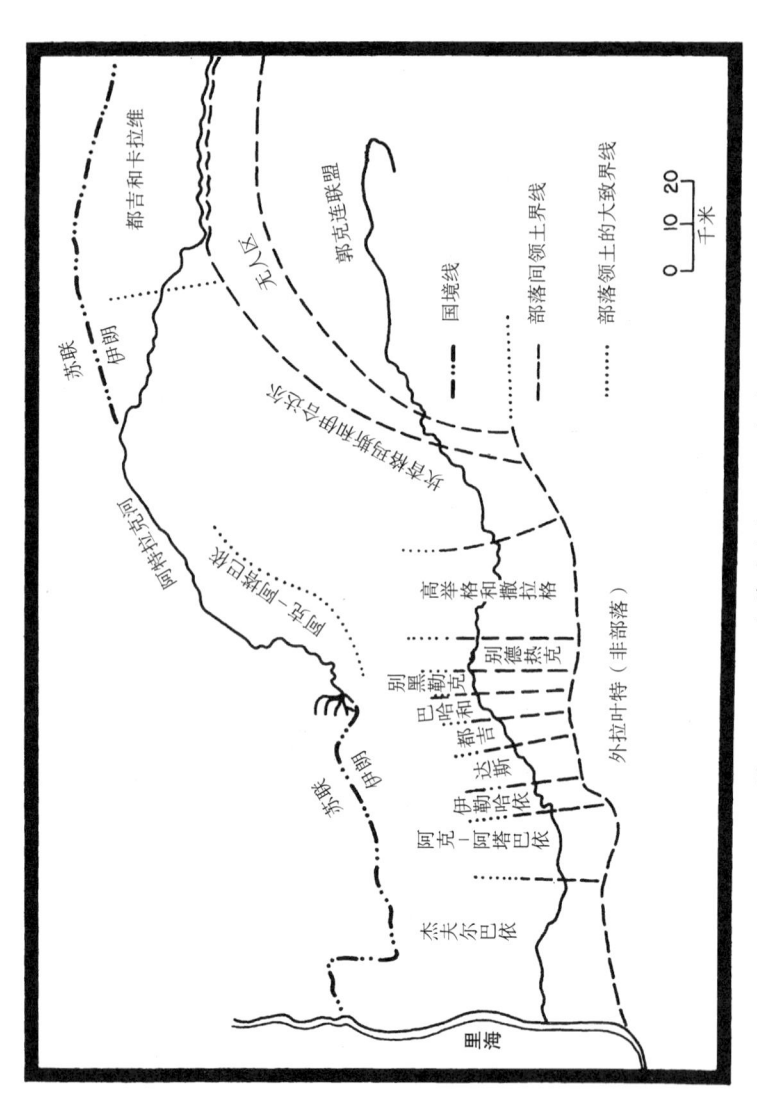

图10 / 1930年前的吉尔干平原部落位置

/ 第三章 政治结构 /

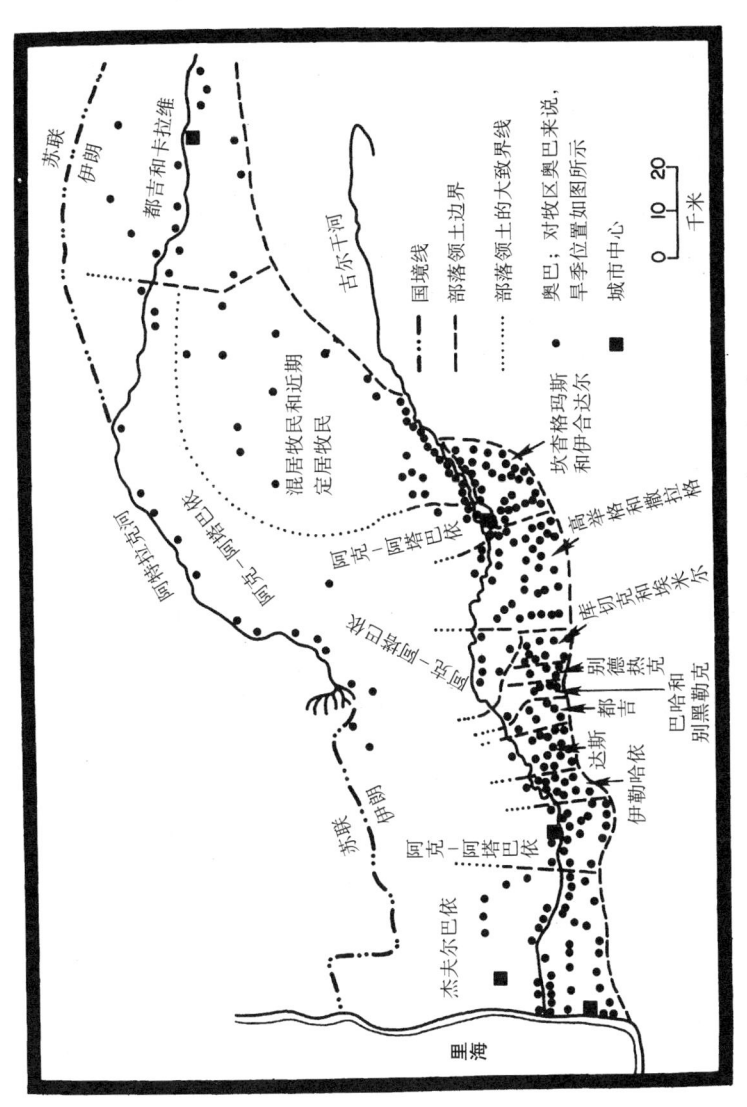

图11 / 1967年的约穆特部落分布

第三节 血缘群体和居住群体的关系

尽管表面上居住单位和血缘单位具有不同的人员吸收模式，但两者在构成上有大体一致的趋势。虽然没有明确的规定必须要与父系亲属同住，但他们有强烈的偏好与父系亲人住在一起。正如以上所述，这种居住的结果就是每个奥巴成员主要都归属于一个血缘群体。对于部落和联盟的组成也可以做出同样的概括。就营地这种最小居住群体来说，其构成的基本原则是相同的，但由于这种群体规模较小，它们的组成往往是纯粹的宗亲。

选择与宗亲同住的原因并不难理解。约穆特人容易依赖亲属，尤其是依赖近亲来获得各种支持，因此，与自己的亲属住在一起显然是明智的。在约穆特人中，与亲属同住，在很大程度上是指与父系亲属同住。父系亲属关系比母系[1]亲属或姻亲关系承担更多的义务，有效的父系亲属关系比有效的母系亲属或姻亲关系追溯得更远。因此，一个人住在他的父系亲属关系中是最安全的。还应指出的是，由于对与父系亲属通婚的偏爱，超出个人父系亲属关系的母系亲属或姻亲联姻是有限的。

在居住群体中，那些与他们的宗亲分开居住的个体或小的世系，数量上由他们自己以外的世系控制，在土库曼语中被称

---

[1] 原文为uterine，意为"与子宫有关的"，源自拉丁语"子宫"（uterus）一词。作者在本书中并未使用"母系的"（matriarchal）一词，可能是由于该词在一般意义上指只能通过女性追溯的亲属关系，而本书中土库曼人的母系亲属关系则是指至少通过一位女性追溯的任何形式的亲属关系。对于uterine一词，本书暂译为"母系的"，具体到本书中土库曼人的亲属关系时，实际上有些类似于中国传统亲属关系中的"外亲"。参见本书第149页注1。——译者

为共西（gongshī）。总的来说，共西不像与自己同父系亲族居住的人享有同样的政治优势。诚然，他们居住群体的其他成员将在政治事务上支持他们，反对其他居住群体的成员，只要这种支持不违反宗亲关系的义务（见第85页以下）。但是，他们所能期望的支持程度要低于近亲能提供的程度。同样，如果共西与一个自己居住地的主要血亲成员陷入纠纷，他将处于劣势：他附近立即会有很多对手，而自己主要依靠的父系亲族并不会伸出援手。然而，这种政治劣势的程度是有限的。同住要求有强烈的和平行为和谨慎避免冲突的义务。共同居住的约穆特人之间的敌对行为也是极其罕见的，即使他们不是亲属。一个人如果对一个共西不公正，就会引起纠纷，就很难从他的宗亲那里得到支持，更别说是从更远的宗亲那里。支持同宗的义务程度与宗亲关系的密切程度和主张的公正性相关。同时，一个共西可望获得居住在远方的宗亲的最终支持。然而，与自己的近亲卷入血仇则不会得到这种支持（见第96、97页）。

男人偶尔会离开家人一段时间。他们有些被雇来当牧羊人，或者有些和宗教老师一起学习。在这种情况下，一个人会为一个具体目的在短时间内搬离住处，然后回到自己的群体。在邻近奥巴之间的短途流动也很常见，特别是在贸易方面，即使是完全陌生的人，流动者也总是受到款待。他们通常会得到至少一天一夜的食物和住宿。由于热情好客，约穆特人不仅在约穆特地区的流动非常容易，在郭克连地区也是如此。然而，除非以前已经建立了某种社会关系，否则他们是不会向非土库曼人请求款待的。在部落间战争停止之前，只要一个人留在和他同伊勒的人中间（就和平而言，而不是战争而言），离开他的同族的流动和居住是同样可能的。

当然，出于某种特殊目的而离开自己的血亲在外短暂居住，或者出于贸易目的而流动，对居住群体的构成几乎没有长期影响。与血亲保持永久距离的主要原因是世仇，下面将更详细地讨论这个问题。许多土库曼人作为共西人居住在一个由不同血缘群体统治的奥巴中，以逃避他们原来奥巴中的世仇。这类避难者通常不是完全与近亲隔离居住，而是居住在构成远亲父系的小群体中。

通过血缘来检验阿吉·奎的组成，可以很好地解释血缘和居住群体之间的关系。图12展示了阿吉·奎中户主的同族关系：具有精确族谱的系谱用大写字母表示。根据推定的族谱给出了较大族谱的名称。推定的血缘关系用虚线表示；准确的同族链接用实线表示。除了别黑勒克的分支马纳哈尔（Managhar）外（见第60页图7），图12中的命名组也可以在图8和图9（第61、62页）中发现。显示的唯一在世的个人是户主，除了一个例外之外，标识的唯一死去的人是反映家庭户主之间父系亲属关系的祖先们。在世系F中有一个例外，寡妇作为一家之主的存在会引起一些与目前讨论无关的复杂情况。第四章将讨论寡妇成为户主的条件。在这一点上，应该足以说明，就所有实际目的而言，寡妇作为户主基本上是她已故丈夫的代理人。为了当事人的名字不被公开，户主的名字用数字代替。这些数字代表了在阿吉·奎中每个家庭的财富排名，在整个研究中，这些相同的

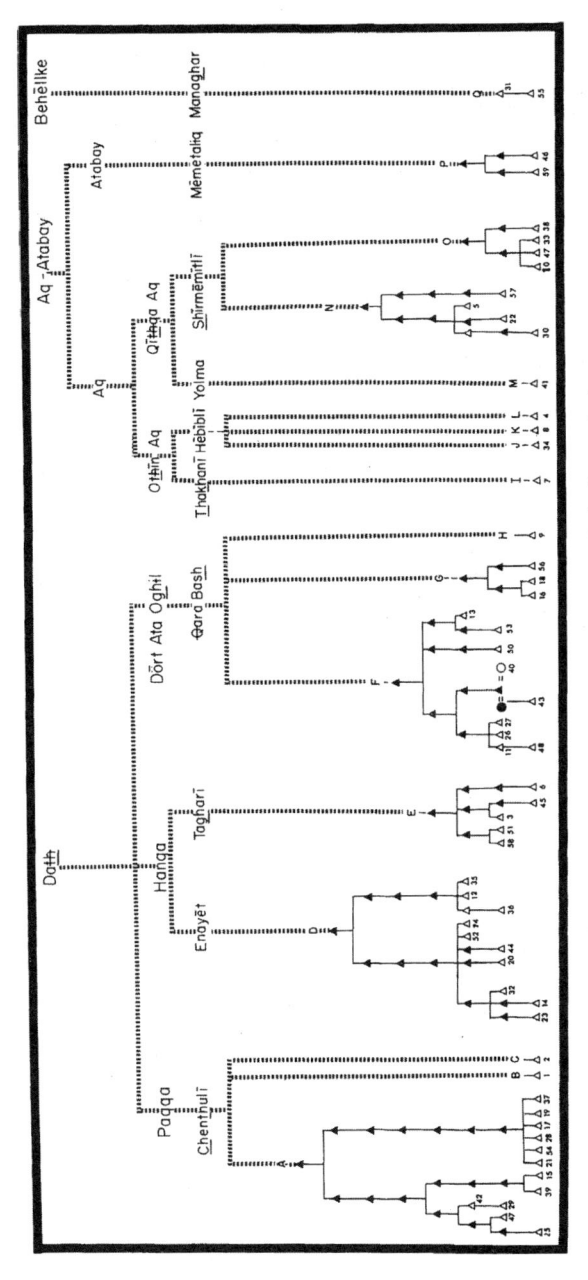

图12 / 阿吉·奎户主的父系关系（1967年）

数字用于指示阿吉·奎中特定的户主。

关于图12中所示的资料，有许多事情需要注意。首先，占统治地位的世系是达斯，阿克-阿塔巴依和别黑勒克是共西。在阿吉·奎的所有血统都有额外的成员居住在其他奥巴中。图13显示了世系A的完整系谱，居住在其他地方的户主用字母表示。居住在阿吉·奎以外的A世系的户主被划分为四个其他奥巴，每个奥巴的居住地址都用小写字母表示。其中两个奥巴，也就是a和c，和阿吉·奎一样，由达斯血缘群体居主导地位。

对于阿吉·奎中表示的其他血统，可以绘制类似的图，显示其他成员居住在其他地方。因此，无论从奥巴的组成（如图12所示），还是从奥巴中世系成员的分布（如图13所示）来看，居住和血统之间的关系都有些随意。

如果我们考察下一个最大的居住群体——部落，我们就会发现，在血统和居住之间也出现了类似的不规则关系。图14（第76页）展示了由达斯血缘群体主导的伊勒中奥巴的分布。这是图11（第69页）所示领土的部分扩大。（阿吉·奎往东数量减少了很多，因此没有出现在这张图上。）每个奥巴，除了一个形成于古尔干河以北的新奥巴外，都是由一个比达斯低层次的血缘群体居于主要地位的。图14包含了达斯的系谱分类，箭头表示哪些奥巴由哪些群体所控制。对这些资料的研究表明，每个奥巴优势世系的系谱深度是不同的。因此，达斯级别以下的四个奥巴以一级层次世系为主，帕格阿（Paqqa）控制着两个，道特·阿塔·奥格勒（Dört Ata Oghil）控制着一个，汗格阿

（Hanqa）控制着一个。在每种情况下，代表第二级层次的血缘群体没有一个形成数字上的多数。在阿吉·奎的例子中，已经注意到达斯级别以下的血缘群体中没有一个占据数字上的多数，因此优势群体代表了更高的细分水平。图14中其余的奥巴主要由较低层次的分化群所控制，只有一个例外，即在努热克（Nurrek）和克切（Kechche）血统之间进行均匀划分。这些事实说明了奥巴的优势世系的分化程度是不同的。

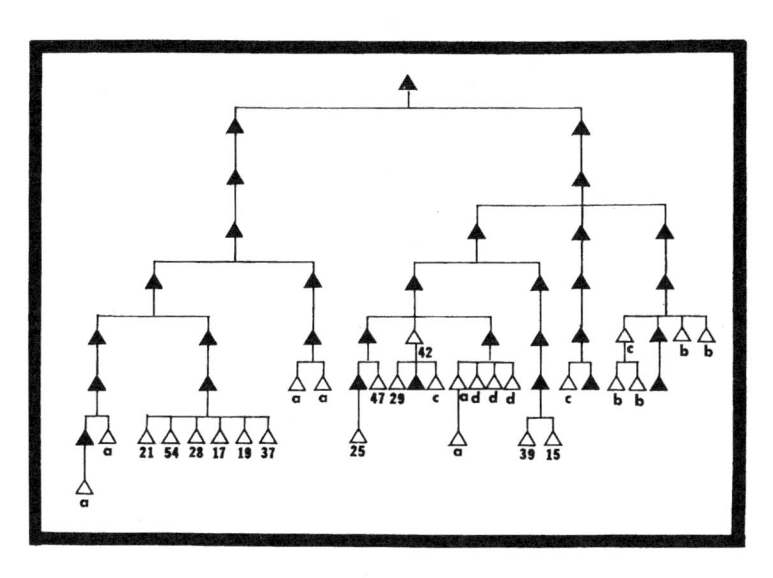

图13 / 千苏里（Chenthulī）人世系A。阿吉·奎家庭户主用图12中使用的相同数字标识；其他标识的个体是住在别处的家庭户主，和祖先有关联或是近期去世的户主；那些住在别处的被分成以a、b、c和d代表的四个奥巴。

在达斯级别以下的二级细分群体中，有些血缘群体不控制任何奥巴（见图14）。这些世系完全由分散在其他达斯世系控制

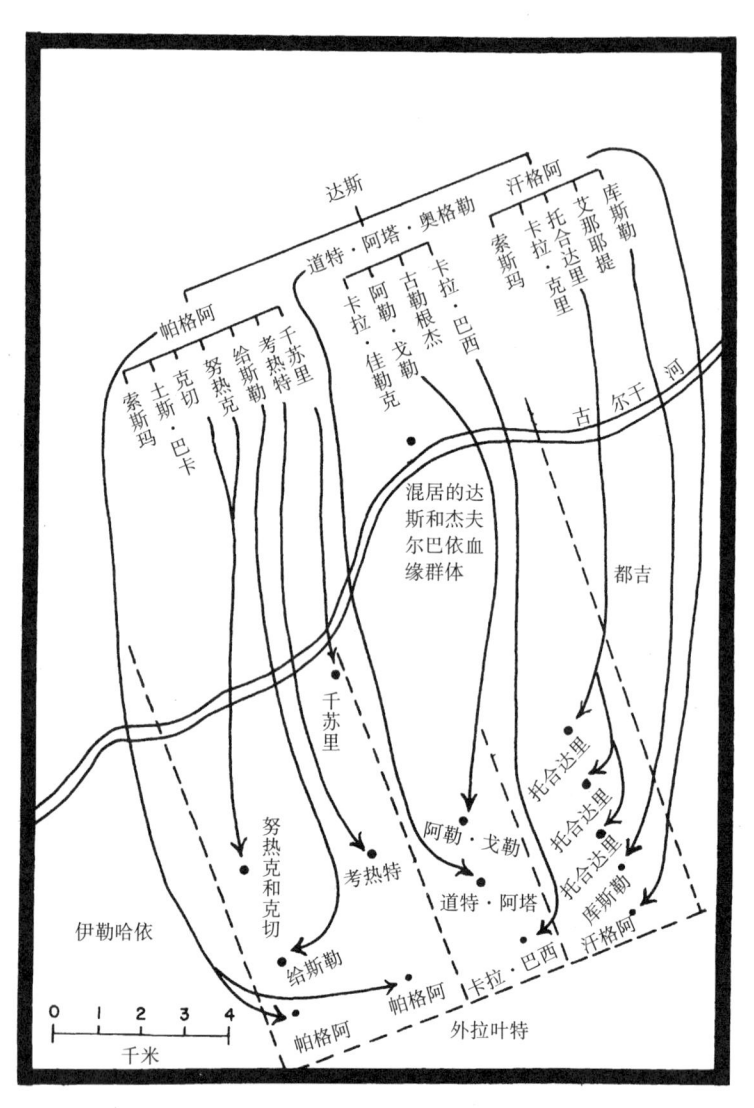

图14 / 达斯奥巴中主要血缘群体的分布

的奥巴中的小群体共西组成。

在血缘系统的更高分类层次上,根据对居住和血缘的对应程度进行的检查发现,两者的关系同样不规则。就特定的达斯部落来说,不存在由非达斯血缘群体主导的奥巴。然而在其他部落中,这样的奥巴确实存在,他们被称为共西奥巴。同样正确的是,达斯血缘群体和达斯部落,在很大程度上是一致的。然而,在达斯部落领土之外还有四个达斯奥巴。[1] 血缘群体和居住群体之间的这种程度的对应关系并不是普遍的。例如,图10和图11(第68、69页)中显示的五个部落实际上是两个血缘群体的组合。这些部落被称为巴哈(Bagha)和别黑勒克,库切克(Kuchek)和埃米尔(Eymir),高举格和撒拉格,坎杳格玛斯(Qanyoqmath)和伊格达尔(Ighdar),都吉和卡拉维。就每一组来说,都是不同的血缘群体结合在一起形成的一个单独部落,两个群体中较小的群体可以被称为大群体中的共西。

还有一个因素使血缘和居住的关系更加复杂。在很长一段时间内,共西群体有时在政治上逐渐被他们所在居住地的血缘群体融合。对这一过程,当地人的解释是,在原来的地方躲避世仇或部落间战争的群体,最终在一个由非他们自己的血缘群体控制的部落中成为共西,完全出于政治目的,逐渐通过部落中占统治地位的群体的后裔而成为一个分支。例如,在达斯的族谱中(见第61页图8),因长期共同居住而吸收的群体用虚线

---

[1] 这些达斯奥巴是最初迁徙到农耕达斯人北边领土上的牧民,但后来俄国关闭了边境通道后他们又往东迁徙(见第40—42页)。

表示。他们获得的政治地位和按血缘进入达斯的群体完全类似，因此，他们在裂变世系群体系（segmentary lineage system）中的地位可以以一种用于关联族谱关系的图表来表示。然而，这些非达斯群体的起源并没有被遗忘。据说他们已经成为达斯，是因为他们长期居住在达斯。报道人在解释这种情况时，总是强调长期共同居住是创造这种情况的必要条件。一个叫作台帕的血缘群体，可以通过人们加入新住所的契约规定来获得新成员，这种方式对约穆特人来说是陌生的。通常情况下，这些族群先前在血缘系统中所占据的位置会被遗忘。

以长期共同居住的方式证明其在裂变政治联盟体系中所处地位的群体，在精确记忆的族谱之上的每一个分层上都可以找到。通过这一过程纳入达斯的群体均被安置在较低层次上。然而，上述事实的一个例证来自对约穆特政治制度的考察。图7（第60页）给出了约穆特人的系谱划分，图15呈现了可以描述为约穆特人的裂变政治体系[1]的信息。这包括一系列有名的领土群体和次小群体，后者在政治方面非常像一个裂变世系群体系。在每一个细分层次上，一个群体可以被动员起来反对另一个群体，或者联合成一个联盟反对下一个更高细分层次上的群体。然而，这个系统不同于一个裂变世系群体系，因为它只是部分地基于一个系谱。[2]

---

[1] "裂变政治体系"这个术语被用来区分政治群体体系和血缘群体体系。由于这种体系在事实上和当地人观念中都是不同的，最好在民族志书写时保留这种区别。

[2] 见Pehrson, 1966: 18-19；"裂变世系群体系"不是基于谱系之上的，因此可能不适用于马里（Marri）的政治结构，但"裂变政治体系"术语似乎却适用。

/ 第三章 政治结构 /

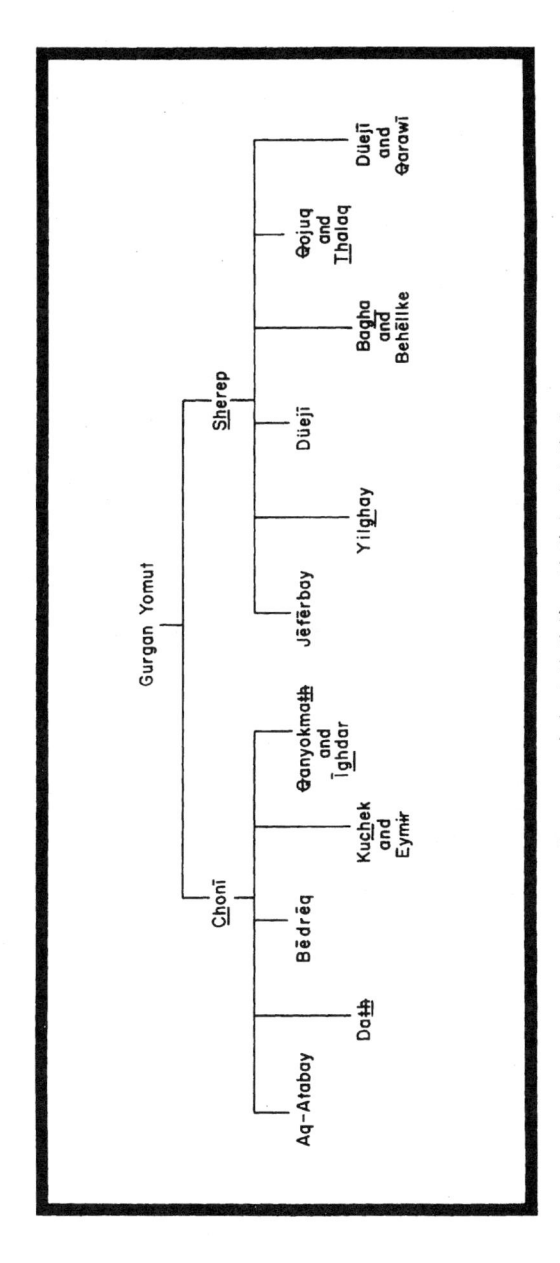

```
                    Gurgan Yomut
                    /          \
               Choni            Sherep
              /     \           /  |  \
         Bēdrēq   Ɵanyokmath  Jāfērbay  Düeji
         /  \    and Īghdar    |      /  |  \
   Aq-Atabay Da☩  |          Yilghay Bagha Ɵojuq Düeji
         |       Kuchek                and   and   and
         Da☩    and Eymir              Behēlike Thalaq Ɵarawī
```

图15 / 古尔干约穆特人的裂变政治体系

以谢热普和乔尼联盟的裂变层次为例考察约穆特人的政治制度，可以发现政治制度与系谱的另一个偏差，即高举格人被纳入谢热普联盟。这不是来自长期的共同居住的历史，而是来自一个神话。这个神话说，古特力·帖木儿的三个儿子（见第60页图7）曾经一起参加了一次突袭。[1] 在这次突袭中，高举格的马被射中了，他没有办法逃跑。于是，高举格请求他的亲兄弟乔尼允许他骑在他的后面逃跑。乔尼拒绝了，高举格于是向他的同父异母兄弟谢热普求助。谢热普同意了，因此在谢热普和乔尼之间的纠纷中，高举格总是站在谢热普一边。直到今天，谢热普和高举格的后代仍一直延续着这种结盟模式。需要注意的重要事实是，这是约穆特人之间唯一一个不被共居制度或系谱制度认可的政治纽带。应该对这个联盟提出一些看法。[2] 第一，在这一层的共居基本上是不可能的，除非打破分散的谢热普和乔尼团体的一贯模式。第二，谢热普加上高举格（包括由于长期与他们共同居住而成为高举格一部分的撒拉格），形成了一个与乔尼人数大致相当的政治团体。在古尔干平原，有129个谢热普奥巴和119个乔尼奥巴。因此，拥有41个奥巴的高举格显然在

---

1 在口头记忆中，谢热普、乔尼和高举格经常被认为是约穆特的儿子。注意oghil一词可指"儿子"，也可指"孙子"。
2 "联盟"在许多人类学研究中指由族际通婚的姻亲产生的团结纽带。因此，联盟几乎成为姻亲的同义词（见Levi-Strauss, 1969: 98–118）。这种用法在族际通婚的后代群体社会中是很合理的，但在实行族内通婚的后代群体社会中却不太可行。在这项研究中自始至终使用的意义来自《美国大学词典》(*The American College Dictionary*, 1951: 34): "任何由个人、家族、国家或组织的努力或利益组成的联合。"

地方权力平衡中发挥着关键作用（其中九个谢热普奥巴，包括七个高举格奥巴，位于图11（第69页）所示的"混合牧民和新近定居的牧民"区域）。资料很容易得出这种联盟最初只是基于权宜之计协议的可能性，但无法证实。为联盟提供合理解释的神话强调，联盟是在遥远的过去建立的，事实上，是在这三个群体的共同祖先还活着的时候。因此，神话没有多少证据可以表明，与裂变政治体系有关的义务可以通过契约性质的联盟在一瞬间改变。

从上面的讨论可以看出，虽然居住群体的构成是一个灵活的问题，但是大多数居住群体之间的流动并没有导致裂变政治体系的即刻变化。事实上，约穆特人声称，他们没有重新调整族谱以反映居住安排，而他们对族谱关系的描述也支持这一论点。但是，重新调整政治义务以适应长期建立起来的居住安排的情况确实存在。然而，这一进程只有在共居已经持续了许多代之后才开始。在政治上被居住团体所吸收的共西团体的起源是很遥远的，他们最初被接受的时间超过了精确的记忆，也就是在七代之前被接受的。

第四节　和平、战争和世仇

共同居住所隐含的主要义务是维持和平关系。前面指出，最大的可识别居住群体名为"伊勒"，除其他意义外，还指"和平关系"。相反，战争的关系被描述为"亚格"（yaghī）。从土库曼人的是非观念来看,偷窃或伤害与自己是伊勒的人是错误的,但这种行为对与自己是亚格的人来说是值得赞扬的。

伊勒和亚格之间的区别在凶杀法案中得到了最仔细的定义,对直接管理之前实行的这些法律进行讨论,应该能澄清这两种政治关系的性质。当凶杀发生时,如果凶手和受害者都是伊勒,那么复仇的权利就限于有七代血统的父系亲属。这种共同的血缘责任关系可以用亲属术语"甘·都杀儿"(qan dushar)来表达,意思是"血液到达"。如果一个人说"某某人是我的甘·都杀儿",意思是他和他所指的那个人有一个共同的父系祖先,他们之间的亲缘关系都不超过七代。仇杀的权利仅限于与被害者同是甘·都杀儿的人,而合适的目标仅限于与凶手同是甘·都杀儿的人。一次仇杀抹去了血债,使两族之间的友好关系再次成为可能。[1]

除意外杀人外,血债不能用钱财来偿还。根据普遍商定的准则,只有复仇杀人才能消除血债。[2] 因此,对杀人事件通常的反应是,那些可能成为报复目标的人会躲到某个遥远的村庄。这种逃离是居住群体和血缘群体不完全一致的主要原因。因此,土库曼人像许多其他群体一样,从血统方面约束复仇行为。以族谱为基础的准则,除了规定复仇的合法受害者和合法复仇者外,还规定,在复仇即将来临时,在族谱上中立的人有义务保护那些可能成为复仇目标的人,并协助他们逃脱。一旦他们在

---

1 对此规则没有例外,见第163—165页和第78页注释2。
2 在意外杀人的情况下,需要用"浑"(hun)来赔偿,通常相当于100只绵羊的价值。

某个遥远的村庄避难,该村庄的成员作为中立派有义务保护他们免受追捕者的伤害。

在杀人事件中,如果凶手和受害者有甘·都杀儿的亲属关系,只有凶手本人才是合法的被报复目标,而且那些更亲近受害者的人才有权对凶手进行报复。

实际上,杀人事件在部落中并不频繁,但是杀人的可能性及其后果确实是一个部落内部政治的组成部分。每当发生争执时,就像日常为一块农业用地的所有权、牧场放牧或为其他问题发生纠纷一样,如果某人感觉自己吃了亏,他的亲属会对质所谓的罪魁祸首,要求改变这种情况。被控方的亲属也会聚集起来支持他的反诉。通常这样的讨论只是温和的对抗,但并不总是如此。按照族谱中被规定为中立的、在亲近程度方面不偏向任何一方的人员,有义务在双方之间发挥和平缔约者的作用,并将建议一种和平解决问题的方案。大多数分歧就这样以商谈的方式和平解决了。然而,如果和平谈判失败,双方无法就争端达成令人满意的解决方案,将会引发暴力,至少一人被杀,接着会产生复仇的企图,会导致杀人凶手的逃亡。然而,对和平关系的普遍期望以及中立派作为和平缔造者的作用一般会使部落内部实现和平关系。

关于血亲复仇,还应做一些说明。七代内血亲责任群体对复仇的权限进行了严格的限定,但他们并不担负复仇的首要责任。因此,受害者的直系亲属对"采血"负有主要责任,他们不可避免地首先试图处决凶手。只有当他们觉得自己不可能完成这个任务时，他们才会求助于亲属们。如果找不到凶手进行处决，他们会试图杀死罪犯的父亲、儿子或兄弟，然后再转向更远的亲属。受害者较远的亲属只有在直接亲属需要援助的情况下才会被卷入复仇的行动中。因此，当复仇成功实施时，通常是由受害者的近亲属对杀手本人或杀手的近亲属进行报复。

还应该指出的是，七代内的血亲责任只有在杀人事件发生时才发挥作用。在可能导致杀人的纠纷中，相互对抗的群体往往是比群体中个体的七代亲属更大或更小的宗亲群体。小的侵犯行为，比如闯入牧场放牧，通常只涉及少数人。一个较大的分歧可能会把200个或更多家庭的男性后裔聚集在一起，与一个类似的群体对抗。并非所有这些临时动员起来的团体成员都是彼此的甘·都杀儿。两个同名血缘群体的成员最接近的共同祖先是八代血亲或更遥远的血亲，他们被认为"出自同一血统"。尽管一个血缘群体的所有成年成员并不一定来自"一个血统"，但这个群体有可能在一些重要问题上被动员起来。如果冲突导致暴力而杀人，则杀人后的报复被认为是与最初的对抗不同的事情，依据凶手和受害者的七代亲属关系进行诉讼。因此，如果为某些争端动员了足够多的群体，而这种对抗导致了一场谋杀，那么那些卷入血债的人可能不包括争端的最初各方。如果发生这种情况，原始各方甚至有可能和平解决他们之间的分歧，尽管这种可能性不大。在一场导致暴力的大规模对抗之后，几个人被杀害会导致涉及不同血缘群体的几个不同血债，这是很常见的事情。

/ 第三章 政治结构 /

当两个奥巴之间发生争执时尤其如此。这种争端通常是关于其各自领土的边界问题，被动员起来的群体自然都是那些共享奥巴财产的人。如上所述，奥巴内往往有少数家庭不属于占统治地位的血缘群体，但他们共享奥巴的财产。这些人也会陷入一场由他们居住的奥巴和他们自己血统主导的奥巴之间的纠纷中。在这种情况下，宗亲关系是被认为比共同居住关系更重要的关系。因此，由世系A'支配的奥巴A，包含少数的世系B'，可能与由世系B'支配的奥巴B在领土上存在分歧。在这种情况下，奥巴A的世系B'少数派要么不加入对争端的诉讼，要么如果对抗变得足够激烈，他们可能被迫退出奥巴A，以解决他们所处的尴尬局面。

如果一个部落内部的争端变得足够激烈，将部落的大多数成员按照他们对家族的忠诚度吸引到一边或另一边，那么这个部落就会沿着家谱线分裂。因此，由A_1和A_2族构成的部落A将会分裂，依据土库曼习惯，A_1和A_2的后裔将不再是伊勒，而同成为亚格。如果这种情况持续下去，他们最终会被认为是两个独立的部落。然而，据报道，即使大规模对抗确实导致严重暴力，这种情况也很少见。

这种由伊勒变成亚格的从和平到战争的转变，在被我称为联盟的更大群体中更为普遍。在本研究中，部落与联盟的区别是基于两个截然不同的特征。在传统条件下，一个部落作为一个内部和平的群体是稳定的，而联盟则不是。一个部落的组成部分很少变成亚格，而联盟的组成部分却经常变成亚格。

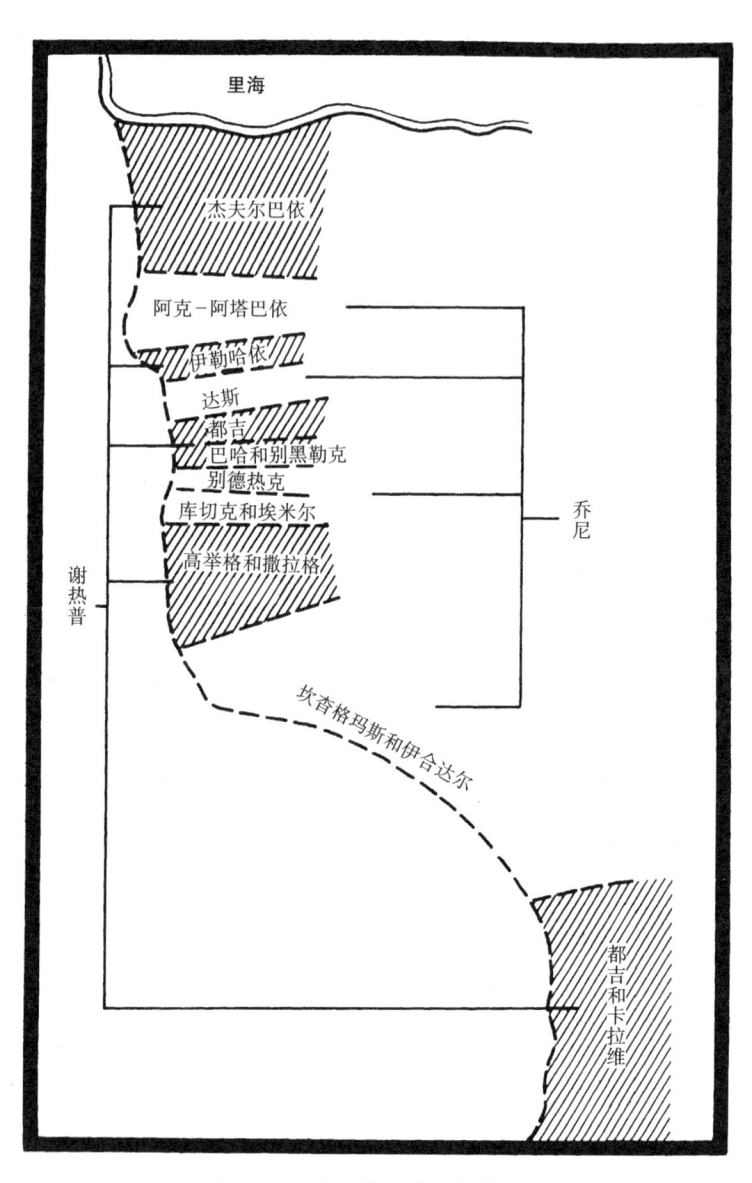

图16 / 谢热普和乔尼部落位置

此外，一个部落内的奥巴总是占据相邻的领土，以便能够组成一个完整的部落领土。相反，联盟内部的部落却不总是相邻的。在图16中，谢热普联盟的部落用阴影显示出来，以区别于乔尼联盟的部落。每个联盟的部落都以这样的方式错落交织在一起，每个谢热普部落都以一两个乔尼部落作为直接邻居。这是一种棋盘式联盟模式的变体，在许多地区都很常见（参见Barth, 1959: 5-21）。通常，谢热普联盟的部落彼此能和睦相处，而乔尼联盟也是如此。然而，谢热普和乔尼通常是亚格。因此，基本情形就是每个谢热普部落或相邻的谢热普部落都与邻为敌，与邻居的邻居结盟。

亚格群落之间的敌对行动通常仅限于由小规模组织实施的对彼此牲畜的掠夺。反袭击敌对行动也往往保持在同一程度上。在这些袭击中几乎没有人死亡，但当命案确实发生时，往往组织起有特定仇杀计划的反袭击活动。"七代规则"并不适用于亚格群体之间，敌人部落的任何成员都是适宜的牺牲品。尽管一个部落的每个受害者都对应有敌对方的受害者，但以命抵命的复仇之后再建立和平的规则也不适用。只要不激化敌对程度，这种对等就是可取的；这不像在伊勒群体间是一条法律准则。

如果两个部落之间的敌意变得足够强烈，比如领土争端，每个部落都要组织一支被称为"阿克·奥依力"（aq öylī）的军事远征队。阿克·奥依力的构成如下：每个奥巴将派遣五分之一的成年男性作为战斗队伍，五分之一的帐篷作为住所，而食物将由留下来的人提供。总队会选出一个被称为"伯克"（beg）

的领导人,在他的领导下,他们将组织一支高度机动的战斗部队。这样的军事单位有时也组织起来与卡扎尔政府作战。

第五节 神圣的血统

在敌对部落之间保持着一个沟通渠道,可以用来寻求和平,也可用于其他目的。形成这条渠道的是一个小世系群体,其声称来自最初的四大哈里发血统。所有普通土库曼人都永远与这些神圣血统保持着和平:与其中一个群体成为亚格,被认为会带来严重的神圣报应。人们认为,这种报应不仅是由于成为亚格,也是由于对任何神圣血统的群体成员有不正当的敌对行为。至今仍有许多传说认为,将神圣血统成员误认为普通土库曼人而抢劫他们的人都变成疯子了。

因此,被称为艾乌拉德的神圣血统成员能够自由地在敌对群体之间进行贸易往来,或者充当外交使者。特殊的地位还使得他们成为敌对部落之间的和平缔造者。在某种程度上,这是所有中立派都需要扮演的角色,但人们认为,这对艾乌拉德来说更是一种义务。报道人说,在他们掠夺了敌对群体之后,艾乌拉德偶尔会代表受害者出面,央求说他们很穷,恳请归还被带走的部分牲畜。在这些事件中,有时会有一部分掠夺物被归还,但从来没有归还全部掠夺物的(Irons, 1965: 393-414)。当两个部落之间发生了一场更大规模的战争时,艾乌拉德就会在这些群体之间穿梭,试图让他们握手言和。他们的努力并不总是有收获的。然而，他们作为一个外交渠道对整个土库曼人来说是宝贵的，并成为土库曼人传统政治结构的重要组成部分。

到目前为止，我们主要关心的是土库曼人的土著政治机构。为了更全面地了解他们当中的管理政治事务的力量，现在有必要来阐明约穆特与波斯政府的关系。由于这种关系自1925年巴列维（Pahlavi）王朝建立以来已经发生了翻天覆地的变化，所以必须从历史的角度来进行讨论。

第六节　与卡扎尔政府的关系

无论是报道人的口头描述还是书面材料都一致认为在卡扎尔时期的后期（19世纪末到1925年），波斯政府只对约穆特人拥有有限的控制力（见第19页注释1）。这种控制的程度随时间、地点的不同而不同。卡尔顿·库恩（Carleton Coon, 1958: 253－265）观察到，传统的中东政府有着或大或小的影响力。在那些定期收缴税款和征兵的地区，政府的决定一般不会受到武力的挑战。相反，除了大规模武装力量外，政府代表不敢进入有些地区，那儿的税款和义务兵都无法征收。库恩所描述的这种情况在卡扎尔时期对约穆特地区有或多或少的影响。通常情况下，政府可以从位于省府所在地阿斯特拉巴德（Asterabad，今古尔干）附近的恰米尔征收税款和义务兵，但是却很难惩罚这些恰米尔人针对外拉叶特村庄的罪行或干预该地区恰米尔人的内斗及世仇。一般来说，政府对自约穆特区域东面的行政所在地至最远的恰米尔人和恰尔瓦人所在地缺乏有效控制。在19世纪80年代之后,当俄国沙皇政府控制了阿特拉克北部地区时,每年穿越阿特拉克的恰尔瓦人只好与俄国当局在边境以北进行斗争。

偶尔卡扎尔政府会派遣军队远征,到约穆特地区试图进行一定程度的控制。战争偶尔会在波斯军队和土库曼人之间发生,但基本不会对土库曼人构成严重威胁,他们不是特别惧怕波斯军队。俄国政府对在俄国领土上的土库曼人产生了更大的影响,土库曼人对俄国军队也是相当尊重。俄国政府干预并阻止土库曼部落之间的大规模械斗,如果认为个别土库曼人的罪行严重的话,就惩罚他们。但是,俄国政府并不在意对土库曼人的内部事务进行严格管理,据年老的报道人称,在俄国边境一侧土库曼人中确实发生过小规模袭击和血亲复仇,但一般被俄国当局忽视。

在大多数土库曼人被俄国控制后,早期曾是波斯东北部一个严重问题的土库曼人的奴隶掠夺,规模已大大缩小。位于卡扎尔领土上的阿特拉克南部的约穆特人,在希瓦、布哈拉和马雷的奴隶市场关闭后,继续从事着较小规模的奴隶掠夺活动。在掠夺时,他们主要针对博季努尔德附近的库尔德儿童。押送成年奴隶穿越卡拉库姆到希瓦的奴隶市场非常困难,如果他们被关在古尔干平原,就很容易逃跑,这是因为古尔干平原离他们原来的家很近。由于在古尔干平原羁押成年奴隶很困难,所以只有在短时间内获得赎金而不必无限期羁押时,约穆特人才对成年俘虏感兴趣。

/ 第三章 政治结构 /

一、萨克拉（Thaqlau）办事机构

在伊朗高原及周边地区，大多数部落[1]的领导阶层有很严格的等级，最高的首领拥有至高无上的权力。这种主要的等级制度除了存在于命名血缘群体的裂变体系之外，在很大程度上，这两套政治制度还被整合为一个单一的和谐政治结构。这样的部落有一个中央集权的管理机构，至少在某种程度上，它可以对裂变体系进行补充，甚至凌驾于对裂变体系的忠诚之上。

在卡扎尔时期的伊朗高原附近的其他土库曼部落中，有一个机构类似于主要办事机构。该机构关注的是每个土库曼部落从古尔干平原定居的外拉叶特村庄收集贡品的情况。这个机构被称为"萨克拉"，或称为"保护者"。这个机构的首领不是世袭的，而是由强势人物来管理。有时，约穆特各部落为了争夺这个机构的权力而爆发内部斗争。

每个部落的萨克拉成员每年都会从其部落领地南边定居的外拉叶特村庄收取贡品，以此承诺不攻击这些村庄并保护它们不受自己部落或其他部落成员袭击。为了防止自己的部落发动袭击，他会将收集到的贡品分给部落成员，让他们承诺不会袭击受保护的村庄。为了防止其他部落的袭击，他要求与他分享贡品的人提供帮助，在某些情况下，他还会雇用武装的侍从作

---

[1] 当作为"部落"提及巴萨里或类似的群体时，我遵循既有的用法。无论是我以这种方式使用"部落"，还是使用更严谨的如第62—67页上的意义，都需要清楚其上下文。

为额外的威慑。萨克拉成员也同意，如果他未能阻止袭击，他将按约定的费率赔偿受保护的村庄。因此，萨克拉成员代表部落来保护受他保护的村庄。实际上，他也代表自己的部落和波斯省级政府打交道。波斯总督从定居的人群中任命一个官员，负责每个约穆特部落的税款征收，并保证这个部落有良好的行为规范。这些官员被称为萨拉卡尔达希（sarkardehs）[1]，他们一般与萨克拉打交道，政府与约穆特人之间的正常沟通是通过萨拉卡尔达希和萨克拉之间的渠道进行的。萨拉卡尔达希和萨克拉在理论上是间接统治的。书面的和口述的资料都认为，这些官员通常是一起合作管理定居的外拉叶特村庄的人。

就最靠近当地行政中心阿斯特拉巴德城（今古尔干）的约穆特部落来说，萨克拉得到了由政府出资的骑兵和武装人员的支持，前提是要维持好他们部落的秩序。然而，这种试图扩大政府对约穆特的影响力的尝试似乎收效甚微，这可以从上面所描述的政府控制的有限程度来判断。

二、游牧和政治

游牧生活在卡扎尔时期的约穆特和波斯早期的政治事务中起着非常重要的作用（见 Irons, 1968: 49–50; 1969: 33–35; 1974）。在巴列维时期，游牧生活在约穆特人中的地位发生了很大的变

---

[1] "达鲁哈"（Dārūgheh）是"萨拉卡尔达希"的当地同义词。

化，这些变化将在后面的章节中讨论。目前这一部分只关注卡扎尔后期，老年报道人记得这个时期，在书面资料中也有记载。

从第二章所提供的材料中可以清楚地看出，约穆特人比他们的生态环境所要求的更具流动性。恰米尔的生态环境可以很容易地与定居生活结合起来，而恰尔瓦的生态环境可以很容易地适应半定居的居住模式。

恰尔瓦的生态系统需要他们在雨季进行迁徙。在这个季节，要找到好的牧场，而且营地和牲畜必须在一起。由于优质草地的位置年年不同，因此他们在这样的季节里需要迁徙的生活模式。然而，在旱季，每个奥巴的营地每年都是大致相同的。这很自然，因为他们可依赖的固定水源是有限的。每到旱季，这些家庭都会用同样的水井、泉水或河堤取水，并在离水源不到两个小时的步行距离内宿营。但对于是否能在那里找到好的牧场是无关紧要的，因为除了驮畜外，剩下的牲畜被远离营地的牧羊人赶到别处去。因为当地牧场不够用，旱季营地的少量驮畜是用切碎的饲料来喂养的。因此，没有什么能阻止土库曼人在旱季地区建造固定房屋，事实上，1936年在阿吉·奎他们就这么做了。

就从事农业的土库曼人来说，游牧生活的生态优势更不足。因为他们的迁移时间非常短，他们主要的关注点是安逸，而不是经济需求。显然，他们的主要经济活动——农业不需要迁徙。如定居农民的牲畜一样，他们的牛羊可由专业牧羊人来喂养，而不需要整体人口的迁移。

/ 约穆特土库曼人 /

关于恰米尔，同样要注意到，他们对迁徙的热爱使他们无法通过灌溉农业的方式有效地利用他们的居住地。[1]事实上，书面资料和考古证据都表明，这片领土在早期历史上被更有效地开发过（见Petrushevsky, 1968: 488；Arne, 1945: 1-23，对古尔干平原进行的一个考古研究）。自建立稳定政府以来，恰米尔的领地又一次被浇灌得更加肥沃。然而，在有效的政府控制到来之前，约穆特恰米尔人坚决地抵触了这样的"非游牧"实践。

1925年以前农业土库曼人和定居的外拉叶特农民的经济政治环境之间的差异，对于了解游牧制在传统土库曼人生活中的作用是非常有启发意义的。定居的农民利用更有效的灌溉农业方法开发他们的土地。恰米尔人和外拉叶特人对待不动产的态度有许多显而易见的差异。

一个典型的乡村由复杂的建筑物组成，周围是灌溉的稻田、棉花地、烟草地、果园，以及小麦地和大麦地。除了农民的房屋以外，一个典型的定居村庄包括公共浴室，至少一个清真寺、磨坊，还有一些商店。相比之下，土库曼奥巴只包括一组帐篷、少量绵羊和山羊，还有一些小麦地和大麦地。

政治问题上的反差也同样鲜明。与土库曼恰米尔人不同的是，定居的农民被迫尊重一些外来者索取他们劳动成果一部分的要求。收税员、地主和土库曼萨克拉都要求分享农民的收成。

---

[1] 有证据表明，当人口密度允许时，各地社会倾向于广泛利用自然资源。见Netting, 1965: 422-429, 1968: 130-143。

相比之下，普通的恰米尔人虽然可能得不到他部落的萨克拉所获得的贡品的一部分，但至少只用缴纳一丁点税或甚至不缴纳，并且没有地主索求他的产品。普通的恰米尔人依靠他的同族的综合实力来保护他的财产和人身权利。普通农民只能求助于他的进贡对象萨克拉，他的缴税对象政府，或者他的缴纳租金对象地主，以保护他的权利。作为对他付出的回报，农民并不比土库曼人享有更多的财产和人身安全。

因此，普通的土库曼人认为自己的处境远比外拉叶特人更有前景。他们也意识到他们的机动性是他们脱离外拉叶特人困境的原因。他们的态度可以总结为一种老套的威胁，当土库曼游牧民感到被严重冒犯时，他就会使用这种威胁："我没有柳树磨坊，我只有一匹马和一根鞭子，我可以杀了你就走。"前面提及的磨坊反映了一种观念，即不动的财富会削弱人的斗志，并可能会导致对外拉叶特农民的屈从。相比之下，一个只有流动财富的人，"一匹马和一根鞭子"，是一个令人畏惧的人，因此，他不会被冒犯。他们将战斗意愿与迁徙性联系起来，巧妙地概括了游牧生活在约穆特政治中的作用。

然而，对于土库曼人来说，游牧不是政治盘算的结果，而是一种强大的文化传统。住在一所房子里，把自己的劳动和资本投资在诸如灌溉工程、果园、磨坊和商店这样的固定财富上，不只是在政治上不明智，而且是非土库曼人的。这一传统在土库曼人的政治制度中起到了至关重要的作用。

第七节　游牧与世仇

就像绝大多数政治体系一样，暴力威胁是土库曼政治体系中最重要的制裁手段。正如上面提到的，虽然大多数部落内争端是和平解决的，但暴力威胁总是决定争端解决的路径。此外，需要重视的是，在裁决争端的过程中，出逃也同样重要。所有各方都认为，如果不能找到和平解决争端的办法，就会产生暴力。人们还推定，在这种暴力之后，将清算血债，于是受害者将通过逃亡来保护自己。

当然，从政治对手那里逃走并不仅仅是土库曼社会的习惯。这在所有社会中都很常见。在传统条件下，与大多数社会不同的是，土库曼人在很大程度上依赖这种逃跑策略，更重要的是他们对逃亡有特殊适应性。这在很大程度上是因为他们放弃了固定的财富，但其他因素也同样重要。中立派（由族谱定义）在政治事务中所扮演的角色同样重要。当一群土库曼人逃跑时，他们知道可以依靠中立派来藏匿，保护他们不受追击者的伤害，给他们提供食宿，如有必要，还会协助他们寻找逃跑到更远地方的交通工具。他们也知道，最终他们可以找到一个新奥巴，给予他们受保护邻居的地位。这种情况将使其拥有永久居住权，获得奥巴的经济资源，以及不受其对手侵害的权利。因此，逃亡不仅受到保持人员流动传统的鼓励，而且受到中立派被规定的角色的鼓励，这种规定已深入他们的裂变政治体系中。血债只能血偿，这是他们的政治制度鼓励流动性的另一个方面。土库曼人的游牧制和政治结构关系密切,相互影响不断加强。

第八节 游牧制及其与国家的关系

逃亡,在部落政治中是如此重要的一种策略,一旦在部落之间发生敌对行为或与波斯当局发生严重冲突,它就可以发挥作用。当这样的事情导致一大群人逃亡时,古尔干约穆特人的惯例是在卡拉库姆沙漠另一边的希瓦约穆特人处避难。

正确认识游牧制在约穆特政治中的作用,是理解约穆特人抵制政府控制的至关重要的因素。其实,游牧制本身就提供了优秀的军事条件。毋庸置疑,这一点长期以来为人们所认同。土库曼人是优秀的骑兵,他们的马匹都很好。对定居村庄和其他游牧民族的突袭,对他们来说是经常发生的事件,给他们提供了丰富的军事经验。当大批波斯军队前来镇压他们时,通常敌对的部落会联合起来,组成大规模的骑兵队伍。经验丰富的骑兵通常能在波斯军队面前站稳脚跟。即使面对强大的力量,土库曼人也不投降。但他们会带着家人和牲畜,撤退到古尔干河以北的草原荒漠地带。因此,通过裂变世系群体系使一大群人团结起来的这种机动能力使他们能够抵抗直接的征服。

另一个有助于约穆特人抵抗直接征服的因素是他们处在古尔干河以北干旱地区边缘的战略位置。从古尔干河向北延伸到巴尔汗山脉的这片土地是草原荒漠,在此土库曼人的机动性相对较强,而像卡扎尔军队这样的定居大国军队,要想在这儿追击他们，需要费很大的力气。巴尔汗山脉以北是荒无人烟的卡拉库姆沙漠，在这片沙漠的北面是希瓦约穆特人的领土。在被俄国征服之前，希瓦约穆特承认希瓦可汗是他们的宗主。希瓦可汗对卡扎尔怀有敌意，因此，如果巴尔汗山脉不能提供足够的安全，他们的领土可能会成为躲避波斯当局的场所。

同样需要注意的是，为政治目的而加以利用的机动性，依赖于其社会结构，这种社会结构允许个人家庭或更大群体较容易地将其居住地转移到遥远的社区，使得他们在新的地方能够获取经济资源。由族谱规定的在政治事务中的中立性，在这方面发挥了非常重要的作用。在整个约穆特地区，人口密度低，经济资源供大于求，这两个因素也助长了人口迁徙。约穆特被划分为不同的领土集团，从政治的角度来看，其数量方面的优势是可取的。

他们的流动性和在沙漠边缘的战略位置的综合因素对解释波斯政府控制约穆特的困难性无疑是非常重要的。毫无疑问，同样的因素也解释了其他类似的土库曼部落如特克、撒鲁尔、撒拉克抵抗波斯人控制的能力。史料证明，卡扎尔政府都必须要打交道的土库曼人如特克、撒鲁尔、撒拉克这些部落比其他部族更难控制。他们无法控制土库曼人的奴隶掠夺是最明显的事实。最活跃的四个奴隶掠夺群体——古尔干约穆特、特克、撒鲁尔和撒拉克都位于波斯卡扎尔北部边界和卡拉库姆沙漠南部边缘。

土库曼人为卡扎尔政府带来的种种困难也困扰着早期的波斯王朝。巴托尔德观察到：

第三章 政治结构

即使在阿拔斯沙（Shāh 'Abbās）统治下的波斯获得了强大力量，波斯当局在阿斯特拉巴德对土库曼人也采取了防御政策。尽管1598年波斯人在阿特拉克打败了土库曼人，重建了古尔干城堡……但他们并没有试图去追击土库曼人。[1]

这段描述表明，长期以来，在与波斯军队的大规模对抗中，土库曼人在军事上一直利用其流动性和干旱栖息地的战略优势。

除了直接的军事对抗之外，还有另一种压力威胁到了约穆特人的独立性。萨特卡尔德（satkardeh）和萨克拉机构提供了政府和约穆特之间的沟通渠道。在理论上，他们也是约穆特间接统治的机构。卡扎尔政府试图将这一理论变为现实。通过提供骑兵武装，他们希望把萨克拉提升到他们部落中的权威地位，同时让他们依赖政府。然而，土库曼人将萨克拉成员担任权威职务的企图解释为对他们权利的侵犯。对其他任何冒犯的反应是一样的；各血缘群体被动员起来纠正错误，如果有必要，他们诉诸暴力后可能随后出逃。萨克拉从来没有能力制止这种抵抗，使自己处于完全类似于波斯其他地区如南部的扎格罗斯（Zagros）的部落首领的地位。

最后需要注意的是关于约穆特人与他们所接触的国家之间的关系。这些国家性质的改变是导致其政治独立的原因。19世纪

---

[1] 巴托尔德，1962: 46；提到的城堡就是穆巴拉克巴德（Mubārakābad），即后来的阿克·卡勒（Aq Qal'eh），更往后的巴列维·地奇（Pahlavī Dijh）。

出现在他们视野中的那种更现代、更有效率的国家是他们无法适应的。就他们之前的经验来说，第一个这样的现代国家是俄国沙皇政府。俄国向中亚的扩张摧毁了大多数土库曼人的独立性，并间接地破坏了其余人的独立性。虽然俄国的征服并没有直接影响古尔干平原的约穆特人，但他们对阿特拉克河以北领土的入侵，颠覆了古尔干约穆特人的战略地位。对波斯当局来说，通过稳定他们北部的沙漠地区，永久征服古尔干约穆特的任务便大大简化了。政府只需在古尔干河和俄国边境之间的小片沙漠地带维持一支庞大的永久性军事力量。卡扎尔政府没能建立起这样的军队，这是它自己弱点的体现，而不是土库曼人军事优势的原因。在礼萨汗的改革派政府统治下，古尔干平原的土库曼人在1925年被轻易征服，他们的传统政治结构再也没有完全自由地发挥过作用。[1]

当一支庞大的军队被派去对付他们并要求解除他们的武装时，约穆特人开始进行了顽强的抵抗。但是，意识到对手的优势后，他们采取了通常的逃亡策略，大量约穆特人撤退到了俄国边境。然而，这种策略不再像过去那样有效。新的更有效率的伊朗礼萨汗政府使伊朗的土库曼人处于军事控制之下，只有当他们交出武器并接受政府的政治权威时，才允许约穆特人返回（Arfa, 1964:177-183）。

当然，完全的平定是不可能马上完成的，报道人说有些袭

---

[1] 关于军事运动的描写，见Afra, 1964: 172-183；Muini, 1966: 74-76。

击者（bathmachīs）继续躲避政府直到1925年之后。然而，在1925年至1941年，约穆特人经历了政府对其事务逐渐加紧的控制。劫掠和收集贡品的活动被取消，并采取了压制复仇行为的措施。在20世纪30年代中期，为了加强对约穆特的控制，实行了一项强制的定居政策（见第二章）。在1941年俄国占领伊朗之后的那段时间里，约穆特人目睹了政府权力的崩溃，直到1947年，他们中的许多人都像1925年以前一样不受政府干涉。1947年之后，对约穆特人的有效管理重新恢复，但这次比1925年更缓慢、更不引人注目。

1947年后，政府有效控制的回归消除了约穆特人的游牧生活益处。他们再也不能指望通过机动性来抵抗现代伊朗政府的控制。20世纪50年代农业机械化的引入为大多数约穆特人提供了新的经济机会，他们只能通过定居来利用这些新机会，因此许多人自愿选择这样做。这些事件对当地约穆特政治机构的影响可以通过一个单独社区阿吉·奎的转型来说明。

第九节　阿吉·奎及其周边地区的近代政治史

在本研究所依据的调查时期，居住在阿吉·奎的家庭有着不同的历史（见第73页图12）。最主要的血缘群体为达斯。大多数的达斯家庭最初是季节性地跨过俄国边境迁移到达斯的北部农业地区（见第38页图3）。他们中的大多数人在1925年被征服后不久就重新建立了这种模式。俄国边境关闭后，他们把牧场搬到了东部,把旱季的住所设在贡巴德卡武斯城以北的阿特拉克河边。后来,他们把放牧地和旱季的地点移到了南部的郭克恰山区,也就是他们今天居住的地方。这之后的重新安置遵循了从苏联到伊朗的人口流动模式——自从苏联边境关闭后,沿着阿特拉克河的人口密度不断增加。郭克恰山脉以南的地区仍然人口稀少,形成了两个敌对部落约穆特和郭克连之间的无人地带。结果是人口从阿特拉克河逐渐地、持续地向约穆特地区东部的古尔干河移动。

1967年阿吉·奎的人口是由来自不同地区的人组成的。大部分从阿特拉克地区来到阿吉·奎的达斯人是其中的一部分。后来,一些政治难民加入了他们的行列,其中包括逃离苏联的少数达斯和阿克-阿塔巴依人,以及一群来自伊朗边境一侧另一个奥巴、躲避血仇的阿克-阿塔巴依人。到1936年,这些人大部分都聚集在阿吉·奎。

1936年,作为政府强制定居计划的一部分,阿吉·奎的居民被迫在旱季居住地建造房屋。由于他们在雨季仍被允许迁徙,"定居"不涉及任何生态变化。然而,这确实给阿吉·奎带来了一个固定的村庄,并简化了旱季的管理。根据报道人透露,从此,政府对他们的事务开始进行严格的管理。在此之前,政府代表只是偶尔才会来到人口稀少的郭克恰山区。大批的武装特遣队只会前来征募新兵或逮捕土匪,除此之外,他们对当地事务漠不关心。1936年,特遣队的警察开始频繁地访问阿吉·奎,甚至每周来一次。他们从当地人中任命一个政府头领

（kadkhudā），负责在警察访问期间执行政府的决定。另一名官员也来自当地居民，被称为布路卡达尔（bulūkdār），每隔5到10个奥巴的上头就有这样一个领导人。他的工作是监督，他可以像政府头领一样召集警察执行他的命令。许多布路卡达尔都非常残暴，任意地命令人们，并在必要时以殴打他们来让他们服从命令。[1] 他们中的许多人还利用自己的权力，以牺牲当地人民的利益为代价来满足自己的私欲。在布路卡达尔之上是负责管理土库曼地区的军人。

1941年，当俄国军队进入该地区时，报道人说，管理他们的伊朗军队和警察消失了。他们中的一些土库曼的布路卡达尔和几个特别残暴的头领被当地人所杀；还有一些人从约穆特地区逃到市区避难。一些撤退迟缓的职务较低的警察也被杀害了，他们的武器被拿走了。之前属于国王的许多羊群在干旱的古尔干东北地区被牧放，由一个叫巴鲁赤（Baluch）的监工指挥。这个监工被杀了，羊也被当地居民分了。阿吉·奎的牧民们把他们被迫建造的房子毁了，用屋梁当柴火。在阿吉·奎的旱季居住地，仍然可以看到这些房子的废墟。那里曾经有一幢厚墙的大房子，有两个房间，整齐地排成一排，各处都装饰着他们所属族群的骆驼印记。

1941年，政府的崩溃使人们对封闭的、时而专横的、剥削性的政府统治压抑多年的敌意得以释放。人们可以重新自由地生

---

[1] 布路卡达尔一般会偏袒自己的至亲，而对待非血缘关系人员非常残暴。

活在他们喜欢的地方，阿吉·奎的牧民和邻近的社区摧毁了所有强迫定居时期建造的房屋。郭克恰山区的游牧民很快就明白，俄国军队不会严密地管理他们，因此许多当地的约穆特人都变成了土匪（bathmachīs），利用郭克恰山区作为他们的行动基地。（从1925年至1936年，该地区也曾是较小规模匪徒团体的藏身之地。）不久，俄国边境的约穆特人为了寻求脱离俄国人的控制，也加入了这些匪徒的行列。后者中的一些约穆特人是从俄国军队中逃脱出来的士兵。以这种方式逃避苏联当局的约穆特人在郭克恰山区都有近亲属，可以从亲属那里得到帮助。偶尔，俄国军队会在郭克恰山区追捕一些土匪，俘获一些，杀掉一些。然而，一般说来，他们不会进入这个地区，当地居民按照传统方法管理自己的事务。

1946年，俄国军队从伊朗北部撤出，据报道人说，郭克恰山区的土库曼人在一年半内并不知道伊朗政府将要返回的消息。事实上，根据邻近古尔干市的约穆特报道人所说，在古尔干平原的伊朗临时政府是在1941年入侵后由前伊朗官员组成的，这个政府被允许在俄国驻古尔干市领事馆的指导下运作。1943年，尽管这一特设行政机构更有效地融入了德黑兰的伊朗政府，但力量仍然薄弱。1947年，在贡巴德卡武斯附近发生的土地纠纷中，一系列的反应可以看出其实力。在该城市东部的两个地区，在高举格和阿克－阿塔巴依血缘群体之间发生了争执，在其中一场相当大的战斗中阿克－阿塔巴依取得了胜利。在此之后，这一有争议的领土直到今天都保留在阿克－阿塔巴依人手中。在这场部族间的纷争中,伊朗政府没有介入。

郭克恰山区的牧民们称,在俄国撤军大约一年半后,伊朗警察再次开始来到他们当中,成群结队地来这里征募新兵,偶尔追捕土匪,但除此之外,他们对当地的土库曼人置之不理。在20世纪50年代的十年中,政府人员逐渐更加频繁地巡逻该地区,因此从事盗匪活动的人更难继续进行抢劫。许多匪徒被俘或被杀,而另一些人意识到政府日益强大,从而减少了他们的活动。

当地的报道人说,到20世纪50年代末,政府在郭克恰山区的权力已经发展到可以介入当地争端的程度。虽然约穆特传统上是依靠自己内部来解决争端的,但是他们也很愿意得到政府的帮助,希望政府站在他们的一方提出一些要求。因此,1959年,郭克恰山区奥巴的居民对位于他们放牧地的一片农地的所有权产生争议时,政府介入并解决了纠纷。这片土地是一个相当大的平原,在那里可以耕种,其中的一部分最初是由个人耕种,后来此人向南迁移到了古尔干河边。因为他的世系太小了,在奥巴中没有代表性,不能通过传统的手段(威胁和暴力)或现代的手段(对政府行政体系的影响)来起诉争端。当地居民从他们所在奥巴有实力的血缘群体中推举了一个富有的、有影响力的商人来帮助他们。根据允许出售王室土地的规定,他成功帮助当地居民购买土地,并撤销了依据1941年法律原所有者的要求,该法律可能使原所有者对通过礼萨汗获得的土地提出所有权归还的主张。这片土地现在由这名商人和奥巴的居民共同拥有,由于地势平坦且交通方便,由商人的机械耕种。考虑到两个有关团体的相对权利,即使不考虑政府的干预,这场争端也不可能通过暴力来解决。然而,通过政府干预而不是传统手段解决这一争端标志着当地人民思想的转变。他们声称,从那时起,就有可能争取到政府的援助,甚至是对付包括最好的武装和最成功的土匪在内的群体。事实上,由于当时政府控制的有效性,那些拥有"二战"时期优秀的俄国步枪和手枪的人一直在东躲西藏。当地非法制造的效果差得多的燧石火枪并不是警察们非常关心的问题,因为它们通常没有威力。人们仍然可以在郭克恰山区看到携带这种武器的男子,但在南部的农业区却看不到,那里的政府统治更加有效。

然而,从只能通过自助来捍卫权利的政治环境向由政府代表执行权利的政治环境的转变,在约穆特人中还没有完成,至少在郭克恰山区或者是紧邻牧区的农业区中还没有完成。政府是否会干预一次特定的争端在某种程度上取决于它的重要性。当政府进行干预时,土库曼人也可能同时尝试自行解决。关于大片有价值土地的争议肯定会吸引政府的干预。然而,在此之前,意见对立的群体之间经常发生大规模的争端。在这种争端中,由于害怕政府报复,通常不使用非法武器(枪和大刀)。然而,偶尔也会有人被杀。尽管凶手可能会被监禁,但这种惩罚并不能阻止受害者的亲属秘密寻求复仇。杀人犯通常会受到两次惩罚,一次是通过现代手段(监禁),一次是通过传统手段(复仇杀人)。

小规模争端通常以传统的方式解决。如果真的爆发了暴力事件,其并不总是会引起政府代表的注意,特别是如果发生在

第三章 政治结构

像郭克恰山区这样的偏远地区。在我的研究期间,在郭克恰山区的奥巴中发生的一起杀人案并未引发政府干预。案件起源于两个人争论谁应该先在井里给他的绵羊饮水。两个人多年来一直关系不好,因为一个人从另一个人那里偷走了一羊皮袋的羊油和红糖,这是土库曼人的一种美味。最初的盗窃导致了多次激烈的口头争吵。毫无疑问,他们在给羊群饮水的争吵中,新仇旧恨交织在一起。一般说来,这样的问题,只要年轻的一方服从年老的一方,就可以很容易地解决。但在此事件中,争论接踵而至,随后发生了一场群殴,其中一名男子失去意识。当获胜方看到对手伤势严重时,他逃走了。由于害怕遭到受伤男子亲属的猛烈报复性攻击,他逃到中立群体的营地里请求保护,得到了同意。他的保护人把他藏了起来,并且成功地欺骗了几个小时后出现的追踪者,声称没有看见他。负责保护肇事者的家庭第二天派了一名年轻人去拜访受害者的家人,询问他的康复情况,但仍然假装不知道肇事者的下落。这次访问的真正目的是确定受害者受到的伤害有多严重,以便他们能够为他们所保护的人评估形势的紧迫性。这个年轻人带回的信息是他们担心伤者的生命安危,如果他康复了,他肯定会失去他的右眼。鉴于这种形势,他们最终决定把那个行凶者转移到一个更远的奥巴。当晚,他们安排他转移到30英里外的奥巴,接着他又被转移到另一个60英里外的奥巴。与此同时,他们晚上帮他收拾行李,连同他的妻子和孩子一起送去。这名男子的兄弟和他的表亲也来到了他的避难处,因为他们觉得他需要帮助。

/ 约穆特土库曼人 /

三天后,受伤的男子在贡巴德卡武斯的一家医院死于脑出血。凶手是被害者的第三代堂兄弟(dõrtleinjī arqa)[1],所以只有他自己才是合法的复仇目标。受害者的儿子、侄子和亲近的父系亲属都决心要复仇,而且没有人表示有疑问,如果他们能找到他们要找的人,他们知道应该做些什么。然而,由于所有知道凶手落脚处的人都是中立家族人员,面对追捕者他们对他的隐藏点守口如瓶。

在搜寻凶手的过程中,追捕者经历了几天的挫败之后,决定向警察提出申诉,希望在警察抓获凶手后,他们能够杀死他。即使这样一场复仇式的杀戮很可能意味着一场牢狱之灾,但并没有使他们气馁。但是警察显然认为这件事无关紧要,因此没有做出任何明显的努力来追捕凶手。

在我首次研究的时候发现,约穆特的政治问题,特别是在边远地区的上述事件中,传统的土库曼机构与现代伊朗政府之间经常出现一种奇怪的相互作用。我在约穆特停留期间发生的另一件事情更好地说明了这点。两名住在阿吉·奎社区附近的土库曼人被警察抓获,他们在郭克恰山区的一个偏僻山谷种植了鸦片。警察逮捕了这些种植鸦片的人,并判其有期徒刑八年。这些人的代理人认为,他们有义务在与政府的"纠纷"中帮助这些人。同样,这一事件的重要性决定了动员群体的规模。在

---

[1] 土库曼语dõrtleinjī arqa,意为"第四代堂兄弟",和正文的"第三代堂兄弟"之义不符。本书原文如此,系作者笔误。——译者

/ 第三章 政治结构 /

这个例子中,每一个人都有六代近亲血统人员被组织起来支持他们。一个家族由24个家庭组成,另一个由46个家庭组成。这两个血缘分支,连同另外三个血缘群体,形成了纵向七代的后裔,但其他三个血缘群体并不认为他们的援助是必要的。两个相关的家族组织了一个小组会来讨论这件事,然后派代表去和警察商量这件事。显然,他们不能以暴力和威胁来解决"争端",还有其他方法可以与政府打交道。与警察讨论后,他们达成了一项协议:刑期将减至两年,每个血缘群体将为犯人出5000土曼的赎金。像这样的情况大概能够证明这样的说法:在过去,一个家族的力量取决于它所能召集的步兵数量,而现在,则取决于他们的集体财富。值得注意的是,尽管必须履行传统义务的方式已经改变,传统的联盟模式即使在政府干预不可避免的情况下仍然存在。

万贝里(Vambery, 1865: 359)描写了一个世纪前的土库曼人:

> 每一个土库曼人,即使是四岁的孩子也自豪地知道他所属的血缘群体及其分支,以及他所在支系的权力和数量,因为那是保护他免受他人突然伤害的盾牌……

古尔干平原的约穆特人至今仍对他们的血缘群体的规模感到自豪。一位来自阿克-阿塔巴依的有文化的报道人,阅读了一篇以波斯语写的关于土库曼人的讨论文章,其中杰夫尔巴依人的文明品质受到赞扬,和阿克-阿塔巴依人的落后品质形成了对比。他抱怨说,用波斯语写的关于土库曼人的描述总是赞扬杰夫尔巴依而贬低阿克-阿塔巴依，因为杰夫尔巴依人与政府和有影响力的伊朗人联系密切。然而，他自豪地补充说，事实上杰夫尔巴依与阿克-阿塔巴依相比"什么都不是"，他们的人数超过了杰夫尔巴依，而且他们的财富总数更多。他还说，如果杰夫尔巴依和阿克-阿塔巴依之间发生战争，阿克-阿塔巴依将轻而易举地获胜。当我指出部落间战争不再可能时，他说：

> 如果杰夫尔巴依和阿克-阿塔巴依之间有争议，那么所有阿克-阿塔巴依人都会聚集在政府办公室，这时他们的力量会显现出来。

另一位阿克-阿塔巴依牧民曾告诉我：

> 在政府到来之前，阿克-阿塔巴依就是政府（意思是他们是最强大的），当政府在世界大战期间离开时，阿克-阿塔巴依再次成为政府。如果政府再次离开，阿克-阿塔巴依将再次成为政府，没有人（意味着没有其他土库曼血缘群体）可以控制阿克-阿塔巴依。

然而，应该强调的是，这些看法和上述事件代表的是最保守的约穆特人的观点，他们直到我开展第一次研究之前仍然保持游牧生活。像长期定居的农学家和城市居民这些更见多识广的约穆特人对这类问题做何感想，我并不知道。

第四章　家庭群体[1]

土库曼人将家庭概念化为"一群团结在一起准备面包的人"。在这种情况下，准备面包意味着集中他们的劳动力和经济资源以满足所有经济需要。这种经济上的统一表现为这一事实，即作为主食的面包是由相同妇女用相同仓库中的面粉制作的。她们的统一也可以用另一种方式呈现出来。她们更易于服从家里的户主，这些户主通常是家里最年长的男性，也是她们赖以为生的资金、牲畜和土地的主人。有时一个家庭被描述为一群"共同消费"的人，或一群拥有"相同财产"的人。偶尔，拥有相同财产的群体比拥有相同面包的群体要大一点。有时一个扩大家庭作为一个团体拥有自己的财产，但是为了消费而被细分成更小的单位。在这种情况下，群体的总收入被划分给各个子群体，这些子群体独立地使用他们在大群体的收入中所占的份额。这种安排通常涉及大家庭，这些大家庭被划分为生活在不同社区中的子群体。虽然家庭人口规模不是特别大，但这种联

---

[1] 这一章借鉴了古迪（Goody, 1962）的研究方法。

合体偶尔也会达到很大规模。观察到的规模最大的家庭有69个成员，分居在两个社区，一个在农村，一个在城市。

虽然家庭在构成上并不是纯粹的父系关系，但土库曼人认为它们是父系关系结构中的最小单位。[1] 家庭被分组到小的特定世系中，即世系群体系中的最小裂变支；这些组成部分又被分组到更大的特定血缘群体中，以此类推，直至达到最大的可识别血缘群体。

家庭的功能比系统中任何较大的裂变支都要多。它要组织经济消费和生产，要承担生育和抚养孩子等重要事务。实际上，它也是主要的财产集中组织。虽然牧场、水源和未开垦的耕地由较大的居住群体共同拥有，并且每个家庭单位通过其成员资格获得这些资源，但牲畜和开垦的土地在大多数情况下是个别户主的财产，他们为自己和他们的家属的福祉来管理他们的资产。

发展周期的一个重要特征（下文将讨论）是它倾向于创造大家庭，这些家庭在成年劳动力方面比附近地区其他部落群体所描述的要大一些（参见 Barth, 1961）。这似乎是为了适应一个拥有更大劳动力资源的家庭在经济上更有优势的现实。然而，关键的因素似乎不是最大限度地提高生产效率，而是尽量控制完全无法维持生活的家庭形成速度。

---

1 见第55页注释1。

/ 第四章　家庭群体 /

第一节　正常发展周期

家庭群体的正常发展周期，就是核心家庭从父系大家庭中分离出来的时间。通常，当一个人的孩子到了他们可以作为成年经济生产者的年龄时，这个人就离开父亲的家庭，建立一个独立的家庭。新形成的家庭由核心家庭组成，随着时间的推移，核心家庭最终发展为一个父系大家庭。在成长过程中受到许多规范的约束。这些规范，除其他外，规定父亲应为长子娶妻提供彩礼，之后父亲再按孩子出生的顺序给每个儿子娶媳妇，每次的彩礼使用家庭财产的一部分，之后他应给每个儿子一顶帐篷和他的一部分资产，用于儿子建立独立的家庭。因此，每个核心家庭首先发展为大家庭的一部分，然后才成为经济独立的小家庭。

发展一个新的独立家庭核心的过程被一件事所延迟，那就是通常结婚之后的三年时间，新郎和新娘不能住在一起，并且禁止彼此接触。三年之后的一段时期，通常是第四年期间，新娘只有部分时间与丈夫在一起。这种风俗在第六章中有更全面的描述。

不和妻子在一起的结果是通常夫妻双方到第五年才会有他们的孩子。年轻人在14岁到25岁之间结婚，建立一个独立的家庭得到三四十岁了。在经济独立之前，他能指望他的父亲给他买一顶单独的帐篷，用来供他和他的妻子、孩子在那里生活几年。这顶帐篷一般被认为是属于儿子的财产，他住在其中期待着独立。然而，使用这种帐篷的方式则清楚地表明它是谁的财产。它往往被用作整个家庭的一般工作帐篷。家里的大部分饭菜都是在"儿子的帐篷"里做的。这个新帐篷是冬春季绵羊和山羊幼崽的庇护所，所有需要大空间的工作，比如地毯编织，都是在这里完成的。偶尔只有这顶新帐篷会和家里的一些年轻人一起搬到冬春牧场，而家里的父亲则一年到头都待在一个地方。[1] 然而，这一时期是标志着儿子走向独立的过渡期，给住在其中的儿子提供了他以前从未享受过的一定程度的隐私。

当儿子决定建立一个独立的家庭时，他会分得父亲部分牲畜和土地。获得的父亲的财产数量不是固定的，具体由父亲决定。在划分财产之前的很长一段时间里，父亲和他所有的儿子都会讨论这个问题，许多因素都被考虑在内。财产的数量应该足以支撑这个家庭。父亲同样会努力让每个儿子分得同样数量的财产。但是，一个家族牲畜的数量在不同时期有很大不同，因此土库曼人认为在特定的时间点对牲畜进行严格的划分是没有意义的。通常，一个计划是在一个家庭的成年男性讨论的基础上达成的，当家庭的牲畜数量达到一定规模时，允许长子独立。因此，在一个包含三个已婚儿子的家庭中，当拥有的绵羊和山羊达到160只时，可能会同意长子另立家庭，分给他60只羊，给父亲的家庭留下100只。这一决定意味着，二儿子在独立时也应该带走60只羊，而他与父亲家庭分离的确切时间将再次取决于牲畜的数量。

---

[1] 只有一小部分老人遵守这种习俗，而且并不是每年都如此。

/ 第四章　家庭群体 /

农业用地通常要区别对待，因为农业用地并非开放资源。假设一个家庭由一位父亲和三个已婚的儿子组成，并拥有一块农业用地，通常的安排是长子准确地占有三分之一的土地，因为预计最终需要给其余的儿子同等的份额。虽然，给予每个儿子同等的份额，但并不排除这样一种可能性，即分配给某个儿子的财产会把更多的份额放在土地上，而不是牲畜上。然而，在游牧的土库曼人中，土地的重要性绝对次于牲畜。

家畜交易是发展周期中每一步的重要组成部分。一个中等家庭要花几年的时间扩大自己的牧群数量，为儿子的结婚做准备，或者为其中一个儿子建立一个独立的家庭做准备。相反，女儿的结婚会给家庭带来很大的收益，能够加速这一过程。

儿子建立一个独立家庭（ayrlashmaq）并不会影响父子之间的亲密关系。独立出去的儿子一般住在父亲的附近，这样他们家庭之间是经常在一起合作的。两个家庭的劳动力、工具和驮畜可以自由使用，为了节省劳力，他们可能继续共同放牧。这两个独立的家庭之间的紧密联系通过一种被称为"达地希克"（dadishiq）的习惯来体现。"达地希克"最好的解释是"相互喂养"。根据这一习惯，每一顿饭，除了简单的面包和茶之外，不论在哪一个家庭的灶房里准备的食物，都有一小部分被送到另一个家庭，供家庭中的一个妇女或儿童食用。妇女和儿童习惯性地吃另一个家庭煮的食物，这种行为暗含着重大意义。男人们经常旅行，拜访和接受许多家庭的款待。相比之下，除了邻居和近亲之外，妇女和儿童很少拜访其他家庭。如果他们吃的饭不是在自己的炉灶上准备的，那么通常是一些近亲的炉灶做出来的饭。宴会，尤其是婚宴，是例外。因此，不断地为另一个家庭的妇女和儿童提供食物意味着与那个家庭的人保持密切的亲属关系。

在父亲和独立的儿子之间，也有在特殊需要时提供经济援助的义务。一旦儿子和他的父亲分开，他可能会经历与父亲截然不同的经济命运。像有时发生的那样，如果一个家庭遭受严重的经济损失，而另一个家庭经济繁荣，更幸运的一方将慷慨援助不那么幸运的一方。有时一个家庭会变得完全贫困。面对这种情况，通常的应对策略是两个家庭再次合并。

广泛的经济援助在远房亲戚之间也会发生。在需要的时候，兄弟之间、叔伯和侄子之间、堂兄弟之间，以及姻亲和母系亲属之间都需要这种帮助。但父亲和独立的儿子之间的这种义务关系更加紧密。这一事实由伊斯兰法间接表明，正如土库曼人所解释的那样，施舍——"则卡提"（thakat）[1]是义务。每年分配的数额是严格按照个人在牲畜财产中所占的比例和土地收入来分配的。大概需要给出的比例是牲畜资产的四十分之一、农业收入的十分之一（见Coon, 1958: 109-11和Lane, 1908: 92-93）。法律还规定，穷人、全职宗教学生和全职宗教教师都是可接受慈善捐助的人。则卡提通常是送给达到这些条件的最亲密的亲

---

[1] 在绝大部分英文文献中thakat拼写为zakāt或zaka。此处的拼写体现了约穆特人的发音特点。则卡提既可以被用作一般意义上的术语，表示"施舍"，也可以被用作具体意义上的术语，表示牲畜"施舍"，对应于农业收入的施舍"乌什尔"（ūshūr）。

属。接受者必须是另一个家庭的成员，因为同一个家庭内的礼物在经济上是没有意义的。还规定受赠人既不是捐赠者的父亲，也不是捐赠者的儿子。父子之间在这些事项上的义务被认为超出了则卡提的范围，而在严格的法律解释中，对其他亲属的援助义务不受此限制。事实上，经常还将除则卡提之外的施舍物送给近亲属，尤其是送给经济独立的兄弟，但如土库曼人的解释，在法律规定中经济援助是不需要超过则卡提的。

父子关系的重要性清楚体现在与家庭发展周期相关的另外两个习俗中：幼子继承和收养。最小的儿子有义务在父亲活着的时候留在父亲的家里。这种做法保障了每个有幸生下儿子的父亲在晚年不会失去一个健康成年人的照顾。实际上，在父亲去世之前，最小的儿子被禁止接管财产。他的哥哥们可以按照出生的顺序各自建立一个独立的家庭，每个人都拥有等量的财产，但是最小的儿子只有在他父亲死后才能独立，那时他将继承他父亲手中的所有遗产。一个特殊的亲属称谓"考尔夫"（korfe），经常用于最小的儿子身上，表示他的特殊地位。这个术语虽然被父亲使用，但最常使用的是他的哥哥们。

当一个男人只有一个女儿，或者根本没有孩子时，就会采取收养措施。在这种情况下，这个男人被认为是处于绝对的劣势中。如果他有女儿的话，女儿最终会嫁人，并且和丈夫生活在一起，那时候他只有靠自己和他妻子的劳动来养活自己。解决这种问题的办法就是收养一个近亲的男孩，这个男孩通常来自一个有很多儿子的家庭。在某种程度上，给某人过继一个儿子要取决于整个家族的决定。通常情况下，五六代的世系成员都会参与到这种事情的讨论中，然后做出决定。

在大多数情况下，被收养的儿子在养父家扮演的角色和亲生儿子是一样的。然而，出于政治目的，他在原本族谱中的位置并没有改变，这反映在他仍然被称为亲生父亲的儿子（oghil），同时也被称为养父的儿子（oghilliq）。他的经济地位和他养父的亲生儿子一样。他失去了继承亲生父亲遗产的权利，但获得了对养父财产的最终所有权。然而，作为独子，他没有权利在养父的有生之年建立一个独立的家庭。被收养的儿子通常会和养父的女儿结婚，虽然这不是必然结果。但在这种婚姻中，聘礼是不必要的，甚至是不可能的，因为在经济方面，养父既是新郎的父亲也是新娘的父亲，聘礼必须由养父自己支付。除了100只绵羊和山羊的聘礼通常送给新娘的父亲外，还要给新娘的母亲送10只绵羊和山羊，给新娘的至亲一般是叔伯送约相当于一只羊价值的聘礼。当被收养的儿子娶他养父的女儿时，后一种支付被认为是特别重要的，因为除非有人得到某种补偿，否则没有任何婚姻是有效的。

在约穆特社会中，一个人通常会从他儿子的劳动中获得相当大的收益。收养的做法是对那些不幸没有儿子的人进行补偿的一种方式。儿子的经济重要性是一个值得进一步研究的问题，最好的办法是比较特定家庭的构成和他们的经济地位。然而，首先有必要讨论一些正常发展周期之外的特例。

/ 第四章　家庭群体 /

第二节　特殊的家庭发展模式

大多数家庭遵循的理想模式是核心家属从父系扩大家庭中分离出来。这意味着任何特定社区的大多数家庭要么是由一名年轻人领导的核心家庭，要么是由一名老年人领导的父系扩大家庭（见第122页表1）。不同于这种模式的大多数例外情况都是由于家庭户主的过早死亡造成的。当户主死后，留下几个儿子，其中没有一个准备好建立独立的家庭时，家里的儿子通常会继续组成一个家庭，由长子担任户主。这样的一群兄弟继续着家庭成长和分离的循环，就像他们的父亲生前一样。[1]家里的长子，作为家庭的领袖，为他的任何一个尚未娶亲的兄弟安排婚姻，并且使用部分家庭牲畜作为支付的结婚彩礼。确定婚姻和建立独立家庭的顺序仍然遵循兄弟的出生顺序。如果在这样的家庭中母亲还活着，她通常和最小的儿子待在一起，如果方便的话，她可能会搬到一个大儿子的家里。这种情境里寡妇绝不是一家之主。

当男人去世留下他的妻子和未成年的儿子时，会出现一个更加困难的局面。一个14岁以下的男孩不被认为是完全成年人，因此，他不能担任一家之主。在这种情况下，寡妇通常会成为一家之主，直到她的一个儿子足够成熟，能够承担起这个角色。这是寡妇给她未成年儿子托管已故丈夫遗产的一种安排方式。

---

[1] 年长的哥哥作为兄弟家庭的户主，不像父系扩大家庭单位的头领，不能剥夺家庭年幼男性成员的继承权。

家庭及其财产从来都不属于寡妇，而是只属于她已故的丈夫。

在妇女通常只扮演从属角色的社会中，女性担任户主是困难的。这不仅源于女性低人一等的地位，也源于女性不应该与亲属关系以外的男性接触这一事实。与非亲属人员接触是男性的事务。更多的困难来自家庭缺乏男性劳动力来支撑经济生活。这些问题只有求助于寡妇丈夫的男性亲属才能解决。支撑一个独立家庭的寡妇必须在她已故丈夫的兄弟或其他近亲附近扎营，后者代表她承担一些家庭户主的职责。这个男人，在他自己儿子的帮助下，提供维持家庭牲畜和耕种土地所需的男性劳动力。他还在亲属关系范围以外的一切交易中充当家庭的代表。诸如在附近城市的集市上出售或购买东西时，或为女儿安排婚事时，需要一名男子代表寡妇行事。在这些事情上，寡妇被认为拥有最终决定权：她丈夫的亲人只是扮演着发言人和顾问的角色。

当一个已故的男人留下一个有未成熟孩子的寡妇时，另一个常用的解决困难的办法是解散他的家庭。尤其是当只留有女儿时，这样的做法更常见。这样的家庭一旦解体，孩子们通常就会与旁系族人生活。寡妇和孩子们住在一起，除非她在别的地方结婚。安排寡妇的复杂问题将在第六章讨论。

正常发展周期的另一个变体是一夫多妻制的发展。反对一夫多妻制的主要因素是一夫多妻制婚姻所需的高额聘金。已婚男子娶另一位新娘的费用通常是这一女孩嫁给未婚男子的三倍。这样的聘金对于大多数家庭来说很难凑齐，而且从家庭的发展周期来看也没有什么意义。一个男人用来为自己娶第二个妻子的钱财可以用来为他的三个儿子娶媳妇。只有特别富裕的男性才会考虑这样的奢侈事情。

第三节 特定奥巴中的家庭类型

对家庭内部的发展周期既已做了概述，现在对社区家庭的构成情况进行简要考察将是有益的，这是我研究的重点内容。联合家庭和简单家庭的定义对此并无特别用处。相反，如果按照两项标准对家庭进行分类，那么家庭发展周期的性质就会更加清楚地得到描述：受抚养男性与户主的亲缘关系，以及受抚养男性的婚姻状况。这种对家庭分类中男性的强调在人类学家的研究中并不常见。但从土库曼的社会结构来看，这是有道理的。在土库曼人中，一个家庭的命运最终是由男性成员决定的。一个家庭只有有了儿子才能发展。儿子的婚姻是家庭成长为世系的重要一步；女儿的婚姻并不如此。男性是家庭的首脑，而且是土库曼社会的财产拥有者。未成年的男性最终会建立独立的家庭，并要求分享家庭财产；未成年的女性在其家庭财产上没有类似的潜在要求。土库曼人明确指出，尽管妻子对家庭的成长至关重要，但她们可以被取代。如果一个妻子死了，可以找到第二个妻子。如果一个儿子死了，他就不能被取代。这一事实反映在一个普遍的认识中，如果一个人有了儿子，他就能找到女儿。因此，将精力集中在家庭核心男性上而不是次要女性上是有道理的。将已婚男人和鳏夫归为一类也是有意义的，因为他们在家庭中的地位都是一样的，而且大多数50岁以下的鳏夫最终会再婚。

表1概括了阿吉·奎59户家庭的组成情况。表格显示了这一社区大多数家庭在家庭群体正常发展周期的阶段。

表1 阿吉·奎家庭构成

家庭中最年长男性的年龄	正常家庭周期部分		不太常见类型		非正常家庭构成（父亲早逝家庭）			
	核心家庭	父系大家庭	一夫多妻制和父系大家庭	已婚男性,已婚侄子	寡妇,未成年儿子	未婚兄弟	已婚男性,未婚兄弟	两个或更多已婚兄弟
60+	2	9*	2	1				
50—59	5	1						
40—49	15	4						1
30—39	8						1	1
10—29	4						2	1
10—19					1			
0—9					1			
每种类型总数	34	14	2	1	1	1	3	3
每种类型中的人数	187	134	29	10	7	4	19	29

* 包括一个由一名男子和一个收养的已婚儿子构成的家庭。

通过表1我们应该可以观察到，有四个核心家庭的户主是30岁以下的男子。这些人中有三个人处于这个位置是由于他们

第四章　家庭群体

的父亲已经去世，他们没有兄弟。他们的情况类似于兄弟家庭（fratrilocal）；正常的家庭发展周期已经被他们父亲的过早死亡所改变。这一类型中的第四个人因一点财产而发生意见分歧，被赶出了他父亲的家庭。在这种情况下，被剥夺继承权的儿子通常会在父亲旁边扎营，并从父亲那里获得一些经济援助。

七个50岁以上的男人，他们的家庭还没有成长为父系大家庭，他们经受了土库曼人眼中的不幸。一个人没有孩子，这是阿吉·奎中唯一不育的情况。两个男人很不幸，在生男孩前生了几个女儿，所以父亲和长子的年龄差距非常大。三个男人因为贫穷而晚婚，结果是同样的。其中两个人现在和妻子有了儿子，但夫妻还没有住在一起，因此，根据人口统计学上的现实定义，他们还不算完婚。一个男人有几个女儿，只有两个年龄相差13岁的儿子。在最小的儿子结婚之前，长子已经独立了。（这个例子中最小的儿子也有一个还没有加入他们家的新娘。）

另一个不同寻常的家庭中由叔叔和侄子组成：一个男子贫穷且没有兄弟，他的父亲已经去世，他跟着叔叔生活。叔叔也没有结婚的儿子，原因与上述情况类似。他的第一任妻子在他穷困潦倒、无法照顾他未成年的儿子的时候去世了。他将儿子放在妻子的父母家中抚养成长。这孩子现在正处于壮年时期，如果他的父亲期望他现在回来，那是不对的。在这种情况下，人们认为那些养育了经济上未独立孩子的人在孩子成年时有权支配他劳动。由于贫穷，这名男子在第一任妻子去世后很久才娶了第二任妻子，因此，他的第二个儿子只有12岁。

尽管人口数量和贫困状况是变化不定的，但大多数家庭都在两种理想的发展周期中。

第四节　遗产继承

家庭的正常发展周期极大地简化了遗产继承的问题：一群兄弟中除了最年幼的之外，所有人在他们父亲的有生之年都会得到一份财产，而最小的弟弟在父亲去世后得到父亲的全部遗产。这种做法明显背离了伊斯兰继承法。根据伊斯兰法确定继承份额，然后根据约穆特习俗指定继承人，这样二者得到了调和。例如，考虑一个死去的男人留下一个寡妇、几个独立的儿子、几个未独立的儿子和几个女儿。根据伊斯兰法，寡妇有权继承丈夫财产的八分之一，剩下的由孩子们分得，给每个儿子等量份额，每个女儿的份额等于儿子份额的一半（Lane, 1908: 105-107）。根据约穆特习俗，所有的遗产都应该归未独立的儿子，他们可以平均分配，建立独立家庭，或者，更有可能的是也可以留在一个共同的家庭单元中。在这种情况下，通常是寡妇、女儿和独立的儿子将他们的份额赠给未独立的儿子。

然而，这个常规并不总是得以遵循。在极少数情况下，一个独立的儿子拒绝将他的份额赠给留在他们父亲家中的兄弟们。当这种情况发生的时候，独立的儿子和未独立儿子之间因财产分配产生了隔阂，前者坚持根据伊斯兰法获得他的份额，而那些未成年的兄弟，因此得到很少的遗产。这种行为通常是兄弟

/ 第四章 家庭群体 /

之间早期矛盾的表现。这种隔阂表现为合作意愿降低。通常,他们的友好关系不会完全破裂,或并不会产生在不同营地独立居住的想法。

当一个已故男人的女儿拒绝把她父亲的遗产分给她的兄弟时,所有的社会关系都会彻底断裂。这种社会关系的断裂也延伸到更远的同族人中,因此,坚持伊斯兰继承法的女人会完全切断自己与同族人之间的联系。如果受到丈夫的严重虐待,妇女只能向兄弟、父亲和更远房的男性亲戚寻求帮助,因此与他们完全断绝关系是一件很有风险的事情。一个女人不把她的遗产给她的兄弟们,她也可能会面临这样的情况:如果她守寡,她的兄弟们会坚持要让她回家,可能的话,还会把她嫁到别的地方。这样可以把她和她的孩子分开,如果过了哺乳期,孩子们通常会和长辈们在一起。由于这些困难,很少有女人坚持继承她的遗产,而当一个女人这么做的时候,这通常是她丈夫强迫的结果。

大多数土库曼妇女几乎没有什么财产。女人结婚时,她的父亲通常会给她一些小嫁妆(thep),包括衣服、珠宝、地毯和家用器具。有钱的男人也会给他们的女儿牲畜作为嫁妆(minit),通常是骆驼或牛。这种嫁妆可以通过自然增长增值不少。在一个女人死后,这些物品通常会被分配给生前和她一起生活的孩子。她的丈夫通常会把自己的一份分给她的孩子,女儿一般会把她们的一部分——如果有的话——分给她们的兄弟。然而,绝大部分已婚女子没有牲畜嫁妆,她们的物品嫁妆也不值什么钱。

一般说来,将伊斯兰法规定的遗产给予按土库曼习俗指定的继承人,实际上绕过了伊斯兰的继承规则。当牺牲土库曼习俗而遵从伊斯兰法时,实际上反映了至亲之间的不和睦关系。

第五章　亲属关系规范和类别

亲属关系是迄今为止调节土库曼游牧社会生活的最重要因素。他们一生中的大部分时间都是在小营地度过的，其中接触的大部分人只有居住地的近亲。通常，当关系不密切的家庭一起扎营时，较远的或淡薄的亲属关系被发现，成为营地成员之间互动的基础。下面是对规范亲属关系行为的准则、态度和情感的描述，首先从那些最重要的决定土库曼社会形式的亲属关系开始。

通过这里描述的规范，以及在正常家庭群体发展过程中扩大家庭为了长期经济生产而保持团结一致的事实，可以看出一种关系。在任何由这种联合的家庭组成的社会中，都有一种出现冲突的趋势，这种冲突会导致家庭单位解体。成年的儿子并不总是容易服从父亲和哥哥的权威，儿媳往往把自己孩子的利益和与丈夫的关系置于家庭整体的利益之上。下面描述的顺从和回避的形式看似在减少这种冲突，实际上也可能会对扩大家庭有破坏作用。

第一节　父母与子女

父亲与年幼的儿子之间的关系具有明显的主仆性质。然而，随着儿子的成熟，毫无疑问的服从方式逐渐转变为一种不同的关系。在14岁之前，一个男孩可以在他父亲或哥哥的监督下完成任何形式的男性劳动。从14岁开始，一个年轻人开始参与其家庭的决定。虽然父亲是家庭的终极权威，但在做出重要决定之前，还是要征求家庭其他成员的意见。一个14岁的男孩可能只会在与自己的生活特别相关的事情上才被征求意见，例如对他新娘的选择问题。年长的从属男性被认为有能力处理一般家庭事务。如果一个人有超过25岁的儿子，他将让这些儿子参与关于何时往何地迁移、何时出售牲畜等问题的讨论。因此，向经济独立的儿子的地位过渡是一个渐进的过程。

父亲和独立的儿子通常一起宿营，他们有强烈的互助义务。一旦儿子有了经济上的独立，他对父亲的尊重程度自然就会降低，但人们仍期望在一些事情上他与父亲商量，并在所有重大决定方面寻求父亲的认可。在所有土库曼社会关系中，地位较低的人在许多方面都必须服从地位较高的人，这些情况在儿子对父亲的行为中得到最严格的遵守。许多在外国游客看来微不足道的行为，在土库曼人自己看来都是非常严肃认真的，一般都被当作表示地位高低的方法。说话时长辈必须先发言，进门也要先进。几个人一起吃饭时，长辈必须先把手伸进公用的盘子里，要先吃最美味的食物。同时长辈也是最后一个将手伸到公用盘子里的人。吃完饭后,长辈有餐后祷告的特权,有权利先进行餐后洗漱。在几个吃饭的人当中,年龄小的人有义务在洗漱时给其他人倒水。当两个人见面时,后辈必须先打招呼(thalom ēleyk),长辈再打招呼(waleyk)。如果他们已经有一段时间没见过对方(大约一天或更久),那么他们就会期望得到有关健康话题的询问,在这种情况下,长辈必须先开始寒暄。只有在他完成了询问后,后辈才会询问长辈的健康状况。在所有这类事情上,儿子尊重父亲被认为是特别重要的。

在父亲面前,儿子必须要清醒矜持。包括吸烟和唱歌在内的轻松交谈和娱乐活动是不恰当的,并且严格禁止开玩笑。在父亲面前,严格禁止提及性的话题。禁令也延伸到了许多与性只有些微关联的事情上。因此,除了简短的命令外,在父亲面前提及妻子的名字或和妻子说话都是不恰当的。在父亲面前也不宜谈及洗澡的话题,因为伊斯兰教规定在交媾后需要洗澡,要保持穆斯林每天做五次特殊礼拜所需的仪式纯洁性。加热洗澡用水,或从营地溜出去洗澡必须偷偷进行,以免得罪父亲。

在为儿子买一顶独立的帐篷之前,新婚夫妇睡在他父亲的帐篷里。可听到或可看见的不得体性行为会影响一个年轻人的婚姻生活。男人只有在确信自己的父母亲还有他的兄弟睡着之后,才能和妻子过夫妻生活。一旦确定了这一点,夫妻生活必须悄悄地完成,以免吵醒并冒犯他的父亲和其他人,他必须向这些人隐瞒自己的性生活。年轻人经常向我吐露,整个过程都令人很难堪。

典型的土库曼父亲对待他儿子的态度是将服从和顺从的期望与很深的感情结合在一起。除了对儿子的情感依恋之外,他也意识到儿子所做的劳动具有相当大的经济价值。在他的内心深处,希望他最终能管理一个富裕的家庭,并保证他在晚年会得到照顾。"儿子是财富之源泉"(oghil dōlēting bashī)是土库曼人一句深刻的谚语。

年轻而未婚的女儿与父亲的关系同样是服从,而且需要更多的顺从义务。行为要矜持,玩笑和涉及性的话题也是不被允许的。一个女孩何时嫁给谁最终由她父亲决定。父亲决定女儿婚事是合理的,因为女孩有服从的义务,而且她无法在婚姻等重要问题上做出良好的判断。尽管女儿顺从父亲,但父亲对女儿也非常疼爱。由于这种感情纽带,对于土库曼父亲和家庭中的其他成员来说,在婚姻中外嫁女儿在情感上是非常煎熬的。

父亲与近亲以外的人谈论他的女儿被认为是极不合适的。和他熟识的人聊天时,可能会简短地提到他的女儿。例如,他可以提及他的儿子去接他外嫁的女儿回娘家。熟人在他面前可能同样就他女儿简单地就事论事,但是可接受的谈论范围非常有限。暗示对她有性兴趣令人相当反感,这包括对她外表和她作为妻子的品质的任何讨论。只有近亲之间才有可能扩大关于女儿的讨论话题。即使是近亲,女儿的性问题也是避免讨论的。与近亲商量女儿的结婚事宜,举止要慎重,措辞要委婉。

/ 第五章　亲属关系规范和类别 /

父亲对女儿的贞洁负有特殊的责任。[1] 如果他发现女儿有自愿的非法性行为，即使是女儿外嫁很久，父亲也有杀死女儿的义务。他也有义务杀死这种非法性行为的男性伴侣。在这种情况下，父亲的责任取决于女儿的罪责程度。被强奸的女儿不会被杀害，尽管强奸她的人如果被抓住会被杀害。

一个社会的规范不仅体现在人们希望不被他人冒犯、受他人尊重的行为方式上，而且体现在他们在选择冒犯他人的行为方式上。土库曼人最强烈的诅咒之一就是："我应该带走你的女儿。"（"带"在这里有性暗示。）考虑到父亲对女儿的贞洁负有责任，我们很容易理解为什么这个诅咒是一个特别有效的诅咒。

在女儿结婚后，父亲对女儿的态度在某些方面发生了变化。婚后，在一定程度上，她的公公和丈夫在她的生活中承担了以前由她父亲承担的权威地位。例如，在她结婚后，她的父亲对任何形式的体罚都犹豫不决。土库曼人说，这种犹豫源于她现在是另一个男人的"女儿"（gelin）。因此，在结婚后三年的夫妻回避期，女儿在父亲家庭中的地位与她之前的地位有些不同。然而，土库曼女孩的温顺使她们在家族男性长辈面前，尤其是父亲面前，行为不会发生任何重大变化。

当一个年轻的女人和她的丈夫定居下来后，她每年会回到她父亲的家里去住一到两个星期。在这样的拜访中，父亲非常

---

[1] 在土库曼人中父亲对女儿贞洁的责任与在中东和地中海地区发现的是一样的。例子见派里斯蒂埃尼（Peristiany, 1965）的文章。这种责任延伸到旁系男性亲属，女性的丈夫及其同宗亲属。

不愿意以任何方式管教女儿，尤其会纵容女儿带来的孙子女。已婚土库曼女人在她父亲的家庭里比丈夫家里能更自由，尽管如此，在探望父亲时，她仍然守着为女性保留的帐篷，在白天的大部分时间里，她忙于纺纱、缝纫、准备食物或其他一些被认为适合女性的活动，她在父亲家里的更大自由是一个相对的问题。

女儿和婚前一样，在父亲面前保持稳重、避免谈及性问题。她父亲也和之前一样，避免与陌生人或远亲讨论她，以及禁止间接提及她的性问题，甚至对近亲也是缄口不言。

儿子对母亲的态度，与对父亲的态度相反，儿子对于母亲没有那么严格意义的尊重和更大的爱。尽管人们认为一个人对父亲的义务要比他母亲的更大，但人们普遍认为他对母亲的眷恋程度很深。母亲比父亲更宽容，母亲往往是年轻人影响父亲的有效渠道。因此，如果一个年轻人对他的新娘有任何偏好，他会把这些偏好表达给他的母亲，而不是他的父亲。在母亲面前保留的义务就不那么严格了，尽管也是绝对禁止提到性问题的。同样重要的是要注意到，随着年龄的增长，母亲对儿子的权威比起父亲更容易减弱。成年男性应该尊重他们的母亲，但不是顺从。同样，母女之间的关系也比父女之间的关系少一些拘束，而多一些纵容。

第二节　祖父母与孙子女

适用于父母与子女之间关系的规范也延伸到祖父母与孙子

女之间的关系。对祖父母的尊敬应该比对父母的尊敬更重要，因为前者更年长。亲子关系跟祖父母与孙子女关系的相似性反映在亲属称谓中（见图17）。对祖父的称呼"卡卡"（qaqa），经常被用来称呼自己的父亲。在面称和背称时，用于孙子女的常用称谓与用于子女的称谓相同，尽管有时在背称中使用意思是孙子女的另一个称谓。在背称和面称时，最常见的对祖母的称谓是"额姐"（eje）。偶尔也会换用更有敬意的称谓"奥卡姐"（oqqaje）。与上述情况不同的是，外祖父母和孙子女之间的关系是随意的，缺乏与亲子关系相关的约束和矜持态度。这种差异反映在使用不同的亲属称谓上（见图18）。

第三节　兄弟姐妹

资历是决定兄弟关系的基本因素。弟弟与哥哥的关系可以被更实际地描述为他与父亲关系的缩影。其他二元关系，如父亲的兄弟和兄弟的儿子之间的关系，及其兄弟关系，在术语和规范上是相同的。年龄差距越大，越接近父子关系。在年龄相近的兄弟之间，并不要求相互之间的正式尊重，但仍然禁止提及性、开玩笑，不过允许娱乐行为。兄弟之间也不允许进行赛马或摔跤等运动，无论他们相差几岁。即使是双胞胎之间，也讲究区分资历。例如，双胞胎中年长的一个将是首先结婚并建立独立家庭的人，就称呼来说，一个将被指定为"哥哥"（agha），另一个被指定为"弟弟"（inī）。

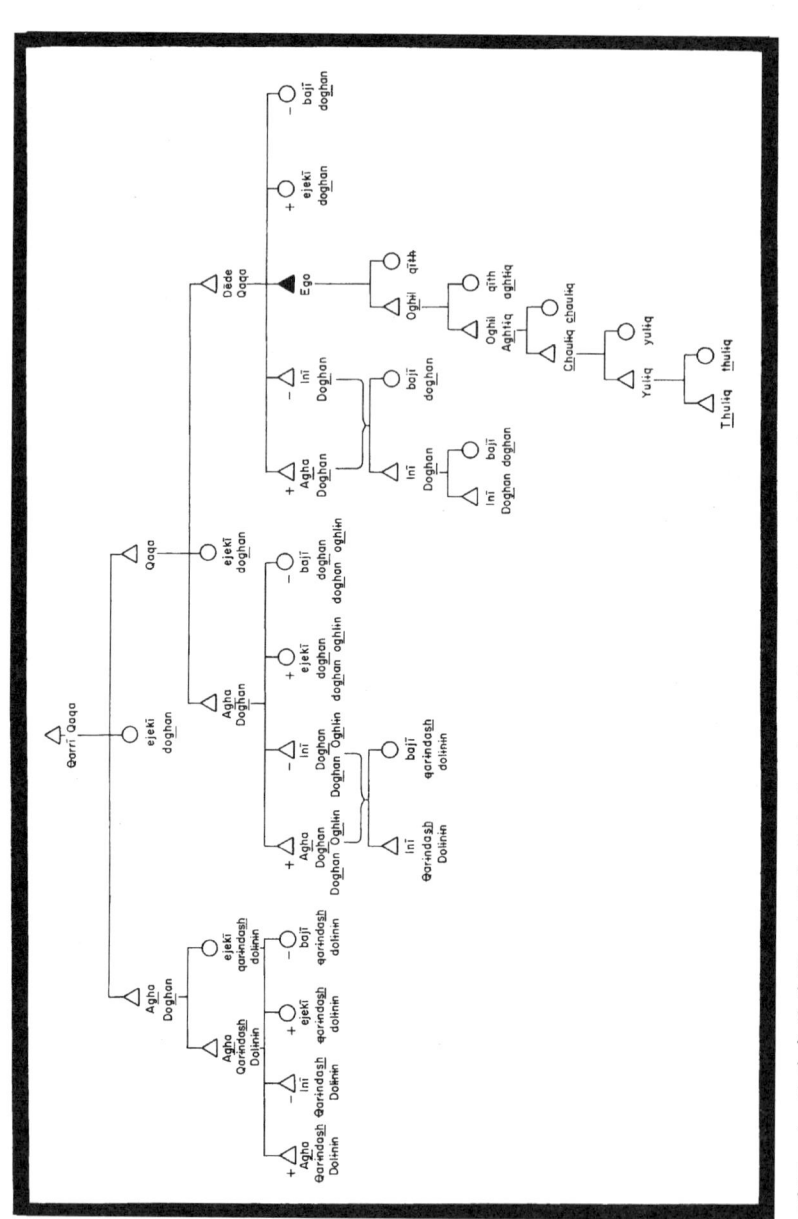

图17 / 父系亲属称谓。女性自我称谓只在一个方面有区别：弟弟（inī）从来不使用。当然，女性直系后代在父系亲属中是非必要的，但本图行书写涉及其称谓。不同行书写的称谓代表可替换称谓。

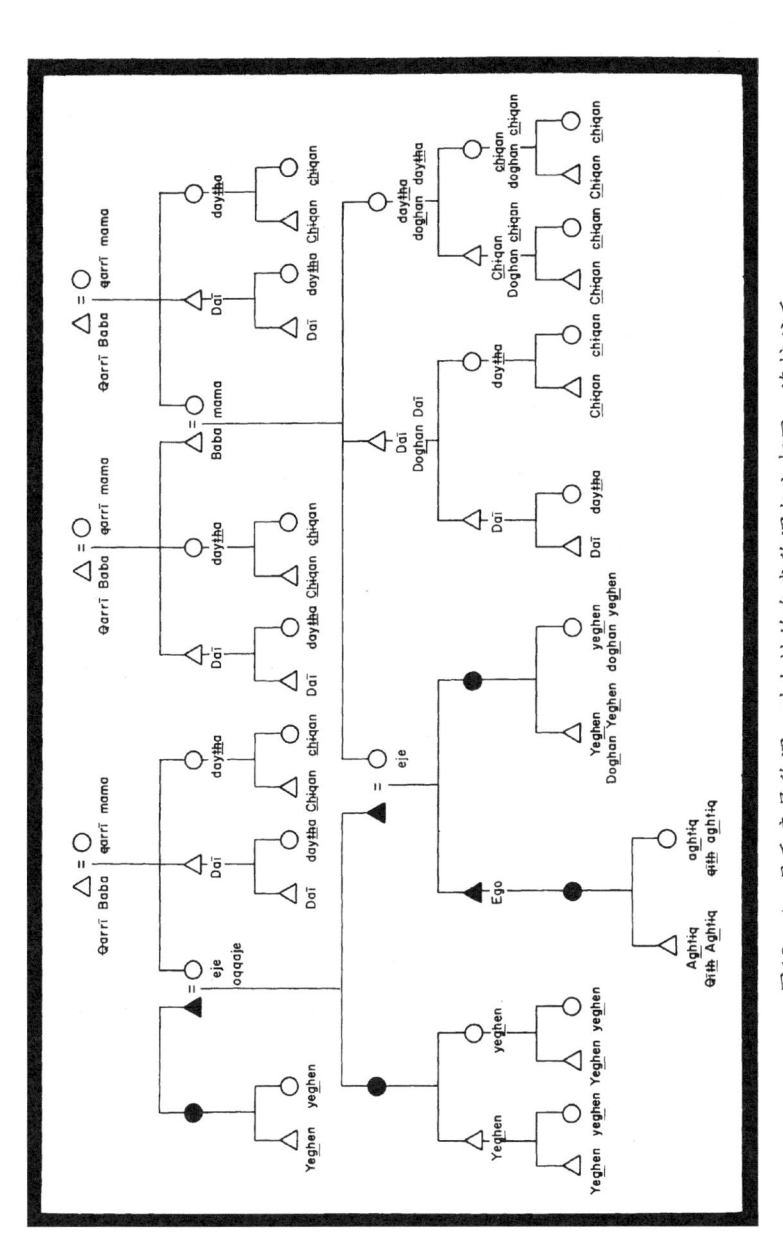

图18 / 母系亲属称谓。对女性的自我称谓与之相同;连接父系亲属的符号以阴影表示。分行书写的称谓代表可替换称谓。

姐妹之间的关系也遵循同样的模式，强调资历和矜持行为，尽管年长者的特权有所淡化。兄妹之间的关系，就像父母和女儿之间那样，在女孩结婚时会发生巨大变化。兄弟姐妹仍然住在同一个家庭中，但无论性别，年长的往往充当父母的代理人，正如所预料的那样，有权管教弟弟妹妹。当兄弟姐妹之间的年龄差距较大时，情况更是如此。但是当女孩结婚后，她管教弟弟或哥哥管教她都被认为是不合适的。她仍然得行为矜持，要禁止开玩笑，避免谈论性话题，但是管教的特权被亲和的态度所取代。兄妹俩之间说话时语气柔和，要用请求式语气代替命令式语气。

兄妹关系类似父女关系，禁止与远亲或非亲属讨论姐妹，严禁向任何人谈论关于她的性话题。女孩结婚后，这个禁令也依然存在。兄弟与父亲共同承担着保护姐妹贞洁的责任。兄妹关系在面对诅咒话语时也与父女关系相似："我带走你的妹妹"是一种非常强烈的侮辱。

第四节　丈夫与妻子

在土库曼社会中，如果不涉及第三方，就没有办法讨论夫妻关系。这种关系有点不寻常，因为它把回避、性接触和允许开的玩笑联系起来了。在特定的时间段产生这些看似矛盾的行为模式，完全取决于是否有第三个人在场以及在场的那个人是谁。如果有年长的人在场，除了简短的命令外，丈夫会避免与妻子交谈。在丈夫家里，妻子会回避包括客人在内的比丈夫年

第五章 亲属关系规范和类别

长的人,她蒙着脸,不说话。当这些长者在场时,她也会以同样的方式回避丈夫。

土库曼人解释说这是一种必要的显示尊重的方式,或者有时说一个人面对姻亲会感到害羞。在描述姻亲的其他社会中,这些都是非常普遍的回避姻亲的理由。然而,回避配偶的理由是不同的。土库曼人说,一个男人避开自己的妻子是出于对她的年长父系亲属的尊重和害羞,而不是因为与自己的妻子直接相关的感情。同样,女人对丈夫的回避也不是因为她与丈夫直接相关的感情。

当没有比丈夫年长的第三者在场时,配偶之间的关系是非常自由的。然而,即使在这种情况下,丈夫和妻子也避免在称呼对方时使用对方的名字或其他称呼用语,而经常用含糊的招呼声引起对方的注意。当比丈夫年长的人不在时,夫妻之间是允许开玩笑的。尽管不是严格要求的义务,实际上在夫妻之间会开各种各样的玩笑。在很大程度上,其中会包含丈夫的轻微挑逗。和妻子开玩笑时,男人通常会称呼她为朋友(dōth)或妯娌(eltī,共妻或丈夫兄弟的妻子),而不使用通常的招呼声。委婉地谈论性问题是被允许的,并且为欢乐的玩笑增添了气氛。

以各种方式欺骗他们的妻子是土库曼男性最喜爱的一种娱乐形式,他们喜欢告诉其他男性,他们是如何欺骗他们的妻子的,只要他们不是近亲,年龄大致相同。故事越精彩越好。当然,有些人的妻子比其他妻子更容易上当受骗,有些则设法让丈夫吃亏,所有这些都是乐趣所在。必须指出的是,年龄差不多大,但关系并不密切的人也可以互相开玩笑,而且经常这样做。当然,幽默是相对于文化背景而言的,让土库曼人开心的并不能让非土库曼人开心。能够互相开玩笑的男人之间,以间接的方式提及丈夫和妻子的关系,会增加谈话的幽默感。一句如"今晚你将看到居玛·古丽(Jume Gul,意为'星期五的花'),不是吗"的玩笑通常会令丈夫会心一笑,这样的打趣在适当的情况下是很有意思的。当土库曼人沉浸于这种幽默时,必须注意的是他们的长辈不能听见,被谈论妻子的亲属也不能在现场。随着关系变得更加疏远,禁止讨论同族女性亲属的禁令也随之减少。对于第三方同族堂兄弟而言,讨论同族女性的忌讳感仍然相当强烈,并且对于同一血统中的所有同族而言,这种忌讳感也以较温和的形式存在。两个男人关系越熟,讨论关系越遥远的女性亲属的忌讳感就越弱。这种变化的规范是土库曼人必须了解他们交往对象族谱的几个原因之一。

虽然丈夫可以自由地谈论他们的妻子,甚至沉浸于与她们的性暗示有关的笑话,但男人仍然要对妻子的性道德负责。如果丈夫在通奸行为中抓住妻子和她的奸夫,他必须同时杀死他们。保护女人贞洁的责任和禁止提及关于她的性话题不是一回事。保护女人贞洁的责任只涉及不正当的性行为,责任落在她的同族亲属和她的丈夫身上。禁止提及关于妇女的性话题,包括正当和不正当两个方面,这一禁令是针对她的同族亲属,而不是她的丈夫。

丈夫对妻子有相当大的权力,并有权使用体罚来加强他们的权力。当丈夫对妻子的行为特别不满时，通常的反应是立即打她一两巴掌。偶尔用木柴或牧童的拐棍打几下，也能达到同样的目的。妻子的行为实际上是非常顺从的，一般的错误也不会引起体罚。长时间或粗暴的殴打是非常罕见的。虽然丈夫对妻子有着绝对的权威，但他也有不能逾越的传统界限，否则会引起妻子族人的反对。他应该给她提供足够的衣食，同时避免过度的惩罚。夫妻之间也是需要发展感情的，事实上，这也是一种常态。女孩通常会嫁给一个和她不太熟的男孩，但这很少妨碍他们之间感情的发展，特别是如果妻子很善于持家和养育孩子。

妻子在土库曼社会中的角色，就像所有社会角色一样，是可以被操控的。顺从的观念并不妨碍女人影响她的丈夫，虽然大家不赞成，但普遍意识到，许多女人对她们的丈夫有很大影响力。

第五节 姻亲

在姻亲关系中，辈分的高低如同在宗亲关系中一样重要。丈夫和妻子都回避比他们的配偶辈分高的姻亲。如果特定某人越是比一个人的配偶辈分高，且与这名配偶的关系越密切，强制性的回避要求就越多。因此，回避配偶的父母亲比回避配偶的兄弟姐妹更重要，回避配偶的兄弟比回避配偶的姐妹更重要，与配偶的母亲相比，回避配偶的父亲更为重要。

回避姻亲的行为加重了女性的负担，因为女性通常在丈夫还是他父亲家庭的一员时和他结婚，并且至少在她公公的帐篷里度过婚后生活的头十年。相比之下，男人从不住在岳父的家里，通常会发现他们自己在婚姻生活的大部分时间里都处于一个独立的营地群体中。[1] 因此，翁媳关系在结构上是最关键的姻亲关系。就像大多数亲属关系和姻亲关系一样，要很好地解释儿媳地位问题，就不能将其看作单一的身份，而是已婚妇女所具有的一系列身份。有关女性对其姻亲的行为规范是极其复杂的。在婚姻的最初阶段，已婚妇女回避公公的义务是最重要的。在她与公公接触的最初阶段，她须用一块布完全盖住自己的脸。普通的土库曼女性着装只露出脸、脖子、手和脚。因此，女性除了平常的服装外还披上一条面纱，除了手脚外什么都不外露。披上面纱的女孩看不见路，需要有人牵着她。在婚礼上嫂子（或其他自己年长男性亲属的妻子）——被称为"艳姑"（yenge）的女性——牵着她。她在父亲和公公的帐篷之间交替居住的那一年里，以及她正式移居至丈夫家庭后的第一个月里，她的引导者是她丈夫的妹妹（或者是她丈夫的一个更遥远的年轻女性亲属）。在她公公家里居住的早期，她必须以这种方式用面纱盖住自己，来面对家里所有年长成员或与她丈夫地位平等的人员，包括他哥哥的妻子，当丈夫的长辈在场，甚至还包括她的丈夫。

在婚姻生活的早期，有一面装饰华丽的帘布，被称为"图提"（tutī），被悬挂在帐篷的西北侧，新娘可以揭脸坐在帘布后面。（帐篷的门总是朝南，内部的各个部分具有高度传统化的

---

[1] 当然，如果收养的儿子娶了养父的女儿，那会是个例外。

社会用途，通常是根据方位来命名的。）晚上她和丈夫睡在帘子后面，当他们俩单独在帘子后面时，他们可以低声私语。白天，新娘忙于串门拜访和缝纫，后者是唯一可以在帘布后面轻松完成的工作。她丈夫的家庭和营地里比她丈夫小的成员，在这段时间里，专门探访新娘，因为大家知道这是一个女人困难和孤独的时刻。比她丈夫年纪小的附近营地居民，也要拜访新娘。虽然比她丈夫小的男性和女性都进行这样的访问，但大多数的来访人员都是女性。

新娘减少姻亲回避的限制方式是一个渐变的过程，可以通过很多阶段进行描述。从某种意义上说，她在婚后三年才回到丈夫的家中，这标志着回避方式的第一次转变，彻底终止了对丈夫的回避。新娘在婚礼后的第四年，在她的出生家庭和丈夫家庭之间往来居住，从第四年结束时起，她将永久和丈夫生活在一起。在第四年新娘住在她丈夫家庭的时期，以及她正式永久和丈夫生活后的大约第一个月里，还持续使用着帘布。之后，只有在晚上新郎新娘睡觉、新娘换衣服或梳头发时，才用帘布。其余的时间，姻亲回避采取一种较少限制的方式，称为"布伦麦克"（bürünmek）。布伦麦克特指一种戴面纱的方式，包括用一块布盖住眼睛以下，然后把头部的布拉下来盖在前额上，这样只留下一条缝露出眼睛。一位正在遵守布伦麦克的新娘也尽量不让比她丈夫年长的人看到她的眼睛。当在室内的时候，她靠在帐篷的墙上，面对墙坐着，当她走动时，用手抓住头布，遮挡住她正在躲避的人的视线，以此不让别人看到她的眼睛。

之后的转变通常发生在孩子出生之后。(如果未生育,这个转变会迟点发生。)在生完孩子之后,妇女停止了布伦麦克的方式,而采取了一种更少限制的、被称为"亚什玛克"(yashmaq)的姻亲回避方式。亚什玛克指的是只盖住嘴巴的面纱。[1] 与亚什玛克相关的回避是要遮住一个人的嘴,不同回避的人说话,不吃同一道菜。与亚什玛克相关的回避特征是不交互。公公婆婆为安排劳动可以同儿媳说话,而且经常这样做。如果在劳动时需要,儿媳可用手和点头的动作,或者对一个可以转述她信息的人进行耳语来回应。在她的婚姻生活达到这个阶段后,妻子逐渐变得放松,并最终不再对丈夫的嫂子们和经常回娘家的丈夫的姐姐们进行回避。对丈夫的哥哥们以及更远的年长亲属的回避有所放松但并没有终止。因此,结婚多年的妇女通常对丈夫的哥哥们采取非常简单的亚什玛克,即简单地将头巾的一角咬在嘴唇之间,不和他们说话,当她在他们面前和别人说话时,或当她吃东西时,就完全隐藏她的嘴。对于婆婆来说,亚什玛克也是以一种放松的回避形式进行,并未完全终止。对公公而言,儿媳的回避也遵循着类似的模式,不过没有完全松懈。一

---

[1] 土耳其语的同源词 yaşmak 也指面纱,但此处的这种面纱是由伊斯兰教规定的(见 Lane, 1908: 181-183 和 Arberry, n.d.: 49-50)。尽管形式上相同,但伊斯兰教规定的妇女面纱和土库曼习俗规定的面纱还是差别很大。简单来讲,伊斯兰教规定妇女应该对除了因乱伦禁忌而不能结婚的人以外的所有男性都需要用面纱遮挡自己。土库曼习俗规定,除了其他回避方式外,妇女对长于自己丈夫同时社会关系紧密的所有男女都要用面纱遮挡自己。伊斯兰教规定基于庄重原则,而土库曼习俗基于对姻亲的"尊重"。

位结婚时间较长的土库曼妇女通常会不断地调整自己的亚什玛克，当她的婆婆在帐篷的另一角时，她把亚什玛克随意地遮在嘴唇间；当婆婆靠近的时候，把它拉上去一点；当公公走进帐篷时，完全遮住她的嘴；等等。

一个女人与丈夫后辈的关系跟与丈夫长辈的关系形成了鲜明对比。上面提到的在婚姻早期阶段妻子和丈夫后辈之间的拜访是社会联系的开始，这种联系是宽松而充满感情的。与这一类别的女性发展起来的关系往往是一种特别深情的关系。这种关系在两个方面与婚姻的早期阶段特别相关，以被称为"艳姑"和"巴里得西"（baldī）的亲属称谓标示（见图19和第148页图20）。当一个女孩在婚礼当天被带到她丈夫家时，她的男性亲属都不能陪着她，能陪着她的是两个艳姑。在新娘住在丈夫家的两三天里艳姑陪伴着她，然后和她一起回到她父亲家。三年后当她再次来到丈夫家时，艳姑还是与新娘一起乘坐轿子，这一次她的男性亲属也将陪伴她。重新加入她丈夫的家庭后，在她与她的姻亲一起生活的一到三年里，她的大部分社交活动将是与她丈夫家庭圈子里的年轻女孩接触，对这些年轻女孩而言，她就是她们的艳姑。

对丈夫嫂子的回避结束之后，新娘逐渐与这些女人发展起一种含蓄和敬畏的关系，但不如兄弟之间的关系那么严肃。用于这类姻亲的称呼语eltī与同一个丈夫的不同妻子之间使用的称呼语相同。然而，同一个丈夫的不同妻子之间的关系往往比兄弟的妻子之间的关系更为敬重。

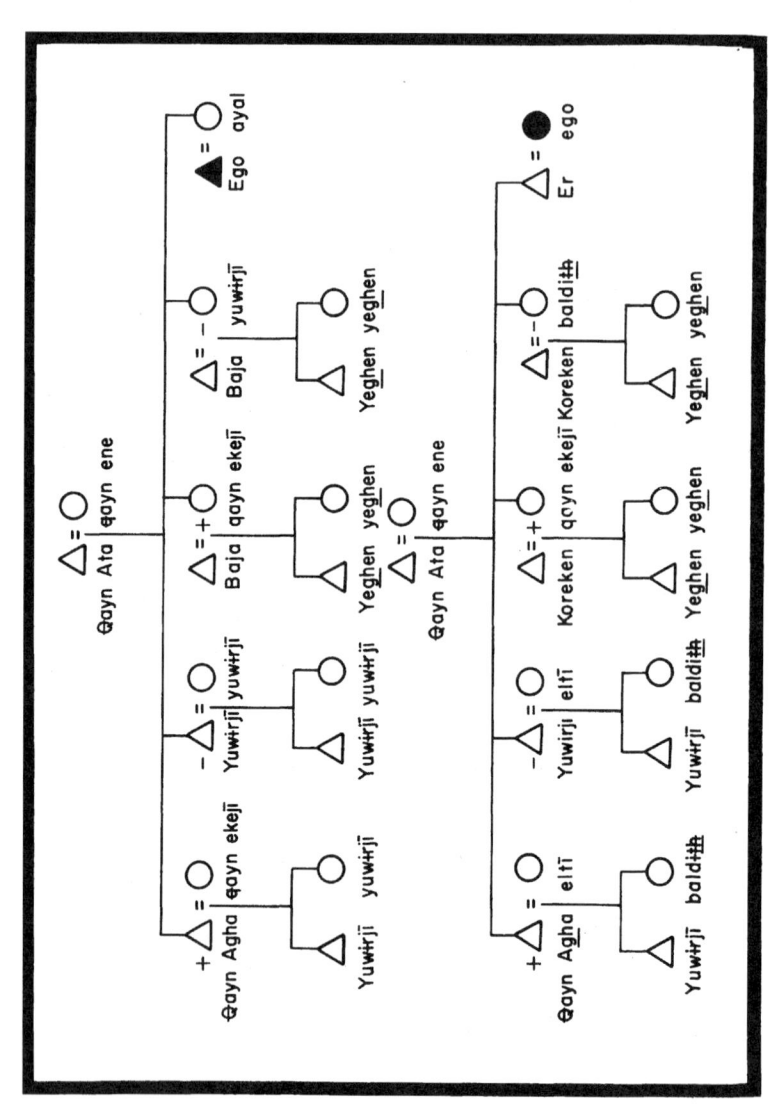

图19 / 姻亲称谓：配偶的亲属。加减号表示相对于配偶的年龄，而不是相对于自己的年龄。

/ 第五章 亲属关系规范和类别 /

对于男性来说，回避姻亲的负担要轻得多，因为正如前面提到的，他们通常与姻亲分开居住，而且随着年龄的增长，姻亲之间变得更容易相处，甚至彻底不回避了。已婚男人回避姻亲的行为通常用动词qachmaq来描述，意思是"逃跑"，这个词相当准确地表达了其中的含义。与岳父偶遇时——除了在回避终止的地方以外——女婿会转身逃跑，这很容易被解读为畏惧。实际上，有时是畏惧心理，更多的时候则是羞愧心理。女婿不可能和岳父在同一顶帐篷里，或者在路上需要和他说话的范围内经过；虽然不太常见，但有可能新郎和岳父会出现在同一个密集人群中，如婚礼，只要他不在通常需要亲属或熟人之间打招呼的范围内，而这些亲戚或熟人之间不会互相回避。

只要岳父母在世，大多数女婿都会这样回避他们。对内兄和内姐的回避通常在结婚多年后可以终止。就像在大多数土库曼事务中一样，性别和年龄的变化在这些问题上起着重要作用。对同龄男女回避的终止要早于对年长的男性。大多数姻亲在遇到她们姐夫的时候，会请他"不要回避他们"。这样的请求通常几年后才被姐夫接受。岳父母向女婿提出类似的请求，但这些请求很少奏效。

土库曼人所实行的姻亲回避要求人们避开自己岳父的帐篷，无论岳父或其他必须回避的姻亲是否在帐篷里。许多土库曼人的行为准则体现在"尊重帐篷"方面。（在定居的土库曼人中，人们对房屋的崇敬不亚于帐篷。很明显，值得尊敬的不是帐篷，而是住所。）人们常说，在帐篷里不能像在户外或城市集市上那样随意地与人争吵，因为这种行为是对帐篷的不尊重。因此，土库曼人解释说不仅要尊重姻亲，而且要尊重姻亲的帐篷；在这两种情况下，尊重都是通过回避方式来表达的。

对姻亲帐篷的回避可以更好地从对岳祖父帐篷的回避中理解。越是辈分高就要越尊重，对此的一贯强调自然表现在更大程度地尊重岳祖父而不是岳父。在这种情况下，更大程度的尊重意味着更大的回避义务。这个事实与人死后的一个事实相关，在某种意义上，某人死后，他传承给小儿子的帐篷依然是他的，还不时被人提及。有时也被称为由帐篷原主人的后代组成的小家族的老帐篷（qarrī öy）。因此，一个男人要回避他妻子家庭的老帐篷，即使在这个帐篷里可能居住着他不需要回避的比他妻子更年轻的人。

岳父可能通过第三方发出邀请，让女婿到他的帐篷里一起喝茶或吃饭，从而结束女婿对他的"逃避"。这种正式的邀请比偶遇后告知不要回避的随意请求更被认真对待。收到这类邀请后，所有对岳父及其帐篷、岳母和姐夫的回避行为都会停止。（然而，回避岳祖父的帐篷可能会持续一段时间。）在绝大多数的第一代表亲婚姻（父系或母系）中，岳父最终会发出这样的邀请。如果夫妻血缘关系更加遥远，岳父行使这一选择权的倾向会减少，因此在绝大多数夫妻没有密切血缘关系的情况下，不行使这一选择权。对于儿媳来说，也存在搁置回避的特权，但在那样的关系中，这种特权的行使极其罕见，甚至在第一代表亲结婚的情况下也是如此。

/ 第五章 亲属关系规范和类别 /

女婿被正式邀请到岳父的帐篷里,所有的回避都终止时,就像对他自己的父亲一样,他在岳父面前必须要特别谨慎,要严格禁止任何涉及性的话题。在回避终止之后,男人可能同时出现在他的岳父和他的妻子面前。在这种情况下,夫妻双方得互相回避。妻子在丈夫面前必须用面纱遮住她自己(亚什玛克),不对他说话,也不与他吃同一道菜。同样,他也必须避免与妻子交谈或提及她。这种做法与年轻人在父亲面前回避妻子的做法类似。

男人和他妻子后辈的关系是一种轻松友好的关系。然而,与女性的情况相比,男性与这类姻亲的接触要少得多,也不太重视与这些姻亲的关系。

男人和他妻子姐妹的丈夫之间的姻亲关系是被承认的。从同一个家庭娶走姐妹的男人彼此称对方为"巴加"(baja)。虽然估计这两个人会和顺相待,但他们并不很重视这种关系。这一类别的男性之间允许开玩笑、谈论性话题。就像远亲或非亲属一样,这些人可以在摔跤或赛马中相互竞争。

负责安排婚姻的两个主要人员是新郎和新娘的父亲。婚姻的程序最终取决于这两位父亲,尽管他们都与自己的妻儿商量,并且在一定程度上受他们兄弟的影响。当然,也有例外:当未来配偶一方的父亲去世时,哥哥或年长同族男性代理操办婚礼;年长的男人,通常是鳏夫,代表他们进行婚姻谈判。然而,正常情况如前文所述。"古达"(qoda)的姻亲类别(见图20)包括新郎和新娘的所有亲属,他们可能会被征求关于婚姻决定的意

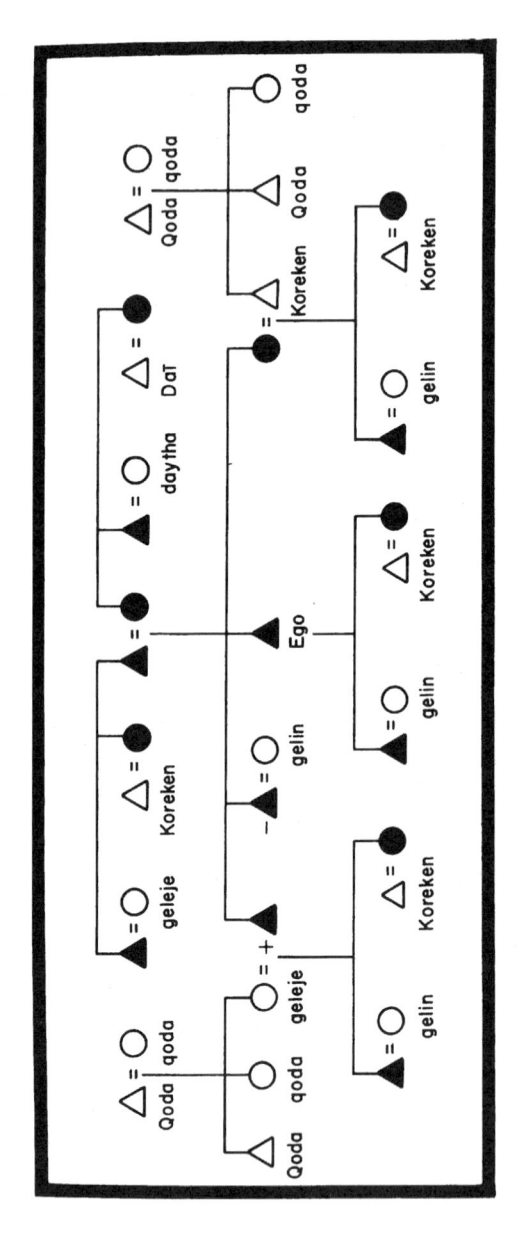

图20 / 姻亲名称：同宗姻亲。对女性自己来说，只有一个区别就是嫂子（geleje）被艳姑（yenge）所替换；连接同宗的符号被阴影化。

见。因此，夫妻双方的所有同族长辈以及双方的母亲都是彼此的古达。以这种方式联系在一起的人总是有义务对彼此保持热情好客的态度。他们之间禁止谈论性话题和开玩笑，但没必要在对方面前过于拘谨。相反，强调的是避免一切敌意、尖刻言辞、直接命令和类似的行为。

古达之间的很多正式仪式在围绕婚礼仪式的主题下面进行描述。此外，古达之间的非正式访问也很频繁。这种关系是由婚姻形成的两个家庭之间的一种联盟状态。在许多方面，它与将同样两个家庭联系在一起的其他方式相似。兄弟和已婚姐妹之间的关系同样强调和睦。最终，如果婚姻修得正果，这两个家庭将以母系为纽带联结个体。母系亲属关系也表现得很和睦。

第六节 母系亲属[1]

与母亲家庭和姐妹孩子的友好关系同与父系亲属的矜持关系形成了鲜明的对比。这是因为在父系关系中非常重要的权威和资历在母系亲缘关系中所起的作用非常小。一个孩子第一次认识他母亲的家庭是在陪母亲去她娘家的孩提时代。如前所述，他的外祖父母非常溺爱他，尽管他们有时对他行使适度的权力。与母亲兄弟的关系同样宽松，当姐妹的孩子成年时，他的舅舅

---

[1] 母系亲属在一般意义上指只能通过女性追溯的亲属关系。然而，在本书中指至少通过一位女性追溯的任何形式的亲属关系。

不像外祖父母那样对他行使一定的权力。在土库曼亲属关系中，严格禁止开玩笑、谈论性话题，这种禁忌同样适用于通过女性建立的亲属关系中。然而，在长辈在场的情况下，拘谨和顺从行为要求被一种强调相互融洽的关系所取代。在上面提到的许多要求承认一方或另一方为长辈的情况下，男人确实要尊重年长的母系亲属，尤其是外祖父母。然而，母亲的兄弟没有权威，不会向她的孩子发出严厉直接的命令。

与母亲兄弟的血缘关系，以及与姐妹儿子的联系是非常密切的，大多数人在一生中都保持着定期探望这些亲戚的习惯，即使他们生活在相当远的地方。这种探望的模式通常不适用于母亲的姐妹，她们通常嫁到不同的营地群体，而且经常是不同的奥巴家庭，不是母亲的兄弟家庭。姐妹的女儿一旦离开出生地与丈夫一起生活，情况也是如此。一般来说，除了与自己母亲的男性父系亲属和姐妹的儿子们以外，土库曼人很少努力保持与母系亲属的联系。如果距离较近，也保持经常的联系。然而，如果这些亲戚不住在附近，通常不会定期拜访、保持联系。

鉴于这一事实，意料之中的是与姐妹儿子之间的关系没有被认为特别亲密。这种居住较远的亲属并不努力保持亲密关系。如果以这种方式联系在一起的人住得很近，他们很可能会经常拜访对方，并愿意以多种方式相互帮助。如果不是这样的话，这种关系往往就会很淡。

第七节　宗亲关系与非宗亲关系的差异

宗亲关系和非宗亲关系所承担的义务存在着鲜明的差别。土库曼人对两种援助进行明显的区别。第一种援助表示与另一个人的友好关系，不表示对任何第三方的敌对关系。这种频繁进行的援助构成了与某人的联盟，但不是两个人对抗第三方的联盟。在婚姻中给予需要的妇女经济援助、款待，参加别人的婚礼或葬礼表示敬意，所有这些都是这种援助的表现，这可能被称为经济和社会援助。

第二种援助方式，可以被称为政治援助，在某人与第三方发生纠纷时给予帮助。无论争端大小，同族之间都有在纠纷中给予帮助的严格义务。关系越密切，争议事项越重要，提供帮助的义务就越大。在某种程度上，当事亲属在纠纷中表达的要求的对错会影响义务帮助的程度。当一个人的权利，就像土库曼人理解的那样，明显受到侵犯时，比起一个人对另一个人的投诉不那么正当时，更容易获得宗亲的支持。

母系亲属和姻亲没有义务在纠纷中互相帮助，一般认为他们不帮助是最恰当的，以免他们把自己的家族拖入冲突。就非常亲密的母系亲属来说，在这些问题上规范和情感有时会发生冲突。母亲的兄弟或姐妹的儿子试图暗中帮助某人起诉纠纷的情况并不少见。但在亲密的姻亲中，这种情况似乎很少发生。

在争端中，母系亲属和姻亲可能由于父系血缘关系有义务采取相反的立场。这种情况下，处于感情与正式义务冲突中的人，常常以倡导和平解决自己亲人之间的争端作为回应。在这种情况下，另一个常见的反应是拒绝积极参与争端。

为了充分解释这两种亲缘关系之间的差异，有必要讨论一下社会联盟和政治联盟[1]。第一个可以被定义为一种不涉及冲突的援助义务，不能被描述为反对某些第三方的援助。第二个可以被定义为一个人通过和平或暴力手段对第三方提起诉讼的援助。第一个包括的只是合作；第二个既包括合作与冲突，又包括盟友与对手。

在土库曼社会中，紧密的父系同族关系需要两种类型的联盟，而远的父系同族关系只需要政治联盟。紧密的母系亲属和姻亲关系只需要社会联盟，而更远的这些种类的关系则不需要承担任何义务。

这两种联盟在另一方面是不同的。由于当事人之间的分歧或争端，社会联盟可能会被削弱，甚至会陷入中止状态。政治联盟不能被这种分歧削弱。因此，如果两个兄弟或一对父子发生了激烈的争吵，不再说一句话，他们的社会义务——款待、经济援助、达地希克等——将会停止。如果分歧严重可能会永远无法修复关系。然而，他们对彼此的政治义务没有改变。一位报道人讲述了一段经历，很好地说明了这一点：

> 我和父亲大吵了一架，我身无分文，被他从他的房子里赶了

---

[1] 见第80页注释2。

出来。两天后,我父亲和一个人发生了争执。我去找那个人并打了他。我狠狠地揍了他一顿。在我这样做之后,我和父亲的关系仍然不好。但是,我不得不为他而战,他毕竟是我父亲。

这个陈述反映了一个事实,相对于社会联盟,土库曼社会结构在政治联盟问题上的选择余地很小。政治领域的有限选择反映在对父系亲属关系程度的精确计算上。在父系亲属的关系领域中,亲属远近关系的区别对应于政治义务。一个人必须与自己的父亲结盟以对抗兄弟,与兄弟结盟以对抗堂表兄弟,等等,这些都与亲缘关系程度相对应。可见的选择与支持的程度有关,而不是与支持谁有关。一个人可以拒绝支持一个反对堂表兄弟的兄弟,因为他的堂表兄弟是对的;一个人可以私下劝说自己的兄弟停止冲突,但不能公开地与堂表兄弟结盟反对兄弟。

同样重要的是要注意到,只有两个可接受的理由可以为卷入争端的同盟者提供有限的或不提供需要的支持:争议人提出的主张是不合理的,或者此事不太重要,不能要求某人提供援助。因此,一个人与一个同族者进行激烈斗争的事实并不会减少他们在与远亲或陌生人发生分歧时相互支持的义务。如前所述,族谱也将某些个人定义为争端中的中立者,因此,这些中立者有义务以任何可能的方式尽量减少冲突。政治立场不受社会联盟的影响,社会联盟不可避免地会遵循不同的模式。

为了不产生误导信息,我们必须强调公开冲突不是日常营地生活的一部分。土库曼人非常强调避免一切可能导致冲突的行动或讨论。当冲突的迹象出现时，那些由族谱规定中立的人会非常严肃地对待自己维护和平的义务。土库曼人给外人的总体印象是非常和谐的。鉴于一旦暴力冲突爆发，他们就无情地履行其政治义务，这种印象就更加引人注目。

第八节 亲属关系的延伸

以上讨论主要涉及近亲关系。其中更多远亲被对待的方式值得详细阐述。父系亲缘关系需要对亲缘度进行详细的计算，但对亲缘度的全部计算方法是相当复杂的。直系亲属，如上所述，被认为比所有的旁系亲属更亲近。这反映在这样一个事实上，即尽管直系亲属的术语可以在代际之间上下移动，但是直系亲属的术语永远不会延伸到旁系亲属上（见第134页图17）。只有一代从直系亲属中移除的旁系亲属被禁止作为婚姻伴侣，构成下一级的父系亲属关系（以术语doghan表示）。这个类别包括兄弟姐妹、父亲的兄弟姐妹和兄弟的孩子。在这一类亲属中，自己的兄弟姐妹在某种程度上被认为比父母的兄弟姐妹和兄弟的孩子更亲近，并且可以区分为"自己的兄弟姐妹"（ōth doghan）和"父亲的兄弟姐妹的子女"（dēdeming doghanī doghan）。当向不知道当事人亲属关系的其他人介绍亲属成员时，这种区分是很常见的。其余的旁系亲属种类可以简单地通过计算辈分来区分。当两个父系同族人希望计算他们父系血缘关系的远近程度时，他们通过计算将他们与共同祖先联系在一起的祖先的数量来计算。如果他们有一个共同的祖父，他们就是"多干·奥格林"（doghan oghlin）；如果他们有一个共同的曾祖父，他们就是"多利宁"（dolīnīn）；下一级只是简单称为"多特从吉·阿日卡"（dörtleinjī arqa，"第四代"），而更远的同族被简单地称为"我的第五代""我的第六代"等等。通常，将两个个体与其共同祖先联系起来的世代数量在他们各自的血统中是不同的。在这种情况下，这种关系是由更遥远的辈分所确定的（见图17中的自我与多利宁的关系）。第七代的意义在于定义血亲复仇的权利，这点已经在上面讨论过了。

保护同族女性贞洁的责任在广泛的范围内以衰减的形式延伸。杀害犯有性犯罪的女性的义务主要落在那些与她最亲近的人身上，而对此类违法行为的强烈意识只延伸到第二代或第三代堂兄弟身上。然而，在处决违反贞洁准则的女性罪犯时，代理的权利延伸到与该妇女同血统的所有人身上。

由于可能成为针对父系远亲的血亲复仇牺牲品，许多土库曼人对他们在第五代以上的族谱保密。如果他们与同族远亲分开居住，而且实际上有希望能掩盖他们的族谱地位，那他们确实会隐瞒族谱关系。人类学家通常只有在相当困难的情况下才能窥探到关于更久远世代的精确记忆族谱的细节。拥有相当大政治权力的个人——因为他们对政府的影响力——往往是明显的例外，他们非常愿意公布他们的七代祖先。超过第七代的特定祖先通常不会被记住。被记住的是一个人的第七代祖先是一个特定的命名血缘群体成员。最后被记住的祖先和这个命名群体的创始人之间隔了多少代是不知道的。然而，这个命名的群体是基于血缘理论的越来越大血缘群体层次体系的一部分，但确实是一个不完整的家谱。关于这些较大群体的族谱信息从来都不确切。这些更大的群体和他们所基于的族谱的确切性质已经被讨论过了（见第三章）。

  姻亲关系往往只在小范围内被识别。通常，一个男人配偶的第一代或第二代堂表兄妹是他最远的姻亲，他会承认与他们有姻亲关系。在婚姻生活的最初几年中，他可能会回避配偶的这些亲戚，但一般情况下，他将很快接受他们不可避免的邀请，即他不再"逃离"他们。之后，当他和他们在一起时，他会举止谨慎，避免谈及性话题和他的妻子，以此反映出他对姻亲关系的认可。一个女人继续回避公公，在婚姻生活的更长一段时间里会继续这种行为。一般来说，女性会回避所有进入丈夫营组与丈夫地位接近或比丈夫地位高的人，除非他们与她的关系比丈夫更密切。因此，在丈夫家里或在丈夫营组的家庭里，如果遇到比她丈夫年龄大或年龄相当，同时与她丈夫没有亲属关系的临时客人，她就会回避他们。遇见长期居住在她丈夫营组中的非亲属人员，她也同样回避。在其他情况下——在她出生的家庭中，或者到其他营地参加宴会时——她只会避开那些与她的丈夫有长期关系的人、他的同族、他营组的当前居民和她丈夫的任何亲密伙伴。避开和丈夫有关的男人比避开女人更重要。结婚多年后，在女人中，妻子通常只会避开婆婆，与婆婆同辈的她丈夫的亲密族人或营地伙伴。

第五章 亲属关系规范和类别

如上所述的母系亲属关系，如果只涉及一个女性，则更为活跃。在母亲的同族中，有效的联系或通过频繁访问形成的、可作为实质性援助联系基础的关系，通常不会超出母亲的兄弟及其孩子们的范围。术语"达伊"（daī）及其对应的女性"达伊撒"（daytha）延伸到母系亲属祖先的所有旁系（见第135页图18），但有时也可以区分亲密的旁系。因此，母亲的亲兄弟可以被称为"多干·达伊"（doghan daī，同胞母亲的兄弟[1]），而母亲兄弟的儿子和父亲的母亲的兄弟可以被称为"亚克安·达伊"（yaqin daī，亲近的母亲的兄弟[2]）。这种类型中关系更远的亲属一般被称为"达石克·达伊"（dashkī daī，母亲的远房兄弟）。然而，"亲近的"和"远房的"母亲的兄弟之间的分界线并不明确。只有"多干·达伊"这一名称具有精确的、普遍认同的含义。术语"多干·叶根"（doghan yeghen，亲姐妹的孩子）、"亚克安·叶根"（yaqin yeghen，近亲姐妹的孩子）和"达石克·叶根"（dashkī yeghen，远房姐妹的孩子）遵循上述术语的逻辑模式（见图18）。

"奇根"（chiqin）这个词用于指称一个被称为达伊撒的女人的所有后代。很少有人对上面所讨论的类型进行区分，因为这

---

[1] 括号中的这个名称是土库曼短语的直译，想以doghan（"兄弟"或"出生"）来说明亲属关系。[实际上，根据上下文，此处的"同胞母亲"（sibling mother）应译为"生母"。——译者]

[2] 原文为"sibling mother's brother"，根据上下文，此处应为"亲近的父母亲的兄弟"。——译者

种关系不是很重要。然而,"多干·奇根"(doghan chiqin)这个词可以用来表示这一类别中最近的亲戚,即母亲的妹妹的孩子。形容词近(yaqin)和远(dashki)与"母亲的兄弟"和"妹妹的孩子"这两个更重要的类别相似。

真正重要的母系亲属承认往往只会延伸到一小部分近亲,这一点和姻亲承认比较像,但和父系亲属形成了鲜明对比。然而,这对土库曼人中的新来者来说不会立即了解得很清楚。母系亲属称谓在尽可能广泛的范围内使用,作为与实际上被认为是远亲或根本不是亲戚的人打交道的一种礼貌手段。如果一个人的母亲属于一个远离自己的血缘群体,那么所有在血缘上接近母亲的人都可以被称为达伊或达伊撒。因此,许多约穆特人可以把约穆特的一个大分支中的所有成员都算作他母亲的兄弟姐妹。这样一个后裔群体可能达10 000多人。当两个不认识的约穆特人第一次见面时,他们不可避免地要打听对方的血统。在这种情况下,两个陌生人发现他们是母亲兄弟姐妹的孩子是很正常的。之后,他们用合适的称谓相互称呼。然而,这只是一种礼貌,不需要承担任何义务,也不会扩展到任何其他没有这种关系的约穆特人身上。暗含矜持意味的姻亲称谓只在一个姻亲关系的实际义务得到承认的狭窄范围中使用。

当不相关的个体或远亲彼此频繁接触时,他们会试图找到他们能找到的任何细微的母系亲属纽带,然后按其身份称呼对方。因此,人们经常听到母系亲属的称呼。如果有人问一个土库曼人,他与无数称为母系亲属的人有什么关系,他通常会回答说，根本就没有血缘关系。如果随后被问及为什么使用母系亲属称谓，他就会找一些遥远而微弱的联系来证明这个称谓的合理性。这样的回答之后很可能还会有一种说法，大意是这种关系太遥远，根本不重要。

第九节 亲属制度中的先祖地位

在土库曼人当中，有许多习俗要求在他们的后代中保留对已故祖先的记忆。约穆特人死后，会举行一系列悼念仪式。这些仪式有许多也被认为是在某种程度上为死者积德。其中一种是用特殊的宴会来纪念一个人的死亡（ölen gun thadagha）。这种做法，被称为"忌日纪念"，在死后第一年中最为隆重。在死后的头七天，人们会举行盛宴，哀悼者会来表示他们的敬意。同样，第10天，也就是伊斯兰历中死后一个月的那一天，以及一个人死后的第40天也有类似的宴会。死后每个月后的一天，人们都以同样的方式纪念死者，直到他的逝世纪念日到来。此后，每年都要举行一次宴会来纪念这个人的忌日。履行这些对死者表示尊敬的义务落在下一代亲属，也就是死者的儿子身上。儿子们在他们的余生中继续为已故的父亲或母亲举行这种宴会。

然而，第二种做法在保持对死者的记忆方面有更大的效果。这种习俗就是以死者的名字命名那个家庭出生的性别匹配的孩子。然后以适合死者的方式称呼该孩子。因此，一名男性死后，他的一个儿子所生的下一个男孩要取和他同样的名字。死者的所有儿子将称呼这个男孩为dēdem，即"我的父亲"。他们的妻子，包括男孩的亲生母亲，会称呼这个男孩为kēbem，这个术语意指"公公婆婆"，仅适用于有继承姓氏的人。类似的用法也适用于其他亲属，甚至是外人。因此，男孩的兄弟姐妹和堂兄弟会叫他qaqam，即"我父亲的父亲"。死者的外孙会叫他babam，即"我母亲的父亲"。远亲会称呼他的名字，但会在他的名字后面加上敬语dēde（父亲），就像他们称呼死者一样。

这种用法也可以扩展到引称亲属关系。对有继承姓名的人的亲属关系的询问得到的答复是，某某是"我的兄弟和我祖父的名字"。在不需要如此精确的情况下，通常使用仅适用于死者的指称。因此，一个人要求第三方去接他的儿子，而他的儿子与他的父亲同名，他会说："告诉我的父亲来这里。"由于所有的名字一有机会就会被传下去，所以相当大一部分土库曼人都有这样的名字，每天的谈话中都会大量地提到已故祖先的引称和面称称谓。

这些面称和引称的用法不是相互关联的。因此，一个与祖父同名、兄弟们称呼他为qaqam（我父亲的父亲）的人，不会用oghlim或aghtighim（"我儿子"或"我孙子"）来回应，而是用同他们与自己的实际关系相称的称谓。

远祖的名字也会因为重复的继承而存在，这样的名字就被称为"古老的名字"。带有远祖名字的男人或男孩被最初的同名者的同族后裔称为qarrī qaqa[1]。这个亲属称谓适用于比祖父更远

---

1 意为"高祖"。——译者

的父系祖先。女性的名字同样也由她们的儿子传给她们的一个孙女，而且由于重复的继承，女性的名字可能属于比名字持有者的祖父母更远的祖先。然而，女性名字的久远历史被遗忘了，这与男性祖先的名字形成了鲜明对比。但这并不奇怪，因为与男性远祖不同，女性远祖的社会重要性不强。

除了那些夭折的人外，那些没有直系后代的人的名字通过他们的旁系亲属传递。然而，他们很少受到重视，具有这样名字的人通常不会使用亲属称谓来称呼。

有个例外做法是，对继承姓名的承继人的称呼与其原姓名承继人适当的方式称呼。这适用于死者的配偶。禁止夫妻之间用姓名或亲属关系称呼对方。含糊的招呼声是引起配偶注意的常见方式。当一个人的配偶去世，而他或她的名字被继承时，上述称谓的方式不用于称呼这个名字的新拥有者。而是使用与实际关系相适应的面称和引称形式。

上述两种做法都与个体祖先有关，其作用是保持对这些祖先的记忆，并通过该祖先与其他活着的人建立社会联系。此外，还有一些实践通常与所有祖先相关。其中最正式的是一种被称为"切小面包"（petir kethmek）的做法。petir是一种薄而硬的面包，kethmek的意思就是"切"。该习俗是把这种土库曼式的圆而平的面包切成八等份，每两个楔形等份分给附近的亲戚和邻居。这是在周四日落之后完成的，土库曼人认为这一天是周五的开始，对穆斯林来说这一天具有特殊的宗教意义。这种实践背后的信仰以两种形式存在，一种是普通人信仰，另一种是知识分子信仰。普通人信仰是大多数土库曼人所重复的一种信仰形式，他们认为在星期四日落时，也就是星期五开始时，某人的所有祖先都饿了，他们的眼睛注视着道路，等待着他们的后代把小面包送到亲戚和邻居那里去。切送成对楔形小面包的习俗在某种程度上满足了等候中的祖先的饥渴。知识分子信仰是由宗教教师不断重复的一种信仰形式，强调死者不可能缺食挨饿，而是渴望获得宗教上的功德。任何一种给予都能获得一种功德，这种功德可以由给予者为自己的利益而保留，也可以是给予死者的。根据这种更为理性的解释，赠送小面包所产生的功德是给予等候着的祖先的。

无论如何，这么做的另一个作用是再次使他们想到祖先的在世情况，并且就像上面描述的达地希克习俗一样，这种做法确定了与每个家庭相关的亲戚朋友的半径。许多家庭每周进行一次的"切小面包"中包含的家庭圈子，比更频繁的达地希克中包含的家庭圈子略大。

另一种做法被认为具有同样的效果，即不让已故祖先饥饿，或满足对宗教功德的渴望。饭后至少男人们要诵读阿拉伯语祷词，在祈祷之后，用土库曼语又加上了"我们给予"（bēkhshetdik）的陈述。这样的祷告满足了饥饿的祖先，因为他们在观看后代吃东西的过程。每次土库曼人看到墓碑时，都会进行类似具有同样作用的祈祷，但在这种情况下，因祈祷受益的是坟墓的主人，而不是祈祷者的祖先。

这些做法很少与对祖先的任何恐惧有关，而仅仅是对他们福祉的关注，尽管大多数土库曼人都认为对这些职责的严重忽视可能会引起他们的祖先对其后代的某种"骚扰"。

第十节　奴隶制和亲属关系

主要针对博季努尔德附近库尔德人的奴隶掠夺一直持续到1925年约穆特人被平定为止。在这些突袭行动中，只有儿童被抓，被抓的儿童要么被绑架者扣留，要么被卖给其他约穆特人。因此，目前生活在约穆特人中间的许多人年轻时都是奴隶，他们仍保留着有关奴隶社会地位的记忆。奴隶在主人的家庭中占有一种地位，这种地位可以被称为二等子女。奴隶们和普通的儿女们做着同样的劳动，奴隶和主人之间建立了一种情感纽带。在婚姻中，女性奴隶和其他新娘的彩礼是一样的，一旦结婚，就会受到和其他妻子一样的待遇。如果一个人愿意，他可以为成年的男性奴隶提供独立生存的手段，并使他获得自由，这一过程类似于为一个健全的儿子建立一个独立的家庭。如果主人不这样做，奴隶在主人死后就会获得自由。然而，奴隶在主人的儿子中并没有地位，这是由年龄严格决定的。他没有必要在结婚时比他主人的小儿子更早获得一个位置，也没有必要比他的小儿子更早获得独立。通常他得到的"遗产"比普通的儿子要少。因此，虽然他的职务和责任是相似的，但在特权方面就没有那么有利了。出于政治目的，他担任了一个类似真正儿子担任的职位。他的主人和他的主人的儿子以及他的主人的远房亲属，会在他与外人的纠纷中保护他，而他也得进行同样的回报。奴隶的后代在政治联盟体系中所处的地位与他们的奴隶祖先是其主人亲生儿子时所处的地位相似。尽管形式有所减弱，但是包含血缘关系的社会联盟也延伸到奴隶身上。因此，奴隶出身的约穆特人在亲属制度中占有一席之地，尽管并非完全和其他约穆特人一样。奴隶的后代，无论是父系还是母系后代，都被定义为一个独特的社会类别，称为"古勒"[1]，而不是"伊合"[2]，约穆特人没有奴隶祖先。[古勒的女性对应词是克热尼克（qirniq），伊合的女性对应词是比克（bīke）。]据说，古勒的地位是无限期地继承下来的，尽管很难确切地知道，奴隶出身的庞大而强大的后裔群体是否已经把他们自己暗中置于伊合的地位。然而，也有一些大的血缘群体，他们的基因同源性超出了精确记忆的族谱范围（超过七代），据说他们都是奴隶出身，所有这些人都被称为古勒。像奴隶出身的人或他们最近的后代一样，这些后裔群体在裂变世系群体系中有着精确的位置。这一位置是基于这样一种假设，即群体的始祖是一个人的奴隶，这个人属于更高层次上的一个有名字的血缘群体。

在约穆特人中，奴隶起源和非约穆特起源的群体融合在一起了。在奴隶制时代以及现在，约穆特人偶尔会从邻近的外拉叶特或郭克连村庄娶妻。这样的妻子被称为克热尼克，他们的

---

[1] qul，意为奴隶。——译者
[2] īgh，意为纯血的。——译者

孩子，以及更远的后代，被称为古勒或克热尼克。

古勒和伊合这两种人与影响婚姻伴侣选择的制度有关，这些制度将在下一章讨论，也与影响血亲复仇的制度有关。在计算血债时，复仇的制度基本上是两个古勒等于一个伊合。因此，必须杀死两个古勒身份的人来偿还杀死一个伊合所造成的血债。[1]

第十一节　父子关系的重要性

许烺光（Francis Hsu, 1965: 638-661）提出的一些思想为研究约穆特人的亲属制度提供了思路。在这篇文章中，许烺光指出，不同的亲属关系体系突出了核心家庭中的特定二元关系，"当一种关系因此高于其他关系时，它往往会修改、放大、减少甚至消除亲属群体中的其他关系"。许烺光把特殊突出的关系称为"优势关系"，把这些关系的特征称为"优势属性"。许烺光用这个术语提出了以下假设："在一个特定的亲属关系系统中，优势关系的优势属性倾向于决定个体在这样的系统中向这个系统内的其他关系以及他的系统外的其他关系发展的属性和行为模式。"（1965: 641）在父子优势亲属关系体系中，其他亲属关系的二元关系往往具有父子二元的属性，许烺光将其描述为连续性、包容性、权威性和非性欲性。（同上：642—645）所谓连续

---

[1] 收集的血亲复仇资料显示，用两个古勒顶一个伊合的复仇制度实际上很少被遵循。但与纯土库曼后裔和奴隶之间的婚姻相关的制度在很大程度上是得以坚持的；关于这两个群体之间的婚姻将在第六章中进行说明。

性，许烺光概括为在很长一段时间内保持亲属关系的趋势。对祖先的关心和对族谱的准确记忆是这一属性的表现。伴随而来的社会关系的结果是许烺光所说的包容性属性。权威性和非性欲性这些不需要解释。在讨论了这些属性之后，许烺光对父子主导的亲属关系体系的特征进行了更为具体的描述：

> 对于儿子未来的妻子，父母的意见比儿子本人的更重要……在这个体系中，即便已婚的伴侣也似乎彼此疏远，因为他们往往把对父母的责任和义务放在对彼此的责任和义务之前。夫妻之间在公共场合有任何亲密行为都是被习俗所严禁的。相反，对长辈（尤其是男方的长辈）需要表现出极大的热情。如果妻子和婆婆吵架，丈夫必须站在母亲这一边，尤其是在公共场合。一夫多妻制是一种结构性需要，其表面上的目的是让男性继承父业。
>
> 尽管如此，在一个父子优势关系体系中，婚姻纽带往往会持续下去。离婚是可能的，但很少见。连续性的属性和权威性的属性阻止了婚姻关系的解除。连续性意味着所有的关系，包括婚姻关系，一旦形成就可能持续下去。权威性包括所有朝向过去的和长者的权威性，根据传统，已婚伴侣的快乐与否在维持婚姻关系上没有他们的长辈或整个亲属群体的满意与否重要。
>
> 这种形式的亲属关系可能与对祖先的强烈崇拜和氏族发展的最大趋势有关。（见前引：648—649）

本研究中所描述的亲属制度与许烺光所概括的模式非常符

/ 第五章 亲属关系规范和类别 /

合,这是显而易见的,无须详细讨论。然而,有一句警告似乎是必要的。许烺光在描述父子优势亲属关系体系时,受到了中国亲属制度特点的强烈影响。中国亲属制度与阿尔泰语系民族亲属制度的相似之处,可能是共同历史影响的结果,而不是由于在亲属制度中父子二元关系的突出而产生的内在倾向。

对于许烺光假设的详细验证超出了本研究的范围。许烺光将亲属制度的特征追溯至一个重视特定二元性的核心家庭中的文化适应过程。由于个体在其所受文化熏陶的一生中,其特定亲属关系扮演了重要角色,他会把与该二元模式相关的行为模式扩展到其他亲属关系的二元关系中。这类假设不可避免地会引起争议,因为它从心理学方面解释社会现象。然而,似乎有可能将许烺光的亲属系统分类方法与他解释这些系统的假设分开。在不接受或否定许烺光文化适应的部分假说的情况下,观察特定的亲属关系系统,如约穆特人的亲属关系系统,确实具有许烺光所描述的父子优势关系体系特点的复杂性,认识到这些特点是密切相关的,这看起来很有用。

许烺光假设大多数系统都可以按照优势二元来分类,他对亲属关系系统描述的主要优点在于,它根据与之相关的人际行为的主导模式来描述亲属关系系统。因此,对于约穆特人来说,对直系祖先的服从和对年长旁系亲属的尊重,尤其是父系系统中的旁系亲属,在亲属系统中占据着中心地位。更具体地说,一个和父母共同生活的儿子最基本的责任是对他父亲的赡养责任;他的其他社会关系,特别是他与妻子的关系,绝不允许妨碍他对父亲的义务。不管一个人在详尽的要求中看到什么,儿子对他的父亲隐瞒自己的性行为,儿媳对她的公公隐瞒自己的性行为,这些形式确实避免了妻子干扰他对父亲履行赡养义务。在父亲面前,儿子必须专心,不仅要忽略妻子,还要避免任何涉及性问题的有可能导致他对妻子某种形式的爱恋暗示。他的妻子必须配合他,妻子盖住她的脸,避免与她的丈夫或她的公公交谈。同样,男人对母亲和兄长的责任高于对妻子的关爱。从这些方面来看,尊重老人与隐瞒性行为之间的联系是可以理解的,这是一种将丈夫对老人的义务置于对妻子的关心之上的方式。约穆特人似乎过于重视许烺光所说的反对"夫妻之间任何公开亲密行为"的做法。

女婿对岳父避而远之,能使他不去干涉他的姻亲家庭事务。不仅要避开岳父,还要避开他的帐篷,这方面似乎很重要。因此,男性的姻亲回避具有类似的防止婚姻纽带破坏家庭群体内部纪律的作用。

许烺光在1965年的文章中没有提到的一点,是关于约穆特亲属制度中父子关系的重要性。许烺光所描述的权威性和非性欲性的重要性主要体现在家庭领域,而那些被描述为连续性和包容性的重要性主要体现在政治领域,因此与讨论约穆特社会的组织结构更为相关。由于本研究主要关注的是内部群体和联结个人的亲属关系网络,所以更关注的是许烺光所指称的权威性和非性欲性的属性。本研究的解释涉及亲属制度的经济功能,在讨论这些功能时,相当多的注意力集中在约穆特社会的独立财产所有人和受抚养人的划分方面。与权威性和非性欲性有关的行为模式可以被看作是支持将社会划分为独立的户主和受抚养人的手段。在评价这些行为模式的影响时，必须记住，除了最近政府施加的权威之外，约穆特牧民中并不存在家庭层面以上的权威。上面已经说过，一个人需要尊敬年长旁系亲属但不需要服从他们。这种尊重包括对性行为的禁止，就像对父亲的服从义务一样。然而，对年长旁系亲属的尊重与儿子对父亲或儿媳对公公的服从有着很大区别。这些差异反映了约穆特社会由经济独立家庭构成的情况。

第十二节　亲属规范和家庭群体

在约穆特社会中，每个家庭都对自己的事务有高度自治的权利。确实，关系密切的家庭经常在经济劳动中合作，特别是在放牧方面。但是，这种合作是户主之间在相互同意的基础上安排的，任何一个家庭单位的户主对某种合作安排不满意，就可以退出，再与不同的家庭签订替代协议。同样，对处于经济困难或其他困难中的亲属也有援助的义务。但是，严格的义务援助是范围有限的，并没有大大限制每个户主按照其认为适当的方式处置其财产的权利。超越严格义务的帮助在近亲之间是常见的，但是，这种援助最终是自愿的，是基于对持续相互支持关系的期望。这也意味着相互之间的满意。当由于种种原因，亲属关系密切的家庭群体户主之间出现隔阂时，除父系纽带所规定的政治义务外,每户都可以自由撤销任何形式的合作。这种疏远并不常见,但这种疏远和停止援助的可能性是不同家庭群体成员,不管是户主或成员之间的所有交往中的一个重要考虑因素。

这一事实反映在规范亲属之间行为的规则中。在家庭内部要强调纪律。纪律是亲子关系和夫妻关系的重要组成部分。父亲对经济独立的儿子仍然有一定的权威。但是,除了父亲和独立的儿子之外,只有在相互同意的基础上,不同的家庭群体才能进行合作,这充分表明在不同的家庭之间进行交易时,相互满意是必须的。这种需要体现在管理跨越家庭的社会关系的准则中。年长的旁系父系亲属应被尊重,但不是服从。女婿尊重岳父,绝不允许与其发生冲突。父亲与已婚女儿的关系,兄弟与已婚姐妹的关系,以及母系亲属的关系,都强调在和睦和自愿的情况下进行合作。

有两种基本不同的社会关系变体涉及这里指出的区别。这种差异在丈夫与妻子和已婚姐妹的关系对比中表现得最为明显。(见 Levi-Strauss, 1963: 41—49)

一名报道人将这种对比总结如下:

> 如果我想让我的妻子做某件事,我就告诉她去做。她愿不愿意并不重要。毕竟,妻子除了服侍她的丈夫之外,没有别的事可做。如果我妻子烦我,我就打她。别人无权问我为什么打我妻子。如果她不满意我对她的态度,那并没有错。但对我妹妹来

说，情况绝不可能是这样。我对她的态度一定使她感到满意。如果我想让她做点什么，我必须用一种温和的语调去要求。我必须经常用温和的语调和她说话。一个男人的妹妹对他来说是非常珍重的。

这种对比反映的一个事实是，夫妻关系属于一个家庭，而兄弟姐妹之间的关系属于两个独立的家庭。在所有跨越家庭的个人关系中，人们都认为必须以对方让自己满意的方式对待他人。如果要保持友好关系，任何冒犯对方的行为都必须付出某种形式的补偿，也许还有额外的恩惠。当然，父亲和独立儿子的关系有点例外。家庭内部的关系建立在权威而不是相互合作的基础上；长辈没有义务让后辈对他的态度感到满意。父亲和他抚养的儿子以及丈夫和妻子的关系显然属于这一类。

第六章　婚姻

在约穆特人婚姻所产生的联系中，除了两个密切相关的家庭群体之外，几乎没有什么社会意义。在人类学家研究过的许多社会中，婚姻作为两个世系之间的一种联盟形式起着重要作用。在约穆特人中情况显然不是这样。如上所述，婚姻并不会在相关群体之间形成政治联盟。婚姻确实创造了一个非常重要的社会联盟，但只涉及非常简短的世系，这些世系的户主是由一个共同的父亲或祖父联系起来的。[1] 其最大的意义在于家庭层面。虽然也要征求近亲家庭里其他人员的意见，但关于婚姻的决定最终取决于两个家庭的户主。彩礼通常是由新郎的家庭来支付的，大部分的彩礼都留在了新娘的家里。彩礼本身给贫困家庭造成了经济负担，导致婚姻的延期。本章最后讨论了这种延迟作为一种人口控制形式的可能性。

1　见之前关于社会联盟和政治联盟的区别（第151—153页）。

第一节　婚姻伴侣的选择

关于婚姻伴侣的禁令正是伊斯兰教所定义的：父母、父母的兄弟姐妹、兄弟姐妹（包括同母异父和同父异母的兄弟姐妹），以及兄弟姐妹的子女之间不可以结婚。尽管实际重要性不大，但被禁止的范围还包括所有的直系亲属及其兄弟姐妹、所有的后代、兄弟姐妹的所有后代，以及父亲和儿子的妻子。也禁止与自己的奶妈结婚，如果奶妈是某人的亲生母亲也会被禁止结婚。

在约穆特人中，并没有规定与什么类别的亲属通婚，尽管通常都有一致的偏好。对于娶妻者和嫁女者来说，这些偏好是不同的。从情感上讲，女儿或姐妹出嫁是困难的，这既是因为失去了女儿，也是因为担心她在丈夫家里的情况。因此，约穆特人让他们的女儿嫁给自己的亲人，也就不足为奇了，因为他们认为，在嫁给近亲的情况下，一个女孩会更容易找到适应婚姻生活的办法。通常所说的偏好是指任何类别的亲属，近亲比远亲更受青睐。他们也更愿意把女儿嫁给与她年龄相仿的丈夫。丈夫比女孩的年龄大得越多，婚姻匹配度越低。未婚的男孩比鳏夫更合适，而且两者都比已婚男子更受欢迎。把女儿嫁给远方的同族人或不相关的邻居和熟人并不受到反对，而且也是相当普遍的。把女儿嫁给完全陌生的人是非常不受欢迎的，尽管这样的匹配确实会发生。当一个女孩被嫁给一个完全陌生的人时，双方必须有共同的熟人来充当媒人，由一方向另一方提供担保。这种类型的婚姻通常是贫穷家庭嫁女儿，这些家庭处于

/ 第六章　婚姻 /

贫困境地，迫切需要提供的彩礼。在这种情况下，寻妻者通常是为有残疾、失明或其他身体条件不太理想的男孩寻找新娘。虽然不是特别赞同，但童婚是被允许的，而且当一个男人为婴孩寻找童养媳时，他经常从陌生人那里找到她。在这种情况下，夫妻回避的时间会延长，直到双方都进入青春期。

为儿子寻找新娘的人们表现出略有不同的偏好。他们主要关心的是要得到一个健康的、勤劳的、能很好地抚养孩子的女孩。因此，从一个熟悉的家庭中娶一个新娘是比较可取的，因为这样可以更好地评价一个女孩作为妻子的适宜品质。生育能力和生男孩多于女孩的倾向被认为是遗传的，这在寻找新娘时要进行考虑。身体特征被认为是遗传自父母双方，因此，高大强壮的女性更受青睐，因为她们会生出更好的儿子。丰满也是一种令人向往的特质，因为它是健康的标志。人们认为孩子的性格很大程度上是由母亲遗传的，因此人们也更喜欢性格好的女孩。

从娶妻者的角度来看，不管丈夫多大年纪，新娘的理想年龄都在12岁到14岁。在为以前未婚的男孩寻找新娘时，约穆特人只考虑未婚的女孩，以下讨论的寡妇与亡夫兄弟结婚的情况除外。当为鳏夫寻找第二个新娘或为已婚男人寻找第二个妻子时，也会优先考虑以前未结过婚的女孩，尽管对彩礼的考虑往往会超过这些偏爱。

在讨论这些问题时，土库曼人马上指出，任何婚姻伴侣的选择都有很大的个人因素。土库曼人不仅仅寻找适当年龄的最亲密亲属，在这些选择中，评价一个女孩作为妻子的品质的努力和纯粹个人的好恶也起着重要作用。

年轻人在挑选新娘方面有一定的发言权。有时一个年轻人会对某个女孩产生浪漫的爱慕，试图说服他的父亲选择那个女孩作为他的新娘。然而，这种爱慕并不一定导致婚姻，年轻人的这种偏爱也不总是受到他父亲的尊重。

女方对于近亲的偏好主要适用于女儿或姐妹的第一次婚姻。在为成为寡妇的女儿或姐妹接受或拒绝请求时，这些考虑都是无足轻重的。表2汇总了阿吉·奎所有现有婚姻和大多数最近离婚的新娘和新郎之间的血亲关系，这些婚姻都是双方的初婚。表3汇总了阿吉·奎当前和最近离婚的相同资料，这些婚姻都是第二次或更多次的婚姻。

对源自外族或拥有部分外族血统的约穆特人（通常指奴隶血统）和假定只有约穆特祖先的约穆特人进行了区分。对于娶妻方和嫁女方来说，标准是不同的。对于伊合男性，纯约穆特血统的男性，最好只娶纯约穆特血统的比克女性为妻，而那些混血儿则寻求同等地位的女性为妻。然而，比克的女儿和姐妹永远不应该嫁给不是纯约穆特血统的男人。对阿吉·奎中实际婚姻的考察显示，人们在很大程度上显示出对内婚制的偏好，但一夫多妻制，至少在阿吉·奎并未反映在实际的婚姻选择中：纯约穆特血统和混血之间的婚姻违反规范的频率与遵守规范的频率一样高（见第178页表4和第179页表5）。有记录的此类婚姻数量很少，因此很难就纯约穆特血统和混血之间的婚姻频率得出一般结论。然而，很显然偶尔也会发生违反一夫多妻规范的情况。

/ 第六章　婚姻 /

表2　阿吉·奎初婚夫妻的血亲关系

亲属关系范畴 （实际上的或分类上的）	已知血缘关系的血亲　亲属关系程度		推定的 父系亲属[2]	非亲属 （约穆特）
	第一代 堂表亲	第二代或 更远堂表亲[1]		
父亲兄弟的女儿	11	25		
母亲兄弟的女儿	12	1		
父亲姐妹的女儿	7	2		
母亲姐妹的女儿	1	1		
总计	31（21%）	29（20%）	21（14%）	64（44%）

[1] 与父系表亲结婚的偏向，在很大程度上是通过男性血统更进一步追踪亲属关系的产物。

[2] 这一类包括那些在系谱上与丈夫没有明显联系的女性，但是她们的丈夫会计算她们的血亲范围，因为她们是一个特定血缘群体的成员，通过这个群体，血亲范围被扩大。血亲称谓范围通常只在确定系谱层面上的最小血缘群体的成员中扩展；这种群体在规模上差别很大，大多数在500至2000人之间。

表3　阿吉·奎二婚夫妻的血亲关系

亲属关系范畴 （实际上的或分类上的）	已知血缘关系的血亲　亲属关系程度		推定的 父系亲属*	非亲属 （约穆特）	非约 穆特
	第一代 堂表亲	第二代或 更远堂表亲			
父亲兄弟的女儿	1	2			
母亲兄弟的女儿					
父亲姐妹的女儿					
母亲姐妹的女儿					
总计	1（3%）	2（5%）	4（10%）	27（69%）	5（13%）

* 见表2注释2。

表4 在阿吉·奎中的初婚及非约穆特血统

女伴	男伴	
	伊合（纯约穆特血统）	古勒（非约穆特血统）
比克（纯约穆特血统）	38	3
克热尼克（非约穆特血统）	2	107

类似的偏爱内婚制和允许一夫多妻制的规范对于约穆特作为一个整体来说被认为与劣势群体郭克连土库曼人和外拉叶特人相关。在外拉叶特人中，母语为突厥语方言的人更受欢迎，因为他们能够更容易地适应土库曼家庭的生活。现有的证据表明，比起纯血和混血的约穆特人之间的婚姻，这些规范得到了更严格的遵守。在阿吉·奎记录到的约穆特人和非约穆特人之间的所有婚姻都是一夫多妻制婚配（见表5），其他地方记录的也是如此（见表6）。对涉及此类婚姻的广泛调查表明，大多数约穆特人能很清楚地指出违反伊合和古勒约穆特人之间的一夫多妻制规则的婚姻，但大多数人并不知道与非约穆特人结婚涉及对规范的破坏。将约穆特妇女嫁给外拉叶特更遭到强烈反对，而且引起我注意的是，这类婚姻只有一次。这是一个约穆特女孩与一个阿塞拜疆突厥人结婚的案例：伊朗议会一名土库曼议员的女儿在德黑兰大学学习期间和男友私奔，因此她的父亲与她断绝了关系。发生在一个代表着远离传统约穆特生活的极端运动的家庭中的事实，以及对这种婚姻反应的严肃性，说明关

于这些婚姻规则的感情力量。

表5　在阿吉·奎与非约穆特的二婚

女伴	男伴	
	伊合（纯约穆特血统）	古勒（非约穆特血统）
比克（纯约穆特血统）	9	4
克热尼克（非约穆特血统）	1	19
郭克连土库曼人	2	2
外拉叶特		1
不明	1	

表6　婚姻与神圣后裔：卡拉·马赫图姆的案例

	双方都是卡拉·马赫图姆	一方是卡拉·马赫图姆，一方不是卡拉·马赫图姆，而是艾乌拉德	一方是卡拉·马赫图姆，一方是普通约穆特人	男方是卡拉·马赫图姆，女方是郭克连或外拉叶特
双方都是初婚	53	8	10	
一方或两方都是再婚	4	4	10	8

在第二章中提到的神圣血缘群体（艾乌拉德）也有特殊的婚姻偏好。艾乌拉德人更喜欢在他们内部结婚，这样一个事实体现出这种偏好：艾乌拉德人之间支付的聘礼只相当于普通约穆特人的十分之三。然而，普通约穆特人与艾乌拉德人之间的

婚姻并没有被禁止，当他们结婚时，通常要支付100只绵羊和山羊的聘礼。表6汇总了艾乌拉德的一个世系——"卡拉·马赫图姆"（Qara Makhtum）[1]的97个婚姻的资料，他们生活在阿吉·奎以南20英里的古尔干河边上。在艾乌拉德人中，就像在普通的约穆特人中一样，伊合和古勒是有区别的。表6所示的血统是由一个古勒建立的，他与世系中大多数在世的成年人隔六代或七代。因此，他们都被称为古勒，表6中记录的所有婚姻双方都是古勒。如表2至表6所示，内婚制的偏好对初婚的影响大于对再婚的影响。

第二节　内婚制和世系关系

伊斯兰世界各部落群体对血统内婚的偏好使许多人类学家感到困惑，他们认为单系血缘群体的本质是异族通婚的（见Murphy and Kasdan, 1959:17-29和1967:1-14；Patai, 1965:325-350）。如果认识到这样一个事实，即社会对作为社会整合机制的亲戚的依赖程度大不相同，那么约穆特和大多数其他伊斯兰部落的特点可能就不那么不同寻常。罗宾·福克斯（Robin Fox, 1967: 228-230）观察到，亲属关系体系可以按照他们对作为整合手段的婚姻的依赖程度，沿着一个连续体进行排列。一些体系，特别是在澳大利亚、大洋洲、东南亚和南美洲，极大程度上依

---

[1] "卡拉·马赫图姆"为化名。

第六章 婚姻

赖于作为社会团结基础的姻亲关系。在其他社会,特别是非洲、中东和中亚,更加强调血统作为建立社会团结的一种手段。[1] 在第一种社会中,对婚姻制度的描述往往接近于对亲属制度的完整描述。在第二种社会中,那些强调血统的社会,对血统的描述往往提供了任何对亲属制度的描述的主要部分。马歇尔·萨林斯(Marshall Sahlins, 1968:63)注意到,在一些强调血统作为社会整合手段,或者更具体地说是政治整合手段的社会中,禁止平行婚姻,即相同血统的成员之间有一次以上的婚姻。萨林斯把这个解释为分散世系成员姻亲关系的一种手段,这样当与另一个血缘群体发生争端时,不超过一个的血统成员的攻击性会受到与另一个群体的姻亲关系或同宗关系的抑制。这种禁令倾向于消除婚姻作为社会和政治整合的基础,并倾向于提升血统的重要性(Sahlins, 1968:62)。"作为一种联盟模式,它是世系内婚的下一个产物……"(同上:63)萨林斯的解释表明,禁止平行婚姻的亲属制度位于福克斯所建议的连续体的世系强调极限附近,并进一步暗示实行世系内婚制的社会仍然接近那个极限。这种观点有很多值得推荐的地方,因为它把血统内婚制放在一系列社会类型上,其中包括人类学家更熟悉的形式,而不是把它作为一种奇怪的东西区别开来。这样的解释还表明,土

---

[1] 在某种程度上,这可能是一种由亲属制度规定的群体规模的功能。在那些拥有复杂世系群体系且包含多层级裂变支的社会中,婚姻只能在一个层级的裂变支上作为一种建立团结的纽带,而其他层级的团结必须基于血统。这一事实必然导致在一定程度上更重视血缘而非亲缘关系作为团结的基础。

库曼人的内婚制习惯代表的仅是从哈萨克族、吉尔吉斯族和蒙古族的各种外婚制到更多地强调世系关系方向上的转型。

但是，应当指出，在内婚的含义方面有微妙变化的余地。在各种讲阿拉伯语的部落群体中，世系内婚并没有完全忽视姻亲关系的政治意义。在这方面，必须指出，在阿拉伯语部落群体中，像约穆特人一样，虽没有规定但更倾向于族内通婚。因此，结果是一种灵活的情形：一个人可以创造额外的血统关系，也可以摒弃它们（Cunnison, 1966: 86-96）。也可以用世系内婚关系来强调或弱化其他内部的团结纽带（Peters, 1960:48-52; Aswad, 1968: 140-143）。在约穆特人群体中也可能在其他土库曼人群体中，社会和政治联盟的区别使得这一切成为不可能，事实上，它完全将姻亲和母系关系从政治领域中移除。

第三节 婚姻谈判

约穆特人之间的求婚和彩礼的谈判一方面是由媒人代表新郎的父亲进行的，另一方面他也代表新娘的父亲。一群人代表为儿子寻找新娘的男人和新娘的父亲进行访问，在土库曼语中被称为"古达拉克"[1]。在得到肯定的回复之前，一个男人代表儿子安排几个古达拉克是很常见的。一个人通常会要求几个重要人物在这类事情上代表他行事，因为古达拉克一方的影响力是

---

[1] qodaliq，意为亲家。——译者

第六章 婚姻

衡量他自己地位的标准。寻找儿媳的人不能亲自出席古达拉克，也不能派自己的家庭成员参加。这样的行为会被认为是极其不得体的。

在一般情况下，提到婚姻就用暗含购买妻子意义的术语。然而，在正式的求婚过程中，古达拉克这样的表达是被刻意避免的。而使用"某某（新郎的父亲）已派我们请求你成为他的亲属"等这样的表达方式。如果求婚在亲属之间发生，就说如"某某希望与你再续亲属关系"等语句。通常不会提供进一步的细节。也没有必要提及求婚的新郎或新娘的名字。因为儿子和女儿的婚姻都是按照出生顺序进行的，所以提出的是什么婚配会很清楚。

一个父亲收到这样的建议，可能会立即进行回复，或者，更为常见的是，说他需要时间与亲属商量一个明确给出答复的日期。在后一种情况下，同一批人要在指定日期返回，听取答复。在求婚被接受后，下一个日期是讨论彩礼的支付，同样是在新郎的父亲和新娘的父亲的代表之间进行的。

关于彩礼的习俗规定了相对严格的谈判条件，新娘家庭的财富和彩礼的数额之间没有关系。聘礼习俗是用牲畜来表示的。通常情况下，如果双方都是初婚，那么按惯例支付的结婚费用是10个玛勒（mal）。玛勒在这里指的是一种大型家畜，或者是一头骆驼、一匹马、一头牛。这种支付经常被称为"10只野兽"［10个"奥拉合"（olagh）］。据了解，10只绵羊或10只山羊可以替代一个玛勒。除了支付给新娘的父亲10个玛勒外，还会向新娘的母亲支付一笔额外的钱，称为"私下礼金"（icher pul[1]）。

关于婚姻费用的谈判是解决具体需要什么样的牲畜或支付等值的货币等问题：实际上给多少母绵羊、一岁的绵羊、羔羊、母山羊、一岁的山羊或山羊幼崽满足相当于10个玛勒的等值。偶尔，费用的一部分实际上也是用较大的牲畜——骆驼、马或奶牛支付的，而且经常是用货币支付的。这些也是协商解决的问题。当支付货币时，用成年牲畜当前的市场价将玛勒换算成现金。有时会有一小部分的款项，通常是将1个玛勒用10只绵羊或山羊幼崽的形式被推迟到下一个产羔季节之后支付，这也是一个需要协商的问题。在我进行研究时，一笔10个玛勒加上1个玛勒私下礼金的等额现金价格通常在10 000至12 000万土曼（约合1250至1500美元）之间。虽然数量基本是固定的，但用于支付10个玛勒加1个玛勒私下礼金的牲畜的市场价在变化当中，因此每笔费用的具体支付数额有所不同。然而，对于初婚的新娘和新郎的婚姻来说，变化的范围很小。

另外，根据当事人的婚姻历史，结婚费用数额会有很大的差异。金额更多地受习俗影响，然后根据对婚姻的满意程度来协商确定。表7汇总了彩礼的习俗。

---

[1] 该土库曼语汇实际意思为"感谢母亲养育之恩的礼金"，相当于中国部分地区婚俗中的"离娘钱"。——译者

第六章 婚姻

表7 传统彩礼

配偶婚史	彩礼	私下礼金
双方都未婚	10玛勒	1玛勒
鳏夫和处女新娘	20玛勒	1玛勒
已婚男和处女新娘	30玛勒	1玛勒
鳏夫和寡妇	不定	不支付
已婚男和寡妇	不定	不支付

表7中总结的资料代表了新娘的父亲有权问的问题。如上所述,财富的各种组合可以被解释为相当于1个玛勒。如果新娘的父亲愿意的话,他可以减少一些费用。在近亲结婚的情况下——第一代或第二代堂兄弟姐妹,或第一代表兄弟姐妹——有时会同意减少彩礼。在第一代堂兄弟姐妹中降低彩礼是最为常见的。在涉及新娘和鳏夫或有妻子的男子的婚姻中,从习惯聘礼(20—30个玛勒)中减少是很常见的,但绝不是普遍的。尽管人们更愿意把女儿和姐妹嫁给以前未婚的男孩,但大笔彩礼的诱惑是把女人嫁给这种男人的主要动机。然而,一个家庭在经济困难时,在这种情况下往往愿意接受低于最大数额的情况,而不是等待一个未知时间的另一次求婚,于是往往收到最常见的11个玛勒的聘礼。

如果男方或女方有明显的缺陷,如跛足或失明,通常要对彩礼进行调整。如果新娘有缺陷,通常会减少一半的彩礼;如果这个男孩有缺陷,就会提高一半。

另一种变通的做法是用一个女孩交换另一个女孩。这通常被称为"交换"(chalshiq)。在这类婚姻中,两场婚礼相隔几天举行，在每一场婚礼的当天都象征性地赠送大约100土曼。没有这种象征性的赠送，婚姻就被认为无效。在阿吉·奎记录的婚姻中，大约有15%是这样处理的（194对婚姻中有29对）。

第四节　婚姻的发展

通常情况下，接受求婚后到开始长期在丈夫家居住的前几年新娘是和丈夫分开居住的。从一项活动到另一项活动的过程中穿插着许多仪式。第一次这样的仪式包括新郎家的所有妇女及其近亲或邻居到新娘家女性处的正式拜访。和新郎有亲属关系的女人会准备一种特殊的甜面包，叫作"艾克麦克"（ekmek）[1]，它和婚姻的仪式密切相关。新娘邻家的妇女或与新娘家有亲属关系的妇女聚集在一起接待与新郎有关系的妇女。新郎的母亲到后，就把艾克麦克交给新娘的母亲，新娘的母亲把成对的艾克麦克分发给所有在场的人。（这种面包是直径约1英尺[2]的极薄圆形。）这个仪式的名字是都斯·达提希玛可（duth dadishmaq），意思是"相互喂食盐"，反映了给予艾克麦克的行为（盐通常被用作指"营养品"之义）。新郎的母亲还会给新娘的母亲一条项链，一条将由新娘佩戴的阿拉加玉甫（alajayup）项链。这种项链尤其与婚姻

---

[1] ekmek一词很明显与土耳其语中表示一般面包意义的ekmek一词相关。在土库曼语中，这个词仅指一种在黄油上撒上糖以后制作而成的薄饼。表示一般面包意义的词是 <u>chorek</u>。

[2] 1英尺约合0.3米。——编者

/ 第六章 婚姻 /

有关,由两根线组成,一根黑一根白,拧在一起,上面还挂着一些银币。在仪式上所分的面包都吃完后,人们走之前,新娘的母亲给所有在场的妇女两块艾克麦克带回家。通常举行都斯·达提希玛可的时间在接受对一个女孩的求婚后至协商彩礼之前的几天中。

通常在商定了彩礼后,婚礼的日期就确定了。新郎的父亲一般要求用一个月左右的时间来凑齐彩礼,并为婚礼做好准备工作。

新郎的父亲选择婚礼的确切日期是一件相当重要的事情,有些日期被认为是吉利的,有些则被认为是不吉利的。婚礼从不在伊斯兰历的二月和十一月举行。伊斯兰历的九月,是穆斯林被要求斋戒的月份,虽然不是不吉利的,但是对婚礼来说是不方便的。其他伊斯兰历月份中都可以举办婚礼。婚礼的确切日期必须根据信仰来选择,即认为某些日子是不吉利的,而另一些日子则是吉利的。人们认为,如果一个人在不吉利的日子出行,他所从事的事业将受到影响。因此,新娘到丈夫家举行婚礼,如果在不吉利的日子出行,就预示着婚姻不吉利。伊斯兰月的第4、7、14、17、24、27天是最吉祥的日子。第2、5、12、15、22、25天是可以接受的,其余的日子是不吉利的。

还必须参照第二类信仰。在伊斯兰月的一日,有一颗看不见的恶星,向东南行,在那些日子,凡到东南的人,就有厄运。二日是向南,三日是向西南,如此周延,直到八日是向东。第九日在地下,第十日在头顶上,与旅行无关。十一日,那星又在东南方,在20天中就这样循环。从二十一日到月底,这个循环又重复了一遍。另外,周五去北方旅行也被认为是不吉利的。

一旦选定了一个吉祥的日子,婚礼的计划就可以开始了。

婚礼的大部分庆祝活动都在新郎的营地举行。亲戚和邻居必须根据他们与新郎新娘的父系关系和居住的远近确定他们在这些天的行为。那些离新郎近的,和那些离新郎新娘都远的,都聚集在新郎的家里。和新娘近的人聚集在新娘的家里。庆祝仪式开始时,除了新郎的家庭成员,那些聚集在新郎营地的人都前往新娘营地迎接新娘,新娘骑乘特别装饰过的骆驼轿子(kejebe)过去。在新娘的营地,新娘的父亲用具有宗教施散意义的饮食——米饭和羊肉(thadagha)招待客人。新娘的男性亲属对婚礼过程不能表现出明显的兴奋,在行为上有所保留。在婚礼当天当着他们的面提及新娘被认为是不恰当的,他们会因感到与同族近亲女性婚姻有关而"羞愧"。

与新娘亲近的妇女会围在她的帐篷里,守住门口。然后,与新郎亲近的妇女就要破门而入,强行把新娘带走。与新娘关系不太密切的男人聚集在一起,饶有兴趣地观看这场混战,如果"战斗"变得太激烈,就进行干预,结束这场混战。

一旦新娘被强行拉出,她就会被安置在为她准备的特别轿子上,由两个与她有艳姑关系的女人陪伴着,被抬到新郎的营地。在新郎的营地里,新娘和她的两个艳姑被安置在一个专门为妇女准备的帐篷里,新娘坐在那里,头完全蒙着。在这期间,所有的男人都要参加由新郎父亲准备的盛宴和娱乐活动。这种娱乐活动主要包括摔跤和赛马,奖品由新郎的父亲提供,也由宾客为此捐献小额钱款。

/ 第六章　婚姻 /

　　晚上举行伊斯兰仪式"尼卡赫"(nekēh),宣告这对男女正式成为夫妻。出于"羞愧",新娘新郎或他们的父母都不参加这个仪式。仪式由一名宗教教师面对三名代表主持,一人代表新郎,一人代表新娘,还有一人代表新娘的父亲。婚姻的仪式和代表的指定都必须由除代表和宗教教师以外的其他两个人见证。代表们被指定后,他们与宗教教师和见证人们一起聚集在一个帐篷里。在尼卡赫开始之前,新娘的代表和新娘父亲的代表与新郎的代表发生了一场虚构的争论,他们声称根据习惯新郎的代表欠他们一大笔钱。最终,新郎的代表通过提供一把糖果来平息他们的争执。之后,宗教教师询问代表们是否接受提议的婚姻。经代表同意后,这位宗教教师诵读《古兰经》的部分章节,然后所有参加婚礼的人都参加由新郎父亲提供的具有宗教意义的施散餐(thadagha)。[1]

　　在尼卡赫仪式之后,新郎的父亲宰杀一只牲畜,准备具有宗教施散意义的饮食,并将牲畜的心脏分成两半,分别给新郎和新娘吃。据说这有助于在双方之间建立感情纽带。吃完心脏后,新郎被新娘的一个艳姑带到了新娘面前。他被领到帐篷内的新娘身边,在那里他将和他的妻子在图提后独自度过夜晚,两位艳姑在图提的另一侧过夜。在和他的新娘一起独处之前,新娘的艳姑主持了一个简短的仪式,叫作"牵手"(eleshdermek),意为"使双手连接在一起"。其中一位艳姑将新娘和新郎的小手指连

---

[1] 见证人的指定、婚礼的核心部分以及宗教教师对代表们关于是否同意婚姻的询问都是用土库曼语完成的,只有《古兰经》章节的诵读是用阿拉伯语完成的,绝大部分土库曼人并不理解阿拉伯语部分的内容。

接在一起,并朗诵一首短诗,告诫新郎善待新娘。

如一般情况新娘和新郎年龄足够大,那么在婚礼后的第一个晚上就能完成圆房。无论圆房是否成功,婚礼后的新娘都被认为经历了从未婚少女到已婚妇女的变化。这种转变的象征是她头饰的改变。在婚礼后的早晨,比新娘年轻的新郎家的女人,把她的头发往后梳,这样以后就可以像已婚妇女那样梳,而不是像未婚姑娘那样梳在她的肩上。在这个时候,她还会得到一份用硬币制成的礼物,用来装饰她的头发。已婚妇女的头饰在其他细节上也有所不同,这是新娘回到父亲家后改变的。在以这种头饰的改变为象征的过渡之后,一个女人再也不能拥有未婚女孩的地位了。如果她丈夫死了或如果她离婚了(这是不大可能的),她将获得不同的身份,就是寡妇(dul),如果她再婚,那么她的聘礼将是寡妇的标准。

婚礼过后,新娘和她的两个艳姑要和新郎住两三个晚上。然后她们回到她父亲的家里,开始了完全回避配偶的时期。[1] 在这段时间里,虽然新娘和新郎彼此回避,以及回避所有与配偶关系密切的人和长辈,但两家的其他成员经常互访。同时,在这段时间里,两家人都开始把宰杀的每只牲畜的胸脯连同一些甜面包一起送给对方作为食物。这种做法有的地方直接叫作"送胸脯"(dosh ībermek),所有以这种方式联系起来的家庭之间都进行这种活动。大多数家庭通过婚姻与其他几个家庭联系

---

[1] 在土库曼人的婚礼仪式中没有展示血迹或其他贞洁证据的习惯。

第六章 婚姻

在一起,他们无法在每次屠宰牲畜时给所有家庭都送胸脯以示尊重。不过,他们倾向于重视与近期结亲家庭有关的这种做法。

如上所述,回避配偶被认为是尊重新娘长辈的一种方式。然而,如果夫妻双方能秘密探视对方,他们自己也不会有任何强烈的顾虑。确保不发生秘密拜访的任务落在了每一位配偶的长辈身上。这并不是特别困难,因为双方尤其是新娘过着幽闭的生活。有时一个足智多谋的新郎会设法在晚上秘密拜访他的新娘。这样的拜访计划可以由一位与配偶双方关系都不太密切的老妇人来安排。这样的女人可以自由地和任何一个配偶单独谈话,而不会引起社会的反对,同时她也不会对这种秘密的拜访感到内疚。这样的会面通常安排在晚上的新娘家附近,除了其他东西外,还需要备有充足的面包,以对付不可避免的恶狗群,在每个土库曼营地周围都有狗在看家。

如果在这样的一次秘密拜访中被抓住,新郎就会当场被他的姻亲殴打。还有,在这种情况下,新娘第二天会被送到丈夫家,新娘家的成员排斥新郎家的所有成员。如果新郎家想和好,就像他们通常做的那样,新郎长辈有责任派人代表他们恳请和好。最常见的情况是,他们提出延长回避妻子的期限,作为对冒犯行为的补偿,而且通常会达成一些协议,友好关系得以恢复,并再次将新娘送回她父亲的家庭。

配偶回避期的标志是两次仪式性的拜访,与都斯·达提希玛可极为相似。每一项工作都需要一群与新郎关系密切的妇女到新娘的家庭进行访问,在那里,与新娘关系密切的妇女聚集在一起迎接她们，每次都需要提供艾克麦克。第一次这样的拜访是在结婚一周年的那个月的某个时候。这次访问被称为"因内麦克"（innemek），这个词的意思是"对某事的问询"。在结婚两周年纪念的那个月里，人们也会进行同样的拜访，在此期间，他们还会要求新娘返回。第二次拜访被称为"恰卡尔玛克"（chagharmaq），意思是"对某事的要求"，反映了这方面的事情。通常的反应是，新娘再过一年就会回到丈夫身边。然而，如果新娘非常年轻，通常会要求延长一年到两年的配偶回避期。最常见的配偶回避期是三年，因此也是最短的可接受期。

新娘和新郎的父母共同确定新娘归来的最终日期。通常情况下，这发生在标志着结婚三周年的月份，确切的日子由上面提到的关于重要行事的吉日决定。围绕着新娘回归的礼节卡依提热玛克（qaytirmaq，返回原因），在某些方面与围绕婚礼的礼节相似。由新郎的父亲安排的庆祝活动（toy）相当于婚礼庆祝活动的简略版。新娘被带回到与婚礼上相同的装饰华丽的骆驼轿子上。然而，也有一些重要的区别。这一次，新娘的父母准备好轿子，亲自把新娘带到新郎身边。没有人会从新郎的营地出来寻找新娘，也没有女性为了争夺新娘而混战。事实上，在卡依提热玛克中，并没有以任何方式对那些与新娘和新郎社会关系更密切的人进行仔细的区分。尼卡赫、给配偶赠送切割的心脏以及牵手仪式都是没有的。

在卡依提热玛克之后的一年时间里，新娘在其出生家庭和姻亲家庭之间轮换居住，不会伴随进一步的节日性的礼节，尽

/ 第六章　婚姻 /

管"送胸脯"的礼节在两个家庭之间继续间或进行，还有古达等相关人员之间的频繁非正式访问。

娶妻的漫长过程在极少数情况下会因怀孕而缩短。如果新娘和新郎年龄足够大，婚礼后在一起度过的两三个晚上就会完成圆房。如果怀孕了，新娘必须回到她丈夫的家里生孩子，妻子回避期终止。还有一种可能是，新娘在父亲和公公的帐篷之间轮流居住的那一年可能会因为怀孕而缩短回避期。第三种可能是由于新娘和新郎之间的秘密接触而怀孕。然而，这些都是例外，新郎通常要等四年才能娶回一个全职妻子。

从上面的描述可以看出，婚姻涉及大量的仪式，这些仪式延续几年的时间，标志着婚姻发展的各个阶段。不仅有大量规范婚姻过渡的正式规则，而且还有无数规范姻亲行为的正式规定。

第五节　寡妇、鳏夫、再婚和一夫多妻制

建立婚姻的复杂而渐进的过程在寡妇、鳏夫或已婚男子的婚姻中不会重复。确切地说，仪式的程序取决于双方的婚史，就像送聘礼一样。当鳏夫娶未婚的女孩为第二任妻子时，除了回避配偶的时间减少到几个月外，所有以上描述的仪式都要遵循。在尼卡赫之后一个月左右进行如上所述的恰卡尔玛克，并且紧随其后的是卡依提热玛克。在卡依提热玛克之后，没有新娘在她的出生家庭和姻亲家庭之间轮流居住的时期，尽管像所有的妻子一样，她每年访问她的出生家庭一次或两次，每次为期几周。

当寡妇再婚时，再婚的仪式与头婚是截然不同的。再婚当天的庆祝活动大大减少，新娘被强行带走的习俗（dalish）也被省略了。尼卡赫是在新娘和新郎自己之间进行而不是在代表之间进行，配偶回避的时间也缩短为一周到一个月不等。在这种情况下，没有恰卡尔玛克。在收继婚的情况下，下面将更详细地讨论，完全消除了回避配偶的时期。

已婚男子娶处女为第二任妻子，遵循的仪式程序是适合鳏夫的。当一个男人通过娶一个寡妇为第二任妻子而形成一夫多妻制的群体时，接下来的仪式就是那些适合寡妇婚姻的仪式。男人在极少数情况下娶第三或第四任妻子时也是如此。还应指出，土库曼人确实遵从伊斯兰教禁止同时拥有四个以上妻子的规定。

第六节 离婚

土库曼人称他们不允许离婚。一些人清楚地明白他们的宗教信条，意识到这是突厥习俗的问题，而不是宗教问题。在阿吉·奎记录的194例婚姻中，81例因一方死亡而终止婚姻，1例因离婚而终止。离婚的单一实例涉及在阿吉·奎的唯一的土库曼人与外拉叶特女人的婚姻（见第202页表9）。这名妇女是一名20多岁的寡妇，她被一位69岁的鳏夫娶为妻子，新娘的彩礼为700土曼（不到同等年龄的土库曼寡妇所需费用的十分之一）。这名妇女的母语是突厥语，但对土库曼习俗完全不熟悉。她因为不遵守土库曼的习俗而不断受到严厉的批评，结果她神志不清地一连几

/ 第六章　婚姻 /

个小时一动不动地坐着，似乎听不懂别人对她说的任何话。在几个月的时间里，她在这种状态和一种理性的状态之间交替。最后，她丈夫对她感到厌恶就和她离了婚，把她送回她的哥哥们那里，并要求归还他的700土曼。但是钱并没有被归还。这些事件发生于我在阿吉·奎居住期间，婚后一位报道人注意到，这样的妻子的确不贵，只值一个人为之付出的代价。[1] 报道人还注意到，土库曼人反对的离婚并不包括他们与外拉叶特人的婚姻。

尽管禁止离婚，但仍然可以发现罕见的涉及土库曼妻子的离婚案例。在上述提到的卡拉·马赫图姆中就发生了这样一起案例，这一事件引发了一场严重的争吵。离婚是妻子的想法，她劝说父亲为她提出离婚的要求。丈夫和妻子在往上第七代中拥有共同的祖先。所有那些与新郎关系比新娘更密切的人，一个25户家庭的世系，都极力支持新郎的说法，即离婚是违反习俗的，因此是不能容忍的。新娘的父亲很难在同族中为他的女儿获得支持，许多人根本拒绝支持他，私下里还劝他放弃女婿和女儿离婚的要求，并把女儿送回丈夫家。在卡拉·马赫图姆中其余的人也私下向父亲主张，他不要再提要求，但公开场合

---

[1] 在土库曼语中没有明确指"买"的词语，被用来指"买"和"拿"的动词（almaq）是相同的。shūjüre ayal arthan alip bolar一句大概可译为"这样的女人可以便宜地带走"，但"卖"的含义在这样的翻译中并没有丢失。"给女人"在绝大多数情况下指向动词thatmak，意指"卖"，不是"给"。当说波斯语时，动词"买"（kharīdan）和"卖"（furūkhtan）在绝大部分情况下被土库曼人指向婚姻。人类学文献中充满了一些说法，大意是一个人不应该从送聘礼习俗中推断出买妻子的含义。但约穆特人并没有被这类文献影响太多。

保持中立立场，主张不使用暴力解决问题。来自其他后裔群体有地位的人特别是宗教教师也出面干预，提倡和平解决这件事。中立方尽力在许多失控情况下避免暴力的发生。最终事情变得很清楚，唯一可能的和平解决方案就是保证新娘父亲的要求。之后中立方集中精力说服丈夫和他的世系同伴同意离婚，在经历了一些困难后终于成功了。他们还要求归还新娘的彩礼。事件发生七年后，也就是1967年，所有新郎的世系亲属仍然完全排斥新娘家庭的成员，在偶然相遇时假装没有看到他们。

由此可以得出结论，禁止离婚的规定在约穆特人当中普遍受到重视。

第七节　人口背景

约穆特人婚姻的一些方面可以通过他们的人口背景得到更好的理解。不幸的是，关于约穆特人口统计的数据是有限的。本节介绍了能够找到的一些资料。

有证据表明，可以结婚的妇女人数不足是由若干因素造成的：在人口中妇女总体人数不足，鳏夫再婚的趋势以及寡妇不再婚的趋势，以及一夫多妻制。这些因素都需要进行一些核实。

按年龄和性别划分的阿吉·奎人口的细目显示，该人口中女性人数少于男性，特别是在20岁以上的人口中（见表8）。由于与影响婚姻的人口因素有关，因此在此表中区分了约穆特和非约穆特妇女。

/ 第六章　婚姻 /

表8　年龄和性别构成：阿·吉奎，1967年秋

年龄	约穆特		非约穆特
	男性	女性	女性
60+	14	8	
45—59	21	14	
30—44	31	27	1
15—29	69	57	2
0—14	84	91	
总共	219	197	3

其他来源的证据证实了土库曼妇女的总人数的不足。劳伦斯·克拉德（Lawrence Krader）在《中亚民族》中报道的数据显示，在俄国征服中亚（1964: 175-176）后不久，俄国的土库曼人口中男性多于女性。克拉德认为，报告的数字可能部分是由于低报女性人数造成的，尽管他认为男性有某些数量优势但仍有待考虑。如上所述，土库曼认为与陌生人讨论女儿和姐妹是不适当的，因此人们可能怀疑普查中虚报了妇女人数。我自己也经历了最初在收集有关姐妹和女儿的信息方面的困难。但是，一旦同少数报道人建立了充分的联系，就有可能轻而易举地获得关于他们姐妹和女儿的人数和年龄的资料。相对而言，让报道人讨论妇女而不是他们自己的亲近族人也是相对容易的。与他们对姐妹和女儿的感情相比，土库曼人在与陌生人谈论他们的妻子时并不感到内疚。当一个男人娶了一个近亲族人，情况

仍然是这样：夫妻关系在这一点上以及在其他方面都超越了宗亲关系。因此，漏报的危险存在于低龄人群，即那些低于正常结婚年龄的人群。由于平均结婚年龄为15岁，妇女人口的缺少存在于15岁以上的年龄段，因此似乎没有理由担心在逐户普查中漏报女性，以此来解释人口中女性人数较少的原因。

妇女短缺最合理的解释是妇女的预期寿命较短。许多因素似乎导致妇女健康状况普遍较差。女性饮食的蛋白质含量较低，因为男性消耗了大部分肉类。她们在冬天穿得不暖和，生病时也很少受到照顾。此外，分娩的困难在某种程度上可能是妇女死亡率较高的原因。

其他资料也支持这一解释。对于记录的部分婚姻的终止原因已做说明。在82例婚姻资料中，56例因妻子死亡而终止婚姻，25例因丈夫死亡而终止，还有1例因离婚而终止（见第202页表9）。由于大多数妻子比丈夫年轻，这方面的信息更令人震惊。女性的平均结婚年龄为15岁，男性为20岁（见第203页图21）。

如上所述，寡妇和鳏夫再婚的一般做法加剧了可以结婚的妇女人数不足的问题。从前面的讨论中可以明显看出鳏夫再婚的原因。大多数鳏夫只要不足50岁就会再婚，很多年纪较大的鳏夫也会再婚。然而，一个鳏夫经常要花几年的时间来积攒彩礼钱，然后才能再婚。

寡妇的再婚只有在她有孩子的情况下才会造成问题。年轻的新娘在完全回避配偶期间，或在她与丈夫居住的早期，在未怀上任何孩子之前丧偶是很罕见的。这样的寡妇总是再婚给鳏

/ 第六章 婚姻 /

夫。然而，如果寡妇有孩子而再婚，居住习俗会给她和她的孩子带来一系列困难。如果再婚，她将不得不和她的丈夫住在一起，而她的孩子，一旦可以离开母亲的时候，就要与她分开，通常将被要求与他们的同族人住在一起。土库曼人不尊重伊斯兰教的格言，伊斯兰教规定儿童在7岁之前不能与母亲分离。当土库曼居住规则要求分开居住时，孩子一断奶就得和母亲分开。土库曼儿童通常在两岁左右断奶，除非在这个年龄之前有弟弟或妹妹出生。这种分离对母亲和孩子都是困难的，试图避免这种分离是寡妇处理这一复杂问题时要考虑的重要因素。

妇女的丈夫死后，她的同族有权让她回娘家并把她嫁给另一个丈夫，且收取该名男性的彩礼。与此同时，她丈夫的同族有权要求得到她的孩子。有许多方法可以避免母子分离。最常见的解决办法是让寡妇的同族废除要求她回娘家的权利。考虑姐妹和姐妹的孩子的幸福是促成这种解决办法的一个因素。另一个重要的因素是寡妇的年龄。寡妇在再婚时能获得的彩礼取决于她的年龄，而且，随着女性带来彩礼的潜力下降，人们对召回她的关注也就减少了。大多数超过30岁的寡妇只是和她们的孩子待在一起，不给她们的同族任何补偿。

然而，对于年轻的寡妇，较高彩礼的诱惑可以超越她对姐妹和孩子的感情。通常，给年轻寡妇的彩礼比给处女新娘的彩礼要高。年轻寡妇的彩礼通常在14到17个玛勒。这可能会让土库曼人的观察者感到自相矛盾；但对土库曼婚姻法规的更全面的看法表明，情况并非如此。除了收继婚外，只有处女是未婚的男孩娶的；寡妇只嫁给鳏夫。如果鳏夫娶了处女新娘，鳏夫在大多数情况下必须支付新娘彩礼20个玛勒。鳏夫的情况也因人们偏爱将女儿和姐妹嫁给以前未婚的男孩而变得复杂。为了攒多余的20个玛勒的彩礼，他会努力工作和节约消费，可能要花很长时间寻找一个愿意将仍是处女的女儿嫁给他的男人。在这种情况下，鳏夫可以选择以较少的彩礼娶一个寡妇为第二任妻子。虽然他给这样一个寡妇送的彩礼可能比她的第一任丈夫给她的更多，但从鳏夫的角度来看，这是合理的。婚姻规则和偏好使他处于与未婚男孩完全不同的境地。对他来说，由于女人数量很少，所以无论他娶的是寡妇还是未婚女性，他都必须提供更高的彩礼。

如果寡妇的同族宣布他们打算叫她回去，那么她孩子的同族可能会代表孩子进行干预。在这种情况下，他们可以通过安排一场收继婚，或者支付相当于寡妇再婚时可能获得的彩礼的赔偿金，来防止孩子失去母亲。这种补偿被称为"奥特尔特·玛勒"（otirtma mal），意为"作为留下原因的牲畜"。

收继婚是更为普遍的解决方案，因为土库曼宗教教师主张奥特尔特·玛勒是伊斯兰教所禁止的。然而，收继婚和支付奥特尔特·玛勒费用的主张通常没什么不同。通常情况下，虽然寡妇嫁给了她已故丈夫的某个近亲，但她不会成为他家庭的一部分，也不会以任何方式承担他妻子的角色。在这些情况下，寡妇实际上是一个独立家庭的户主，直到她的一个儿子到了可以担任户主的年龄为止。当寡妇嫁给一个已经有一个妻子的男人时，就会出现这样的安排。一夫多妻制的收继婚彩礼不高于

第六章 婚姻

其他形式的收继婚。人们通常认为这类婚姻不会圆房。然而，偶尔他们会秘密地圆房，有时这样的婚姻会生育孩子。在这种情况下，孩子通常是在与父亲分开的母亲家中长大。

收继婚的另一种形式是，把寡妇嫁给她第一任丈夫的一个未曾结婚的族人。在这种情况下，寡妇扮演了一个积极的角色，作为通常不会在以后寻找第二任妻子的后继丈夫的妻子。当他建立一个独立的家庭时，他妻子的第一次婚姻所生的孩子就成为他家庭的一部分。

如果一个寡妇的族人想要她回家，而她子女的族人又不能筹集到奥特尔特·玛勒或收继婚聘礼，那么寡妇实际上可以嫁到别处，和她的子女分开。

因此，有孩子的寡妇有五种可能的处置方式：(1) 废除她同族召回她的权利；(2) 支付奥特尔特·玛勒；(3) 一夫多妻制的婚姻，实际上，它与奥特尔特·玛勒的支付非常相似；(4) 一夫一妻收继婚；(5) 再婚或寡妇嫁给一个不是她第一任丈夫同族的男人。最后一种解决办法通常是将寡妇与其子女分开，虽然其子女的族人也可以废除他们对寡妇子女的权利。只有当由于某种原因，孩子的族人无法照顾孩子时，才会这样做。[1] 前两种解

---

1 在表9的记录中，有39例终止婚姻在当时都有12岁以下的孩子。其中只有4例将未成年孩子留给他们母亲的亲属。在3例婚姻中，鳏夫留有5岁以下孩子，由于经济原因，他们远离自己的亲属去替人放牧。在这种情况下，一个男子自己无法照顾孩子，就大多把孩子放在外祖父母处或母亲的兄弟处，不会让旁系族人照看。不管是哪种情况，父亲都失去了对孩子的控制，而且一般都认为，和第一代堂兄弟更远的旁系族人相比，外祖父母或母亲的兄弟将给孩子提供更好的照顾。

决办法的效果是，通过使有生育能力的妇女处于独身状态，减少可以结婚的妇女人数。第三种解决方案通常具有相同的实际效果。

一项关于最近在阿吉·奎的关于离婚的具体资料调查指出了上述因素的综合影响。表9概述婚姻终止的原因和未亡配偶随后的婚姻史。在寡妇中，涉及分开居住的一夫多妻收继婚姻的例子是分开列举的，因为从人口统计学的角度看，这种婚姻更像是通过支付奥特尔特·玛勒提出的解决办法，而不是再婚。

表9 初婚解除与再婚

	初婚终止的原因		
	妻亡	夫亡	离婚
终止数	56	25	1
		娶寡嫂的一夫多妻制	其他再婚形式	丈夫未再婚，妻子无消息
配偶再婚数	45	5	7	

这些数字虽然只代表很小的样本，却显示出明显的趋势。结合表8的资料，提出了以下人口统计模型。接近平均初婚年龄的女性人数可能大致等于接近平均初婚年龄的男性人数。然而，在晚婚类别中，因妻子死亡而解除的婚姻多于因丈夫死亡而解除的婚姻。这意味着需要新配偶的鳏夫比可以再婚的寡妇要多，而且由于大多数仍处于生育年龄的寡妇没有再婚，情况进一步恶化。一夫多妻制虽然不是特别频繁，但在一定程度上进一步

加剧了适婚妇女的短缺。实际上，男孩娶他们的第一个新娘，鳏夫寻找第二任妻子，已婚男人的一夫多妻的婚姻，都必须争夺数量有限的接近青春期的女孩。

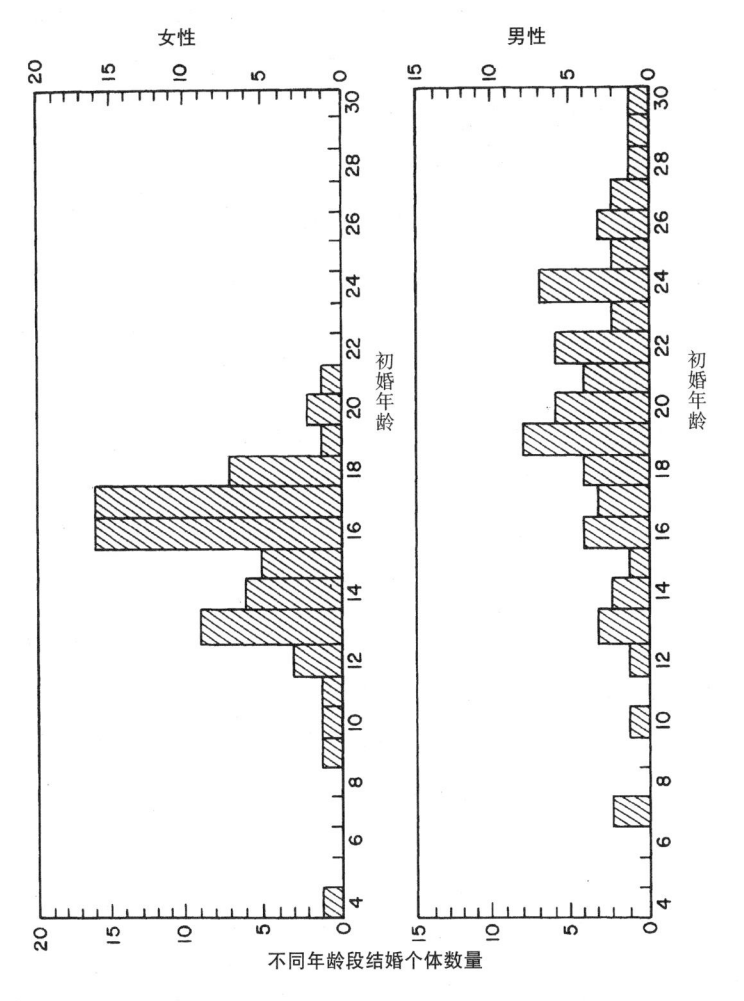

图21 / 阿吉·奎133人初婚年龄

这些导致适婚妇女短缺的因素的综合影响可以从阿吉·奎人口的婚姻历史和目前的婚姻状况分类中看出。这些资料在表10中展示。对这些资料进行核查后发现，15岁以上的男性中有42人未婚，15人已婚但尚未与配偶同居。女性的可比资料是17位未婚，12位已婚，但她们还未与配偶同居。从这些数字中可以看出两个有趣的现象。首先是适婚男女人数的巨大差异。其次，尽管适婚女性数量不足，但生育能力强的相当高比例的女性人口目前未与配偶住在一起。这些事实的含义值得探讨。

如果我们假设55岁以上的鳏夫（和一个离婚的人）对再婚不感兴趣，30岁至44岁年龄段的残障人士是不适合结婚的，那么我们就剩下36个想要有配偶但没有配偶的男性。在女性人口部分中，只有6名可结婚的妇女，因为严重残疾的妇女、智力障碍的妇女和30多岁的寡妇实际上都是不可结婚的。尽管从这些资料中可以看出，每个年轻女性都有大量的潜在追求者，但这6名女性可能不会在几年之内都结婚。这是可以预料到的，因为在追求者可以娶这些女人中的一个之前，需要支付很高的彩礼。这种情况显然是社会习俗加大了妇女短缺的人口事实。根据怀恩－爱德华兹（Wynne-Edwards）的假说，这个情况是很有趣的（1962; 1964: 68-74; 1965: 1543-1548）。

第八节 通过社会习俗调节人口：一个假说

怀恩－爱德华兹的假说认为，动物种群和一些人类种群，通

第六章 婚姻

过调节自身数量来避免过度消耗资源，他们是通过社会惯例来做到这一点的，以一种依靠密度的方式来调节繁殖。一个在其规模与资源之间的平衡方面适应良好的种群，当相对于资源的人口密度较低时，能充分利用其繁殖潜力，但当人口密度增加时，它会逐渐限制繁殖。当人口密度远低于人口开始使其资源基础退化的程度时，生育率被限制在更替水平，人口规模就变得稳定。

如果发生了一些不寻常的事件，超过了这个密度——例如，通过人口领土的缩小——生育率就会下降到更替水平以下，直到密度下降到稳定水平。

怀恩-爱德华兹认为，大多数后新石器时代的人类人口不是以这种方式调节的，世界范围内人口增长的普遍事实似乎让人怀疑大多数现代人类人口中是否存在这种人口调节方式。然而，证据绝不只是在一个方面。人类学家研究过的许多人口，考虑到其资源和经济生产方式，其密度已远远低于可能达到的最大密度（Bender, 1971: 32-45）。直到20世纪50年代初，约穆特人的密度显然大大低于其资源和技术所能达到的最高水平。能够证明这一点的事实是，在此之前，耕地供过于求，没有一个地方群体认为它的任何资源都非常稀少，以至于不能让新成员加入他们的群体中。

鉴于这种情况，似乎一个合理的假设是，通过复杂的社会因素，约穆特人确实以怀恩-爱德华兹假说所提出的方式调节了他们的人口。

下面的模式是根据约穆特人口规模的社会调节而提出来的。约穆特人固定昂贵的彩礼和他们婚后将配偶同居推迟数年的做法抑制了人口出生率,并且这种生育率的抑制效应随着人均财富的减少而增加。之所以认为这种效应与人口密度有关,主要是因为新娘的彩礼是固定不变的。如上所述,彩礼多少的波动是有限度的。因此,当一个家庭的财富减少时,只能在一定程度上通过协商降低彩礼,缓解其经济负担。除此之外,这样的家庭只能通过推迟儿子的婚姻来应对财富的减少,以便有更长的时间来积累彩礼。这一事实反映在男性初婚年龄的巨大差异上(见第203页图21)。根据举行婚姻的男性(男性的家庭)财富的这些资料的细分表明,财富差异比其他因素更能解释男性结婚年龄的差异。

人均财富减少对女性结婚年龄的影响更为复杂。一般来说,女性的结婚年龄并不取决于她们家庭的财富,也不会像男性结婚时的年龄那样相差很大(见图21)。对于贫穷的家庭来说,通常的做法是一旦有合适的求婚者出现就把女儿嫁出去,但不会马上出彩礼让儿子娶妻(如果有准备结婚的人的话)。相反,通常的做法是推迟儿子的婚期,用彩礼作为收入来缓解一下他们的经济状况。因此,女孩的结婚年龄不受家庭财富的影响,贫穷男孩的结婚年龄也与他的姐妹们带来的彩礼无关。

尽管有上述考虑,但仍有理由相信,整个繁育人口的人均财富下降(由截然不同且基本上是内婚后裔群体占据的不同约穆特地区隔离了近乎孤立的繁育人口)将提高女性的总体平

第六章 婚姻

均结婚年龄,即使这会对不同财富阶层的妇女产生同等的影响。其原因涉及整个繁殖群体的过程。这些人口的年龄、性别以及婚姻状况构成,从解释这个模式的角度看,与表10中的阿吉·奎的情况非常相似。如果是这样的话,这些人口中会有相当多的未结婚的适合生育的女性,因此,在特定的社会背景下,不会出现怀孕情况。这些女人的结婚率显然与男人的结婚率相对应。因此,人均财富的减少,减少了每年结婚的次数,这将减少适合生育的未婚女性的结婚率和随后的生育率。与此同时,因自己死亡、丈夫死亡或更年期而不再生育的已婚妇女数量不会因人均财富减少而减少。相反,可以预期它会随着人均财富的减少而增加。所有这些过程的最终结果将是人均财富的大幅永久性下降将导致已婚适合生育的妇女的数量大幅减少,从而导致生育率下降。

表10 阿吉·奎的约穆特人口:年龄、性别与婚姻状况

年龄	未婚	已婚:当前配偶回避时期	和第一个配偶居住	和第二个或第三个配偶居住	鳏夫、寡妇或离异者	一夫多妻
60+			5	4	3	2
45—59			13	6	2	
30—44	1[1]		23	6	1	
25—29		5	9			
15—19	25	1	2			
10—14	26					

续表

年龄	婚姻状况					
	未婚	已婚:当前配偶回避时期	和第一个配偶居住	和第二个或第三个配偶居住	鳏夫、寡妇或离异者	一夫多妻
60+			1	1	3	3
45—59			8	1	4	1
30—44	1^2	1^4	22	2	2	
25—29			18	2		
20—24	2^3	3	18			
15—19	5	8	3			
10—14	22	1				

1 残障人士和智力障碍。
2 严重残疾。
3 其中1人为智力障碍。
4 这名妇女的家人在她结婚后为逃避当局政府的惩罚而逃到苏联,但之前她未与丈夫居住在一起;因此她无法与丈夫团聚。

  这反过来又会反映在女性较晚的平均结婚年龄上。从逻辑上讲,平均结婚年龄不会发生变化,而有可能将一部分女性人口变为永久单身(这个结果同样会抑制生育)。然而,女性根据出生顺序结婚的要求将可能有利于前一种模式。

  应该注意到,只有将人口规模保持在远远低于现有财富所能支持的最大水平,这里所假设的那种人口调节机制才会成功。换句话说,这种情况需要的是一个健康的安全边际,而不是对任何一个时间点存在的总体财富进行微调。这是由于财富可能会出现持续的短期波动,人口只有在付出巨大代价的情况下才

第六章 婚姻

能不断地调整其规模以适应这种短期波动。唯一有意义的调整是将人口保持在足够低的水平,以便在最糟糕的年份财富资源仍然充足。

上述建议的调节体系不是一个年度适应体系,而是在保证安全的前提下保持长期平衡。对新情况的调整只会缓慢地进行。因此,一个糟糕的年份,虽然可能会导致一些婚姻在短时间内推迟,但不会影响目前的人口规模,也可能不会产生明显的长期影响。另外,如果一个群体所拥有的全部财富发生重大减少或增加的变化,并持续10年或更长时间,那么人口规模的长期的重新调整就会出现。在向下调整的情况下,人口在变化之前远远低于可支持的最大规模这一事实将弥补这样一种调整只能缓慢完成的事实。

同样值得强调的是,财富的长期显著增加将导致人口的增加。因此,在一定条件下,正如目前正在发生的那样,基于这一假设的迅速增长应该可以期待。自20世纪50年代初以来,约穆特社会的实际情况是财富和人口都迅速增长。因此,在当前条件下,对上述假设的检验将不得不依赖于证明,在总体财富上存在差异的约穆特各人群中,其人口增长速度存在显著差异,较贫穷的人群增长速度要慢于较富裕的人群。

此外,这种人口调节机制,如果像这里假设的那样运作,会与其他力量一起发挥作用。因此,这样一种社会机制可能在应对20世纪50年代以前的高死亡率方面发挥了良好的作用,但在约穆特最近经历的健康状况改善的情况下,它可能不再起作用。这个问题有待进一步研究。

目前关于约穆特的资料还不足以验证这一假设，因此，还需要进一步研究才能得出确切的结论。然而，这一假说既解释了约穆特人某些不寻常的社会行为，也部分解释了这一事实，即约穆特的人口密度远远低于其资源基础所允许的人口密度，允许直到最近的大量非约穆特人移民到约穆特领土。这种解释是片面的，因为上面的模型可以解释人口和财富是如何保持平衡的，但不能解释财富的生产是如何保持在自然资源（耕地和牧场）不退化的范围内的。因为至少直到最近，自然资源的开发一直被限制在这样的范围内，就现状而言，一定有某种因素限制了人口增长，也有某种因素限制了为生产财富而开发自然资源。因此，只有进一步的研究才能揭示是什么原因限制了人口增长和自然资源的开发。

第七章　家庭组织与经济

这一章将分析家庭组织对家庭财富分配的影响。家庭中成年人的数量与其经济活力之间的关系对这一分析至关重要。分析是通过考察具有相互冲突影响的机构来进行的。分析的第一部分是关于导致造成财富分配不均的因素：将社会划分为经济自主的家庭，每个家庭都有各自的经济命运，以及家庭单位劳动力资源的不平等导致生产力和财富的差异这一事实。第二部分是关于那些在一定程度上抵消经济不平等倾向的风俗：彩礼、幼子继承制、收养与相关家庭之间的各种形式的经济援助。为了方便起见，把这些风俗称为平衡制度。第三部分考察作为一种经济制度的亲属制度与主要起政治作用的约穆特社会的组织结构之间的关系。本部分试图表明，通过维持大多数家庭单位最低限度的生存能力，平衡制度保持了父系后裔群体的数量和政治力量。

/ 约穆特土库曼人 /

第一节 不同的生产力和财富分配

要理解约穆特人[1]的粗放型经济，关键在于一个庞大的劳动力群体，即大量身体健全的成年人是家庭经济保障的最大来源，而不是大量牲畜。由于自然灾害，家畜经常遭受损失。大量的彩礼也会大大减少家庭牲畜财产的数量。因此，一个曾经富裕的家庭发现自己没有足够的财产来养活自己的情况并不罕见。然而，作为受雇牧羊人的工作相对容易找到，以现金和牲畜形式支付的工资在当地标准来看是可观的。一个有几个身体健全的男人而没有牲畜的家庭，通过这种形式的就业，可以在四到五年的时间里建立起足以养活自己的畜群。因此，一个大家庭甚至将牲畜的完全丧失仅仅视为暂时的挫折。

相反，如果一个家庭只有很少的健壮男性，但是有大量的牲畜，那么这个家庭的处境就比较困难。它可能通过仔细的管理、运气和雇用牧羊人来维持它的牧群。然而，如果遭遇不幸或管理不善，它会失去大部分牲畜，要恢复它以前的地位是非常困难的。一个家庭的好运比拥有大量财富更不可靠。要想更彻底地解释为什么劳动力比资本更重要，需要对约穆特恰尔瓦人的某些经济方面进行更详细的考察。

---

[1] 罗伯特·内汀（Robert Netting）发表的材料显示如下讨论的约穆特人游牧经济的特点实际上是许多粗放型经济的特点，并不只是游牧经济特点。尤其是劳动力资源比资产更加重要似乎是一般粗放型经济的特点（见Netting, 1965: 422-429；1968: 130-143）。

/ 第七章　家庭组织与经济 /

一、作为一种资产形式的牲畜

畜群的自然增长每年因天气和放牧条件的不同而变化很大。受访者估计，在每年繁殖的畜群中，有生育能力的雌性动物所占的比例在60%到90%。绵羊和山羊幼崽的高死亡率通常会使一岁幼羊的数量减少到畜群中有生育能力的母羊数量的30%到60%。

出生性别比大约是50%的雄性和50%的雌性。通常的做法是保留所有的母绵羊和山羊幼崽，以建立畜群繁殖潜力。只有阿吉·奎的三个最富有家庭才能更加自由地出售或消费他们的牲畜。这种做法使得每年的雌性畜群增加15%至30%。雌性动物在两年内成年，饲养七年至九年等变肥后出售。在成年期和销售期之间，母绵羊和母山羊是牧群中生产力最高的部分，提供后代、羊奶和羊毛。大多数雄性动物在出生第一年的秋天被阉割。只有一小部分出生的雄性留作配种，大约给每20只成年雌性留一只种羊。富裕家庭保留更多未被阉割的雄性。被阉割的雄性在成年后不久就会被宰杀卖掉肉和皮，或者被主人吃掉。

考虑到羊群管理的这些方法，最显著的特征是羊群增长的巨大潜力。然而，这一巨大的潜力被许多因素所抵消。干旱、疾病和严寒常常会造成突然而巨大的损失，而狼和小偷每年都会损耗一些动物。偶尔过高的支出会导致一个家庭削减其生产资料。如上所述，另一个有时大大减少家庭牲畜的因素是偶尔需要支付彩礼。通常的彩礼是100只绵羊和山羊，这意味着一个足够大的能够供养一个家庭的牧群。对于大多数家庭来说，积累这样的牲畜作为彩礼需要好几年的时间，通常在支付了这笔费用之后，一个家庭就会暂时陷入贫困。如果牲畜不足以维持生计的家庭无法获得其他形式的收入，那么牲畜资本所面临的高风险以及彩礼所显示的巨大需求，会使土库曼牧民的生活非常不稳定。因此，拥有大批牲畜的牧场主遵循的雇用牧羊人的惯例和慷慨的佣金具有重要的社会意义。

二、放牧合同

放牧合同有两种。最常见的一种是，一个人把自己租给一个拥有大牧群的主人，而这个牧群的主人自己就是一个随牲畜迁徙的牧民。在这种安排下，被雇用的牧羊人和他的雇主一起迁移，他的一部分佣金包括由他的雇主提供食物和衣服。年轻的未婚男子经常签订这种合同，在这种情况下，在一年当中牲畜和营地相邻的那段时间里，他们还被安顿在雇主的帐篷里。除了食物和衣服之外，在冬季和春季牧羊人会获得牲畜，作为对他劳动的报酬。每照顾管理15只羊到春季剪羊毛前，就会获得一只一两岁羊羔作为雇佣费用。在我调查时期，一年里剩下的夏天和秋天的佣金是600土曼（80美元）、食物、牧羊人适当的住所和必要的衣服。如果雇主对牧羊人的劳动特别满意，他还会在通常的报酬之外再加一套衣服。

另一种不同的安排是将某个家庭的一群羊放牧到另一个社区。最常如此安排的是那些定居的土库曼富人，他们希望把自己的一部分财富投入到饲养牲畜方面。这样安排的一群牲畜叫作"托管物"(emanet)。托管物的放牧者负责照料家畜，通常和他自己的牲畜一起放牧。作为报酬，他收到畜群的所有乳制品，羊群生产的羊毛的十分之一，每年夏天还会从羊群的每15只羔羊中得到一只羔羊。他也吃任何必须屠宰的牲畜，因为它们快要死了。屠宰牲畜时其喉咙要朝向麦加方向切开口子，未经这种适当方式屠宰而死的牲畜是禁止作为食物的。当牲畜生病处于死亡的危险时，一个难题是决定将其宰杀还是冒险让其恢复过来，而这还要冒着牲畜在宰杀前可能死亡的风险。托管物的放牧者自然可以把立即屠杀作为优先选择的处理方式。这种做法，加上偷窃的可能性，无疑解释了在这种安排下较低的报酬标准。

这两种放牧安排的社会重要性在于它们为劳动力转化为资本提供了机会。因为有了这些安排，一个家庭就有可能在没有自己的牲畜的情况下生存，同时逐渐建立起自己的资本体系，以期待最终能够达到经济独立。牧羊人的工作也提供了一种方式，通过这种方式，有许多儿子和适量牲畜的家庭可以积累娶妻所需的盈余。

三、农业

农业是土库曼游牧民的第二大产业。在游牧土库曼人居住的地区，可耕种的土地非常有限，产量少而不稳定。除极少数例外，在这片土地上生产的东西全部都由生产者消费。

然而，还有另一种形式的农业收入对土库曼牧民更为重要。为了鼓励定居，政府一直愿意将土地改革契据授予牧区的土库曼人。阿吉·奎的一部分土库曼人利用了这一机会（见表12，附录一），并在古尔干河以北和贡巴德卡武斯以东的地区获得了相对高产的土地。这些是10公顷的土地，适合种植小麦和大麦。阿吉·奎的土库曼人说，如果由土地所有者耕种，那么从这样一块土地上获得的收入，大致相当于一群80只绵羊和山羊的收入。依靠这种土地作为主要收入来源的定居民提供的信息证实了这种估计。如果是租来的，同样的地块产生的收入较少。由于这类土地具有较高的生产潜力，土地改革契据的取得改变了契据持有者家庭的经济状况。拥有这种土地的游牧家庭以各种方式管理这些土地。有些出租他们的土地，把土地的所有管理权移交给另一方，以换取一半的收入。另一些人则以每10公顷1000至1200土曼的价格出租土地。一些人自己管理土地。由于耕作是机械化的——机器由几个富有的个人持有，可以一次承包给整个村庄——这可以在他们的营地和土地之间以最短的行程来实现。

就像牲畜的收入一样，这类土地的收入变化很大，一个自己管理土地的家庭平均每年约有2400土曼；如果他们的土地被租种，这个数字是1200土曼。

此外，阿吉·奎的三个家庭对阿特拉克河边的水浇地拥有所有权。这块土地由一个特定世系的所有家庭共同拥有，其中三户住在阿吉·奎。这些人在出租他们的土地份额的同时，致力于游牧生活。

这种生产多样化的土地提供了大量的收入，作为一种资本形式，其风险要小于放牧。只有因经济需要而出售时才会失去这份收入。富有的牧区家庭有时也可以购买富饶的农地。因此，用牲畜积累的财富有时可以转化为更安全的形式。

四、地毯编织

利用羊绒、羊毛生产各种工艺品是所有牧民家庭的重要收入来源。所生产的物品包括毛绒地毯、平织地毯、墙壁挂毯、门厅用毡、马背毛毯、牧羊人斗篷与羊毛绳。在笔者调查时期，除毛绒地毯外的所有物品都是主要为生产者家庭使用而制造的。被东方地毯经销商称为布哈拉（Bukharan）的毛绒地毯主要是为销售而生产的，是来自女性劳动的获得现金收入的唯一来源。按照当地的标准，女性在地毯编织上的劳动回报是相当高的，但是羊毛的有限供应和对女性劳动力的竞争需求限制了地毯的生产。[1] 由于这些限制，几个关系密切的家庭通常将他们的羊毛和女性劳动力资源集中起来编织地毯，按照每个家庭的贡献来确定最终利润的分配比例。

---

[1] 每只羊在春季的羊毛产量大约为1.7磅，秋季会有点少。春季羊毛的大约三分之二适合织地毯。一般情况下，秋季羊毛不能用来织地毯。不适合织地毯的羊毛被用来制作毛毡。如果从一块地毯的市场价扣除其原材料羊毛和染料的市场价钱，并除以女性制作地毯所用的天数，那么就会得到女性投入到织毯工作的大概收益。根据估算，每天12小时的编织工作大概将得到5土曼收入（66美分）。就当地经济而言，这已经是很高的报酬了。

五、其他次要收入来源

除了农业和地毯编织，还有一些其他次要的收入来源。所有牧民家庭都会捕猎石鸡和羚羊，采集野菜和石榴，以此获得一些额外收入。

少数接受宗教知识教育的人，因为提供宗教服务，会偶尔得到一些施散财物。少数牧民家庭在他们的帐篷里经营商店，卖一些茶、糖、火柴、布和大米。少数商人将大量的粮食和面粉拉到当地销售。有几个人做铁匠。在这些次要收入来源中，只有贸易能获得较为可观的收入。

六、特定社区的财富概况

通过考察某一特定社区的经济状况，可以更具体地了解土库曼游牧民族的经济与亲属制度之间的关系。表11概括了阿吉·奎中的财产拥有情况。为了简化比较，将各种形式的生产资本转换为等值的绵羊。土库曼人自己经常将不同形式的生产资本转换成等值绵羊，并且他们为此还有标准的转换率。[1] 附录一提供了拥有财物的详细清单。

---

[1] 土库曼人使用的等价计算方式为：1只雌骆驼值10只绵羊；1头牛值10只绵羊；3只山羊值2只绵羊；1公顷偏远农田值1只绵羊；1公顷产量较高的旱地值8只绵羊；1公顷水浇地值40只绵羊。

/ 第七章　家庭组织与经济 /

表11　阿吉·奎的财富状况

牲畜和土地的资本价值（转化为等价形式的绵羊）	家产业数	每个财富类别家产业中身体健康的成年人的平均数量
400或更多	5	7.8
200—399	5	7.0
100—199	14	5.1
35—99	15	3.7
34或更少	20	3.0

应该对表11和附录一中的资料提出几点意见。首先，本表中只概括了生产资本。驮畜、帐篷和家用物品，虽然是每个家庭的必需品，但不是收入来源，因此，没有被包括在内。其次，牲畜和土地资本并不是土库曼人唯一的收入来源。放牧和贸易也是重要的收入来源。然而，任何依靠放牧或贸易获得可观收入的家庭最终都会将收入的一部分用于购买牲畜或土地。因此，这些形式的资本相当准确地反映了一个家庭的经济状况，无论开发利用除了土地或牲畜之外的其他什么形式作为收入来源。其他收入的详情包括慈善情况见附录一。

对附录一中的资料进行考察后发现，除了一个家庭外，所有资本低于35只羊（等值形式）的家庭都有一些额外收入来源。因此，在没有额外收入来源的情况下，一个家庭能够维持生计的最低资本数额大概是35只羊或等值的其他形式的财富。[1]

---

[1] 见附录一表13。也见Barth, 1961: 16。巴斯列出1958年巴塞里家庭能够维持生计的最低牲畜数量是60只。当然，巴塞里人和约穆特人之间的许多经济方面的差别导致了这种不同。有趣的是根据这点观察到拥有40只或更多绵羊或山羊的个人有义务进行施散，这说明在伊斯兰早期时代，有40只牲畜的家庭可以维持生计。

1967年有7户家庭几乎完全靠救助过活。此外，有3户家庭接收了关系密切的完全贫困的家庭群体。贫困家庭最终能够重新获得经济独立的地位，甚至获得可观的财富，这并不罕见。阿吉·奎的9户家庭在1967年拥有的资本价值相当于100多只羊，但在过去20年里，他们一直处于没有足够资本养活自己的状况。这9位户主中的一位，一开始家境平平，后来变得极其富有，极其富足的标志是他能够娶到四个妻子。后来，他几乎失去了所有的财富，但在过去10年里，他重新获得了富人的地位，在阿吉·奎家族的资本排名中名列第五。因此，在30年的时间里，他经历了财富和贫穷的极端变化。这种命运逆转发生的频率之高，使富人和穷人都意识到近亲之间互助的必要性。

七、家族规模与财富的关系

由于劳动力很容易转化为资本，拥有大量劳动力的家庭往往比拥有较少劳动力的家庭更富有（见Barth, 1961: 107, 117）。图22显示了财富和劳动力资源之间的关联程度。阿吉·奎的这两个变量的等级相关系数表明财富和劳动力资源之间的关联是+.66。[1] 对财富与劳动力资源关系的定性描述将会产生对这些变量之间

---

[1] 相关资料就是图22和附录一中表13所列部分。如图22和表13所示，在过去两年中付出或接受彩礼的家庭被排除在这个关联外。对处在.01水平的随机样本来说，这个关联会非常显著（Siegel, 1956: 202-213, 284）。这个样本，当然不是随机的，而是1967年阿吉·奎的百分之百的样本。也见Epstein, 1967: 35。

/ 第七章　家庭组织与经济 /

存在高度关联的预期。然而，有许多因素会导致预测相关性大大低于+1.0。正如上文所指出的那样，畜群不断地波动，以至于在某一时间点的相关性不能准确反映每个家庭的生产力。此外，每个个体作为经济生产者的效率也存在显著差异，而且由于所有家庭中只有少数生产者，因此这些个体的效率并未平均化。因此，统计相关性与对劳资关系定性描述的期望一致。还应记住，虽然大家庭很容易获得资本，但有时，一个以大量遗产起家的小家庭也可能通过勤奋和有效管理来维持其原有地位。因此，比起贫困的大家庭，富裕小家庭的劳动力资源和积累资本的关联更小（见图22）。[1]

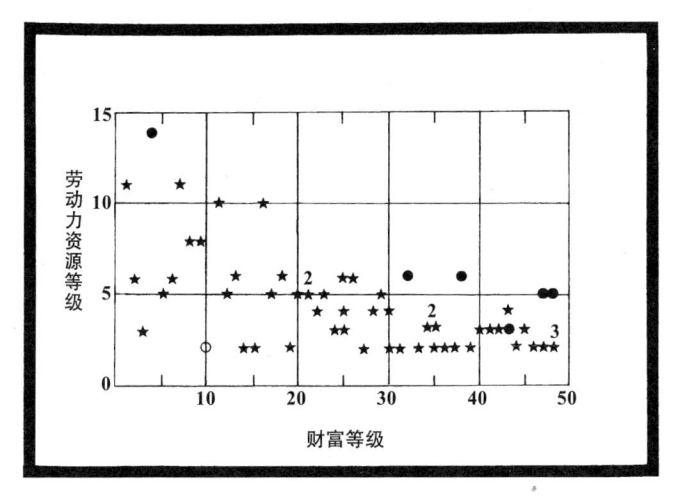

图22 / 阿吉·奎的劳动力资源和家庭财富

---

[1] 当然，一个大家庭在立即支付彩礼后会经常变得贫困，但因为这样的家庭会很快重获一定数量的财富，这样的家庭数量不会很多。

在这一点上应该简要指出的是，在该地区最近发展机械化商业农业之前，约穆特恰米尔的财富和劳动力资源之间的关系可能非常相似。如前所述，耕地供大于求，一个家庭耕种的土地数量取决于他们所拥有的劳动力资源。在这种情况下，人们可能会发现，在1966年至1967年阿吉·奎的恰尔瓦中存在的财富与家庭规模之间的相同关联。

第二节　平衡制度

本节提出的关于彩礼的基本论点是，它可以被解释为对新娘家庭的劳动力损失和未来增长潜力的损失的补偿；反之，也是新郎家庭为劳动力获得和增长潜力的投资。所讨论的其他制度的经济意义是比较明显的。

一、彩礼

婚后从夫居模式具有带来大量劳动力的明显优势作用。新娘为公公家庭带来了自己的劳力和未来发展的希望。同样明显的是，一个家庭在这方面的收益就是另一个家庭的损失。由于婚后实行从夫居，所以一个家庭只能通过生儿子来发展，故生女儿是一种不幸，这是因为生女儿错过了未来家庭发展的机会。儿子出生后的仪式和庆祝活动，以及女儿出生后没有仪式和庆祝活动，表明了对生儿子的重视。旨在保护儿子的广泛的巫术

/ 第七章 家庭组织与经济 /

活动也表明了对儿子的重视，特别是要免遭邪恶之眼侵害，但不用巫术来保护女儿。[1] 当然，生儿子的好处是多方面的：声望和政治经济优势伴随着家庭的成长而成长。然而，无论是经济优势还是劣势，男孩和女孩都被土库曼人看重。从一个更具有分析性的角度来看，可以这样说，兄弟姐妹群体在性别方面的随机组成是导致家庭规模不平等从而导致财富不平等的一个重要因素。

彩礼在某种程度上弥补了这些不平等。显然，过高的彩礼有利于经济上处于不利地位的人，而以牺牲经济上处于有利地位的一方为代价。儿子多而女儿少的家庭，或者没有女儿的家庭，必须通过多年的劳动来饲养额外的牲畜，以帮助儿子娶新娘。有许多女儿的家庭，虽然他们的发展和经济繁荣的潜力较小，但每次女儿结婚时，他们都能获得大量的彩礼收入。

三年的配偶回避期，不论它可能产生什么其他影响，但增加了对有许多女儿的家庭的补偿，也增加了有许多儿子的家庭娶新娘的负担。为了娶到新娘，一个家庭不仅要饲养大量的牲畜，而且必须要在娶亲前几年就这样做。嫁女儿的家庭在失去这个劳动力之前，可以从她的新郎那里得到几年的收入。

然而，应该强调的是，关于彩礼的习俗并不是将每个家庭都置于经济平等的地位。例如，无论男女，孩子很少或没有孩

---

[1] 不保护女儿免遭邪恶之眼侵害是因为她们不会受到来自邪恶之眼的威胁。只有妒忌对象才会处于邪恶之眼的威胁中。

子的家庭,不会受益于这个风俗。高额彩礼和延迟接新娘的影响是缓解了一些家庭的经济困难,但不是消除经济状况不稳定的家庭数量。

彩礼支出对家庭财富的影响可以通过考察两个家庭的经济命运得到最好的说明,一个家庭有很多儿子,而另一个家庭有很多女儿。

胡达·白热地(Khoday Berdī,意为"安拉赐给他")的家庭,有五个儿子和一个女儿,体现了由于拥有大量劳动力而处于有利地位的情况。胡达·白热地原本是个穷人。他是出生在博季努尔德附近的库尔德人,幼年时就被掠袭者当作奴隶带走。按照上面描述的一般模式,他获得了类似于购买他的家庭中的二等儿子的地位。他的主人只有一个真正的儿子,巴依热木·盖力地(Bayram Geldī,"他是在斋月来的"),他比胡达·白热地大10岁。他的主人在他和巴依热木·盖力地成年并结婚后去世。大儿子对胡达·白热地十分残暴,最终把他赶出了自己的家,胡达·白热地变得一无所有。长老们觉得这种行为不公平,并与巴依热木·盖力地讨论了这件事。最后,他们说服巴依热木·盖力地,尽管胡达·白热地无权继承遗产,但他应该得到一些财产。随后巴依热木·盖力地给了他一顶帐篷和一些家具,还有几头驴。此后,胡达·白热地搬到了邻近的奥巴,以避免过多与巴依热木·盖力地接触。

在早期几年中,胡达·白热地靠做一些零星的工作来赚取工资:搬运木柴,做铁匠,做包皮手术,以及做任何可以得到少量报酬的工作。为了攒下一些微薄的收入，他开始养起一小群绵羊和山羊。与此同时，在16年的时间里，他幸运地有了五个儿子和一个女儿。当他的儿子们到了适当的年龄时，他们开始牧养他的小牧群，最后他扩养了120只牲畜。大约20年前，家畜得病使这些牲畜减少到25只。此后，他又逐渐重建他的牧群。在我到阿吉·奎的15年前，他给他18岁的大儿子娶了一个妻子。在当时，他还没有足够的牲畜来支付婚礼费用，但他能够安排一个女儿交换（chalshiq），用他14岁的女儿给他儿子交换了一个新娘。

在我到来的11年前，他的牧群又达到了120只，他从羊群里拿出70只牲畜，还有一匹马、一头骆驼和一笔钱，为他的第二个儿子娶了妻子。这使得他的牧群只剩下50只，他的儿子们又开始重建他们的牧群，但很快他们就遭遇了严重的挫折：大儿子的妻子去世了。除了涉及个人悲剧，这意味着当时27岁的大儿子将不得不娶第二个妻子。大儿子找到了一份为一个富人当牧羊人的工作，这个富人和胡达·白热地一样，都属于乔拍热力（Choperlī）家族。[1] 与此同时，小儿子们照料着家里的牲畜。在四年的时间里，胡达·白热地的牧群迅速增加到210只，并且有能力为长子娶第二个新娘，支付了185只牲畜和一笔现金。

牲畜只剩下25只，但大儿子继续放牧。通过放牧挣得的收入使得牲畜数量快速增长，因此在我到达阿吉·奎的时候，他们有170只牲畜，在我到达后不久，他就能够为他的第三个儿子

---

[1] 乔拍热力为化名。

娶妻了，他们支付了70只牲畜，其余的11个玛勒以现金支付。在我到达之前的几年，家里的第三个儿子已经开始做生意，在贡巴德卡武斯市购买小商品，如香烟、火柴、茶、糖和一些布料，然后在游牧民中出售。这不仅增加了家庭的收入，而且意味着他们在任何时候积累的财富中有相当大的一部分以现金的形式存在。因此，他们愿意用一部分现金作为彩礼支付。

在最后一次婚礼付款后，他们还剩下100只牲畜。大儿子继续放羊，第三个儿子继续做生意。因此，在经历了干旱和牲畜流行病的一年后，他们的牲畜仍增加到了140头。这群羊群的羊羔收成不好，许多成年牲畜由于干旱而死亡，但是他们的牲畜逃过了这场疾病，这场疾病使他们许多邻居的牧群遭受损失。与此同时，他们家从放牧和贸易中获得了丰厚的收入，这些收入以现金形式支付日常开支，并以牲畜来建立他们的牧群。那时他们还有两个儿子要娶妻，他们希望在五年左右的时间完成这个任务。现在这个家庭有八个人的成年劳动力，生产力很强。在他们的家庭中，成年成员包括户主、五个成年儿子和两个儿媳；这个家庭的母亲去世了，第三个儿子的妻子和孩子处在回避期。

因此，在大约40年的时间里，一个白手起家的人成功地建立了一个牲畜群，然后在一次疾病和三次婚礼上看到牲畜被耗尽。每次受挫之后，他都能设法恢复过来，尤其最近几年，他有五个成年儿子的家庭情况使这个家庭能够很快地从资金枯竭中恢复过来。这很好地说明了大量劳动力所带来的好处。

如果我们将胡达·白热地的命运与安那·命力（Anna

Menglī，意为"星期五斑点")的命运进行比较，他有五个女儿和两个儿子，则会看到截然不同的情况。安那·命力在我的研究结束时是60岁；胡达·白热地当时是69岁。不过，安那·命力出身卑微，比胡达·白热地早结婚10年。结果，他较年轻的时候就有孩子了，他的第一个孩子和胡达·白热地一样大。然而，安那·命力的前四个孩子都是女儿，他直到40岁才有了儿子，尽管他在22岁左右结婚。安那·命力在建立独立家庭时，收到了大约60只牲畜的微薄遗产。独立后不久，他把自己的大女儿嫁给了一位鳏夫，得到了大约200只牲畜和一小笔现金作为回报。在接下来的三年里，他的牧群迅速减少，他嫁了自己的第二个女儿，收到了大约100只牲畜，从而弥补了他的损失。再一次，三年内他的牧群又减少了，直到他把第三个女儿嫁了人，又收到了大约100只牲畜。然而，两年后，他为12岁的儿子娶了一位妻子，给完新娘彩礼，他的牲畜群剩下约40只。这样，12年过去了，他得到了60只牲畜的遗产和大约为400只牲畜的彩礼，他只给了100只牲畜作为彩礼，最后剩下了一群为数不多的牲畜。40只牲畜几乎是一个家庭赖以生存的最低限度，没有一些其他的收入来源。直到我到达的六年前，安那·命力的牲畜群一直在40只左右，他的生活比较困难。在我开始研究的六年前，他将他第四个女儿嫁了出去，得到了11个玛勒的彩礼，其余大部分主要是牲畜。那时他的儿子已经长大了，可以开始为家庭的收入做出重大贡献了，这样他们的财富就不会在这次婚礼之后迅速减少。当我离开的时候，他们大约有120只牲畜。我离开的时候，他的第六个孩子，一个17岁的男孩，和最小的14岁女孩都还不到结婚的年龄，他正在考虑交换女儿，这将为他第二个儿子娶妻子提供资金的保障，并且不用耗尽他们的牧群。这个家庭现在有五个成年人，户主和他的妻子，两个儿子和一个儿媳。有了这样的劳动力资源，它应该能够在未来维持一个良好的牧群规模和合理的生活水平。

以上讨论说明，彩礼是最显著的影响因素之一。然而，值得注意的是，彩礼有几个深远的社会影响，上文只探讨了一个。彩礼制度也会影响女性的地位和婚姻的稳定，在本研究中没有讨论这些方面的制度。

二、其他平衡制度

收养和幼子继承制的经济意义比较明显。在家族中没有儿子的男人显然在经济上处于非常不利的地位。如前所述，未能生儿子的男子从近亲中收养儿子的做法维持了家庭的生存能力，否则这些家庭将处于非常弱势的地位。有趣的是，约穆特人的收养制度主要起于经济目的：一个被收养的儿子（oghilliq）只在经济方面获得与其养父之间的关系。他的政治地位和他在乱伦禁忌中的地位是由他的出身决定的。幼子继承制也有类似的效果，使得独立男性免于经济上无助地维持一个家庭。

还有一些制度提供了应对经济困难的措施：关系密切的家族之间的慈善援助形式。这类最著名的制度之一是则卡提，即每年出于慈善或宗教目的提供施舍的制度。虽然则卡提是一个伊斯兰制度，但约穆特人一般会向有资格接受救济的至亲提供所要求的救济，实际上这种做法就是对近亲的一种经济援助。在约穆特人中，每年给予则卡提所要求的援助限于近亲：如血亲、第一代母系亲属或更近的亲属；由婚姻缔结的非分类意义上的亲属如古达（见第148页图20），或亲近的姻亲。在极端情况下，这种近亲之间的经济援助可以采取将贫困家庭与富裕家庭合并的形式，使之成为可行的联合家庭。在阿吉·奎人口普查清单中，有三户是这样组成的联合家庭。援助也可以以超越一个人被要求给予则卡提的形式进行，如金钱、牲畜的形式以及劳力帮助。除了帮助亲属满足日常经济需求，约穆特人还经常帮助近亲提高彩礼。在婚事中给予帮助的形式是赠送牲畜，或以较低的彩礼向近亲出嫁姑娘。

相比之下，则卡提虽代表了一种较有限的援助形式，但经常给予关系较远的亲属：如果找不到更近的亲属，只有公认的同族通常得到则卡提援助。实际上，则卡提在很大程度上是一种低收入补助，因为它要求社会中较富裕的群体将其财富的一部分给予较贫穷的群体。

土库曼人计算则卡提的方法如下：农业收入的10%，以及除驮畜外牲畜的固定比例。与阿吉·奎游牧民相关的牲畜固定部分是这样确定的：对于少于40只牲畜的主人，不需要出则卡提；拥有40到120只的必须赠送一只羊；拥有121到200只的必须赠送两只羊；拥有201到399只的必须赠送三只羊；对于拥有400只或更多牲畜的主人，所付出的施舍是每100头牲畜中的一只。骆驼和奶牛的则卡提是以类似的条件规定的，而母马的则卡提是按其现金价值的四十分之一计算的。通过给予则卡提易手的阿吉·奎人的总财富是相当大的。1967年秋天，估计的牲畜则卡提价值相当于7670土曼（其中1700土曼是来自阿吉·奎人和属于当地居民亲属的被当作托管物的牲畜价值）。1967年春，农业收入税（üshür）或捐赠物，相当于2340土曼。将这些数字与受助人数进行比较，可以对这个制度的重要性有一些了解。14个家庭（68人）因为贫困而收到了则卡提捐赠，另有一名年轻人因为他是宗教全日制学生而获得了捐赠。因此，平均每人接受约140土曼的捐赠。这一数字比中等收入家庭在不景气年份的人均收入（见第248页表14）要高，特别是考虑到接受则卡提的大多数家庭都有额外的收入来源，尽管收入微薄。

三、经济平衡制度的总体效应

事实证明，组织经济生产的制度导致财富的分配往往是不平等的，而某些其他制度在一定程度上抵消了这种趋势。彩礼带走了最有生产力的家庭和增长潜力最大的，也是儿子最多家庭的更多财富。这些财富大部分分配给了缺乏增长潜力的家庭，也就是女儿众多的家庭。收养和继子继承制可以防止家庭内部劳动力资源的耗竭。最后，近亲之间的互助义务为较贫穷的家庭提供了防止破产的最后一道防线。

然而，应该指出的是，各种平衡制度并没有创造出任何近似于财富的平等分配的因素。最主要的趋势是由社会分裂造成的生产单位的大小不等，而平衡制度只是对这种趋势起到抑制的作用，这在很大程度上意味着要求生产力较高的家庭与较不幸家庭分享其较大一部分财富。

四、家庭规模和经济活力

可能更重要的是，这些不同的平衡制度具有将劳动力资源低于独立生存极限的家庭数量降至最低的效果。在这方面效果最突出的是有关幼子继承、收养和土库曼男性中占大多数的老年人的制度。第五章中讨论的尊重和回避的规范在防止可能导致大家庭提前解体和数量更多的家庭太小而无法生存的冲突方面也发挥了至关重要的作用。

约穆特人与波斯南部的巴萨里游牧民的对比（Barth, 1961, 1964）对约穆特的内部组织方面具有指导意义。巴萨里游牧民与约穆特游牧民的不同之处在于，前者缺乏这样的制度，这种制度鼓励出现有大量成年成员的家庭。巴萨里没有固定的幼子继承制，没有儿子的人一般不收养别人的儿子。在巴萨里人中，男子通常在婚后不久就建立经济上独立的家庭，而约穆特人通常在婚后很久才建立独立的家庭。

在对巴萨里的研究中，巴斯并没有广泛地涉及家庭劳动力资源和经济活力之间关系的问题。然而，有理由认为巴萨里牧民的情况与约穆特牧民的情况并无多大不同，直到最近，也与约穆特农民的情况并无多大不同。事实上，在巴斯的研究中有一些建议，认为这种情况是非常相似的（1961: 117）。如果我们认为这两个群体的劳动力资源和经济活力之间的关系大致相同，巴萨里的特点是平均家庭规模较小，而经济上无法维持生活的家庭所占比例较高。

巴斯的报告指出，每一代人中有很大一部分巴萨里人都因贫困被迫放弃迁徙的游牧生活方式，而在定居的社区中寻找工作，这确实是事实。事实上，巴斯提到，没有孩子或只有女儿的男性极有可能变得贫穷，然后被迫定居（前引书）。

这种对比很有趣，因为巴斯认为，作为一种维持经济资源（主要是牧场）和人口之间健康平衡的机制，许多游牧人口持续定居的过程非常重要。

如果这是真的，那么约穆特和巴萨里之间的对比尤其有趣。根据巴斯的说法，在每一代人中，巴萨里生产的人口超过了其经济资源所能支持的数量，然后通过外迁消化剩余人口。家庭群体的发展周期鼓励了人口的外移，这造成了大量由于劳动力资源有限而无法生存的家庭。相反，本书提出约穆特人有社会机制将人口增长限制在部落资源所能支持的范围内，然后将现有人口组织成足以维持生存的家庭单位（参见 Irons, 1972）。

第八章 综述

本研究中描述的亲属制度的几个特征是对其所处自然和社会环境的适应和发展的结果。这些适应针对两大目标：维持军事能力和经济利益。世系群体系的某些特点有利于利用游牧的流动性，联合大量人员从事军事活动，这显然是为了应对来自其他土库曼族和地理相邻国家外来侵略的不断挑战。家庭组织的一些特点似乎有利于尽量减少经济上无法维持的小家庭的出现。此外，一些有关婚姻的做法似乎有调节人口规模的机制作用。

这些主张都是理论命题，只有在实证检验的基础上才能被接受。在这项研究的某些方面已经提供了支持性证据。然而，在有些情况下，只有提出未来的实证检验或参考正在进行的研究，才能最终更好地检验这些主张。进一步探索可以验证这种主张的方法，指出这样的实证研究如何可以进一步阐明土库曼民族志，将是一项有益的结论性研究。

每种主张都包含这样一个观点，即一种特定的社会形式会对人口产生影响，增加其生存的机会。检验这类命题的一个简单方法是设计实证研究，以确定一种特定的社会形式是否确实具有所假设的有益效果。在第六章末尾就提出了这样的假设，关于它们的研究目前正在进行中。

另一种变通的、稍微宏观的方法也是可能的。这种方法包括试图将历史和民族志资料与更宏观的理论框架联系起来。我们已经可以获得关于适应性社会形式起源的理论（Campbell, 1965; Chagnon, 1974: 67-80, 127-161; Irons, 1974: 655-657; Newcomer, 1972）。简而言之，这一理论认为，人类社会组织形式（以及文化的其他方面）的演化是变异和选择的结果，在许多方面与生物进化的根本原理相似。该理论首先假设存在不同的、在某些方面相互竞争的群体，如土库曼人的各种部落和世系划分。它进一步假设，其中一些群体偶尔会有行为创新。例如，某个特定的土库曼部落或世系偶尔会改变其社会组织的某些特征，使其有别于其祖先以及邻近竞争群体的特征。此外，还假定其中一些变化提供了相对其他群体（平行世系或部落）而言所具有的优势，而另一些变化则导致劣势。优势变异往往被保留下来，并通过两个过程传播：以牺牲弱势群体为代价扩大优势群体，由原本不拥有优势创新的群体模仿它们。不利的变化往往通过相反的过程消失：拥有这些变化的群体的缩小和消失，以及由于某种程度上认识到它们的有害性而放弃这些创新。

将这种理论引入对土库曼人的人类学研究有几个优点。第一，它为某些社会形式在某种程度上适应当地环境这一假设提供了一个大体的理由。第二，也是更重要的一点，它直接表明了历史资料和民族志资料之间可能存在的关系，否则对其无法

/ 第八章 综述 /

理解。此外,这一理论体系的引入还需要更多的实证探索。

上述理论模型表明,历史上记载的部落战争过程是当地演化选择过程的表现。可以追溯到一千年前的土库曼人的文字记载历史,记录了不同的土库曼群体之间以及土库曼部落和邻近定居的国家社会之间持续不断的激烈战争。历史进一步表明,并非所有土库曼部落都在社会环境的竞争压力下生存下来了。许多群体在与竞争群体的军事冲突中不断失去领土,最终要么被更大、更成功的部落吸收为难民,要么被赶出土库曼地区（Abul-Ghazī, 1958; Barthold, 1962; Marvin, 1881; O'Donovan, 1882; Qūrkhānchī Saulat Niẓām, 1903-4; Rabino, 1928; Vambery, 1865; Yate, 1900）。其他更成功的群体以牺牲弱势邻居为代价扩张,最终分裂成众多的后裔群体。

年老报道人的口头报告和较新的书面报告说明这种竞争过程一直持续到和平时期。19世纪下半叶,约穆特人以牺牲郭克连人为代价进行扩张,这种扩张持续了很长一段时间。最初整个古尔干平原都被郭克连人占领,而约穆特人是一个更晚形成的历史群体,最初从巴尔汗山脉入侵到北方。同样在19世纪,比约穆特人形成更晚的特克人群体,以牺牲约穆特人为代价从科佩特山区向外扩张。在俄罗斯征服和平定阿特拉克河以北地区之后,特克人的扩张停止了,但以牺牲郭克连人为代价的约穆特人的扩张继续在波斯领土上进行,直到1925年伊朗土库曼人的平定。甚至在20世纪40年代短暂的无效管理时期,某些约穆特部落也利用这种情况,以牺牲邻近部落为代价扩大其领土。

考虑到土库曼群体长期面临持续的部族间战争，以及部分群体通过这一选择性过程被频繁淘汰，认为最终结果是发展出符合军事效益的社会形式的论点似乎很有说服力。就经济或人口适应的演变而言，这个论点可能缺乏说服力。但是，如果考虑到可能影响这种战争结果的广泛因素，可以合理地假设，以战争形式出现的部落间竞争的过程将导致经济和人口适应形式的演变。口头和书面记录都表明，土库曼人周期性地受到干旱和饥荒的影响。虽然目前很难记录，但似乎有理由认为，不同的群体在其生存受到这些威胁时，其生存能力是不同的。由于社会组织的差异，一些群体可能比其他群体在人口规模和资源之间保持了更好的平衡。在这种情况下，一年或连续几年的干旱或饥荒对某些群体的影响将比其他群体更为不利。一个拥有领土的集团要摆脱这样一种不幸，可能比某些邻国的拥有领土的集团要困难得多，因为后者在资源方面保持着较低的人口密度。在这一点上，扩大一个群体而牺牲另一个群体的情况将是成熟的。家庭组织形式的差异可能导致一个群体中经济上无法生存的家庭比例高于另一个群体，这可能对群体间竞争产生类似的影响。因此，部族间的战争在土库曼地区最好被认为只是宏观选择过程的一个方面，这种选择过程不仅有利于形成提升军事力量的社会组织，而且有助于形成有效的经济活动组织，维持人口和资源之间的健康平衡，或影响某一特定人口生存机会的许多其他因素。

应该记住，至少在目前，不可能完全记录这一选择过程，因此，在某种程度上它只是个理论问题。可以看出，某些土库曼群体已经扩大并分裂成若干后代群体，而其他群体则在减少，在许多情况下消失了。也可以看出，目前不同的土库曼群体在社会组织方面存在差异，这看来会影响他们的竞争成功。然而，没有足够详细的历史文献记载各种土库曼群体的社会制度，因此无法证明特定群体的长期扩张和收缩是社会组织差异的结果。此外，目前存在的社会组织之间的差异还没有得到充分的研究，不足以说明它们在面对群体间竞争时对生存的长期影响。然而，现有的证据确实支持上面介绍的理论，而且该理论确实具有优势，既可以通过未来的研究进行实证检验，又可以提出新的研究方向。特别是，它将建议今后的研究应设法调查土库曼不同群体中的社会组织的变化，并利用历史资料，以便更好地了解世界上土库曼人居住地区的长期历史进程。

· 附录一

阿吉·奎的财富概况

表12列出1967年8月每个家庭拥有生产性财富的详细清单。羊的数量是根据秋天羊群的大小来计算的,那时羊是最小的。在表13中,所有财富都已换算成羊的等值(见第218页注1),并包括关于劳动力资源和资本以外收入来源的资料。在这两张表中,家庭都是按照财富的顺序排列的,从最富有的人开始。为了方便起见,在表12和表13中,用同样的数字表示财富的等级来指示户主。

表12 阿吉·奎的财产持有情况

家庭财富状况排名	绵羊	山羊	马	骆驼	牛	多产旱地*(公顷)	水浇地(公顷)	贫瘠农田(公顷)
1	400	350						5
2	200	500		5				3
3	500	100						
4		60			30	30		4
5	80	39	2		9	20	2	7

* 主要是根据土地改革计划授予的土地。

续表

家庭财富状况排名	绵羊	山羊	马	骆驼	牛	多产旱地（公顷）	水浇地（公顷）	贫瘠农田（公顷）
6	280	40				10		5
7	50	40			1	27		10
8	150	40	1	4				5
9	110	30	1			10		10
10	70	20	1		8	10		
11	40	100				10		5
12	90	20				10		7
13	160	10				10		3
14	50	10		1				2
15	10	60				10		
16	40		1			10		2
17	100	30						5
18	100	30						3
19	30	10				10		2
20	20	20				10		2
21	30					10		5
22	12		1		2	10	2	
23		30				10		2
24	20					10		1
25	20	100	1		1			

续表

家庭财富状况排名	绵羊	山羊	马	骆驼	牛	多产旱地（公顷）	水浇地（公顷）	贫瘠农田（公顷）
26	70	20	1					3
27		6	1			10		3
28		10	1			10		
29	20	80	1					3
30							2	
31	30	30						5
32	40			1				2
33	40		1					
34	30		1	1				
35	30			1				2
36	15	30						6
37	25	10						5
38	30		1					
39	35							
40	20	15						3
41		50						
42		40						2
43	20	10						2
44	20							2
45	15							3

续表

家庭财富状况排名	绵羊	山羊	马	骆驼	牛	多产旱地（公顷）	水浇地（公顷）	贫瘠农田（公顷）
46	15							
47		15						3
48		7	1					2
49	4		1					
50	2	8						2
51		12						
52		6						2
53		4						
54								2
55								2
56								
57								
58								
59								

表13 阿吉·奎的财产、劳动力资源及其他收入来源

土地和牲畜资本排名	土地和牲畜资本价值绵羊的等价形式	家庭中的健康劳动力数量	其他收入				近期新粮财富交易
			寄存	放牧	救济	买卖	
1	637	11					
2	586	6					

/ 附录一 /

续表

土地和牲畜资本排名	土地和牲畜资本价值绵羊的等价形式	家庭中的健康劳动力数量	其他收入				近期新粮财富交易
			寄存	放牧	救济	买卖	
3	566	3					
4	434	14	×				支出11玛勒
5	408	5					
6	392	6					
7	308	11	×			×	
8	229	8					
9	225	8				×	收入11玛勒
10	209	2					
11	192	10	×				
12	191	5					
13	170	6					
14	149	2					
15	130	2					
16	127	10		×		×	
17	125	5					
18	123	6					
19	119	2					
20	116	5	×				
21	115	5	×				

续表

土地和牲畜资本排名	土地和牲畜资本价值绵羊的等价形式	家庭中的健康劳动力数量	其他收入				近期新粮财富交易
			寄存	放牧	救济	买卖	
22	102	5	×		×[1]		
23	102	4					
24	101	5					
25	97	3					
26	92	3					
27	92	4		×			
28	92	6	×	×			
29	81	6	×				
30	80	2			×[1]		
31	55	4					
32	52	5					
33	45	2					
34	45	4	×				
35	42	2					
36	41	6		×			支出21玛勒
37	37	2					
38	35	3					
39	35	3		×			
40	33	3			×		
41	33	2				×	

1 这些家庭的部分成员以宗教教师身份获得施散。

续表

土地和牲畜资本排名	土地和牲畜资本价值绵羊的等价形式	家庭中的健康劳动力数量	其他收入				近期新粮财富交易
			寄存	放牧	救济	买卖	
42	29	2			×		
43	29	2					
44	22	6		×			支出11玛勒
45	18	2			×		
46	15	3	×				
47	13	3		×			
48	12	3			×		
49	9	4		×	×		支出11玛勒
50	9	3			×		
51	8	2		×	×		
52	6	3			×		
53	3	2			×		支出6玛勒
54	2	5		×	×		
55	2	2			×		支出11玛勒
56	0	5	×				
57	0	2	×	×			
58	0	2	×	×			
59	0	2			×		

· 附录二

中等富裕游牧家庭的收入

根据自然和市场条件,每年从一定数量的土地或牲畜中获得的收入大不相同。再加上每个家庭的生产资本都是不断波动的,这就造成了收入高度波动的情况。在估计长期收入时,必须铭记这一事实。

对于阿吉·奎家庭收入的一般范围的一些看法,可以通过考察阿吉·奎某一特定家庭在好年景和坏年景所获得的收入来加以说明。在各种形式的资本(牲畜和土地的各种类型)之间保持一种典型的平衡,并拥有大约中等资产的家庭将最适合于这一目的的考察。阿吉·奎的59个家庭中排名第26位的家庭满足这些要求。这个家庭有70只绵羊、20只山羊、1匹母马和3公顷贫瘠土地。从这笔资金中可以预期的收入范围如表14所示。

表14 阿吉·奎中等家庭的估算年收入

收入来源和类型	歉年的数量（土曼）	丰年的数量（土曼）
现金收入		
绵羊肉销售收入	500土曼	1000土曼
山羊肉销售收入	70土曼	350土曼
羊毛或地毯织料	200土曼	600土曼
幼畜销售	—	300土曼
现金总收入	770土曼	2250土曼
附带收入		
打猎	30土曼	50土曼
采摘蔬菜、石榴	10土曼	40土曼
瓜	—	30土曼
小麦和大麦	—	160土曼
燕麦毛	40土曼	70土曼
毡毛	100土曼	200土曼
肉	400土曼	800土曼
奶	200土曼	600土曼
附带总收入	780土曼	1950土曼
总收入	1550土曼（207美元）	4200土曼（560美元）
人均资本收入（7口之家）	221土曼（29美元）	600土曼（80美元）

· 附录三

关于土库曼词语转写的说明

土库曼语既有用阿拉伯字母书写的,也有用西里尔字母写成的。然而,从任何一种拼写符号转写都存在很大困难。在伊朗,使用阿拉伯字母拼写土库曼语并不规范;不仅不同识字的人使用不同的拼写,而且往往同一人在不同场合对某一特定单词的拼写也会有所不同。此外,在伊朗可以找到的许多材料,无论是以出版还是以手稿的形式写成的土库曼文字,都受到了其他方言的强烈影响,不能准确拼写当地的发音。

用西里尔字母书写土库曼语的系统更加标准,但没有系统地反映土库曼语的发音。[1] 萨达提·察哈台(Saadet Çağatay)使用了一种基于现代土耳其语拼写符号的土库曼语转写系统(1950: 300-324; Dulling, 1960: 37),但是这种系统并不适合土库曼语约穆特方言,因为它忽视了许多音位的差别。一个用拉丁字母书写土库曼语的系统被称为统一的土耳其拉丁字母,是在20

---

1 关于土库曼语西里尔字母符号的说明见G. K. Dullling, 1960。关于这种拼写符号缺点的讨论见Baskakov, 1960。

世纪初发展起来的，但这也不能令人满意，因为修改后的字母不能用普通打字机书写（Dulling, 1960: 41）。由于这些困难，我试图根据我所理解的约穆特方言的音系来创造一套土库曼语词汇的转写系统。由于没有对土库曼语进行彻底的音位分析，因此这个系统没有什么权威性可言。在对土库曼语有了一定程度的了解之后，我对这门语言的音位结构有了一定了解，在没有更好方法的情况下，我就以此为基础来书写土库曼语。读者还应注意，我对土库曼语的掌握在许多方面都有不足之处，不仅对该语言一般音系的理解有误，而且对某些词的翻译无疑也有错误。

图表1概括了土库曼语的元音音位，给出了贯穿全书的代表每个音位的字母。

除了有长短元音区别外，元音系统类似于标准土耳其语。就高、后、不圆唇元音来说，我无法识别长元音。因为元音系统在其他方面是对称的，所以我怀疑这种区别可能存在，即使我不能辨别它。这个疑问用元音表中的问号表示。长元音和短元音的后元音形式的发音部位相同，只是以长短形式符号来区别。但前、长元音发音时位置不同，高元音开口度较小，而低元音开口度较大。[1]

---

[1] 此处和前一句在逻辑上不太一致。根据下面的例子，前元音的长短之别应该为：前、长元音除了较长外，开口度较小；前、短元音除了较短外，开口度较大。——译者

/ 附录三 /

图表1　土库曼语元音

	前				后			
	不圆唇		圆唇		不圆唇		圆唇	
	长	短	长	短	长	短	长	短
高	ī	i	ǖ	ü	(?)	ɨ	ū	u
低	ē	e	ȫ	ö	ā	a	ō	o

简单对应关系列举如下：

ī 如 eat 中的元音

i 如 it 中的元音

ē 如 hat 中的元音，只是稍长一点

e 如 bet 中的元音

ǖ 如德语的 ü，法语的 u，但较长且开口度较小

ü 如德语的 ü，法语的 u

ȫ 如德语的 ò，法语的 eu，但更长、开口度更大点

ö 如德语的 ò，法语的 eu

ɨ 如 hut 中的元音

ā 如 father 中的元音

a 如 father 中的元音，但较短

ū 如 moon 中的元音

u 如 moon 中的元音，但较短

ō 如 hoe 中的元音，但没有滑音

o 如 hoe 中的元音，但没有滑音且较短

图表2 土库曼语双元音

前		后	
前滑	后滑	前滑	后滑
üy		uy	
öy		oy	
ey	ew	ay	aw

这些双元音都以短元音开头,后接一个前滑音或后滑音。这些双元音的部分跟英语元音非常相似:

ey 如英语 day 中的双元音

uy 和 buoy 中的双元音大致一样

oy 如英语 toy 中的双元音

ay 如英语 high 中的双元音

aw 如英语 how 中的双元音

其余双元音没有类似的对应形式。

需要注意的是,有时非双元音按顺序出现,两个元音都不会被相邻的元音改变。因此,单词 quī(好)包含两个这样的元音,和 quy(quymaq 的第二人称命令式,意为"放""安置")相区别,后者是一个单双元音。

辅音见图表3。

图表3　土库曼语辅音

		双唇音	齿间音	齿龈音	龈腭音	腭音	软腭音	咽音
塞音	清音	p		t		k	q	
	浊音	b		d		g	ҹ	
塞擦音	清音				ch			
	浊音				j			
擦音	清音		th		sh		kh	
	浊音		th		zh		gh	
鼻音		m		n			ng	
颤音				r				
边音				l				
半元音		w				y		h

这些音位的对应形式如下：

p 如英语的 p，但在两个元音之间变成双唇擦音

b 如英语的 b，但在两个元音之间变成双唇擦音

t 如英语的 t

d 如英语的 d

k 如英语的 k

g 如英语的 g

q 当表示清塞音时如波斯语的 ق

ҹ 当表示塞音时如波斯语的 ق

ch 如 church 中的第一个辅音（和土耳其语的 ç 一样）

j 如英语的 j（和土耳其语的 c 一样）

th 如 thin 中的第一个辅音

t̲h̲ 如 this 中的第一个辅音

sh 如 shell 中的第一个辅音

zh 如 pleasure 中的 s

kh 如波斯语的 غ

gh 当表示擦音时如波斯语的 غ

m 如英语的 m

n 如英语的 n

ng 如英语 sing 中的最后一个辅音

r 发颤音，如波斯语的 ر

l 发齿音时如英语的 l

w 如英语的 w

y 如英语的 y

h 如英语的 h

需要注意的是，除半元音外，所有辅音在元音间都以叠音形式出现，在元音后近音以叠音形式出现。

土库曼语的元音和谐比土耳其语要简单，只有前后元音和谐。但杜林认为伊朗的土库曼语有不变化词缀，完全丢失了元音和谐，这在约穆特方言中并非如此（1960: 3, 12）。绝大部分词缀都有前后元音的变化形式，但这显然是由于元音的历史变化而导致,并没有相应的后缀变化,所需的后缀并不总是与前面的元音和谐。如 qīth(姑娘、女儿、处女)的复数形式是 qīthlar 不是 qīthler,如果要体现前后元音和谐就应该如后者。同样,gun(天)是 guller,不是 gullar。同样需要注意的是音位形式 -nl- 在发音时总变为 -ll-。在辅音和元音后缀中也有一些变体。因此,不定式后缀有两种形式:-mek 和 -maq。

如上面提到的 -nl- 变为 -ll- 的音位变化形式,有许多形态音位的语音变化。然而,数量太大,在此无法解释。出现在土库曼语文本中的唯一一个变化是,当不需要出现在音节末时,音节末的 q,如 aghtiq(孙子),变为 gh,如 aghtighim(我的孙子)。

在土库曼语和标准土耳其语中,似乎有许多在一定程度上可以预见的音变。如:

土库曼语的 q 一般变为土耳其语的 k

土库曼语的 q̇ 一般变为土耳其语的 k

土库曼语的 th 一般变为土耳其语的 s

土库曼语的 th 一般变为土耳其语的 z

土库曼语的 kh 一般变为土耳其语的 h

土库曼语的 gh 一般变为土耳其语的 g

土库曼语的 w 一般变为土耳其语的 v

土库曼语的 ng 一般变为土耳其语的 n

不太频繁发生的音变是:

土库曼语的 p 经常变为土耳其语的 f
土库曼语的 b 经常变为土耳其语的 v
土库曼语的 d 经常变为土耳其语的 t

两种语言中的单元音和复合元音的变化不是特别有规律，但有一些共同的变化：

土库曼语的 u 经常变为土耳其语的 ü
土库曼语的 o 经常变为土耳其语的 ö
土库曼语的 i 经常变为土耳其语的 ı
土库曼语的 aw 经常变为土耳其语的 ev 或 av
土库曼语的 öy 经常变为土耳其语的 ev
土库曼语的 ew 经常变为土耳其语的 ev

同样，土库曼语的长元音经常变为土耳其语中最相近的形式。

如序言中指出的，在巴托尔德的《土库曼人历史》（1962）中经常出现的土库曼语词汇就按该文献出现的样子拼写。下面列举的是反映当前约穆特语的最常见形式的转写：

巴托尔德的拼写	转写
Oghuz Khan	Oghuth Han
Teke	Teke

Yomut	Yomut
Salor	Thalor
Sarɨq	Tharɨq
Ali-eli	Alīlī
Ersari	Ērtharī
Göklen	Gökleng
Choudor	Chawdɨr

在英语中对"土库曼"有几种不同的拼写（Turkoman, Turcoman, Turkman, Turkmen），我选择了最接近土库曼语发音形式 Türkmen 的 Turkmen。

参考文献

Aberle, D. F.

1953 The Kinship of the Kalmuk Mongols. University of New Mexico Publications in Anthropology, No. 8. Albuquerque, University of New Mexico Press.

Abul-Ghāzī

1958 Shajarehyi Tarākimeh, A. N. Kononov. Russian and Turkmen. Moscow, Akademiya Nauk SSSR.

Arberry, Arthur J.

n. d. The Koran Interpreted. New York, Macmillan.

Arfa, Hassan

1964 Under Five Shahs. London, John Murray.

Arne, T. J.

1945 Excavation at Shah Tepe, Iran. The Sino-Swedish Expedition, Publication 27, Section 7, Vol. 5, Stockholm.

Aswad, Barbara C.

1971 Property Control and Social Strategies: Settlers on a Middle Eastern

Plain. Anthropological Papers of the Museum of Anthropology, No. 44. Ann Arbor, University o f Michigan.

Bacon, Elizabeth E.

    1958   Obok: A Study of Social Structure in Eurasia. Viking Fund Publications in Anthropology, No. 25. New York, Wenner-Gren Foundation for Anthropological Research.

Barth, Fredrik

    1959   Segmentary Opposition and the Theory of Games: A Study of Pathan Organization. Journal of the Royal Anthropological Institute, Vol. 89.

    1961   Nomads of South Persia: The Basseri Tribe o f the Khamseh Confederacy. New York , Humanities Press.

    1964   Capital, Investment and the Social Structure of a Pastoral Nomad Group in South Persia. *In*: Capital, Savings and Credit in Peasant Societies, Raymond Firth and B. S. Yamey, eds. Chicago, Aldine Publishing Co.

Barthold, V. V.

    1962   A History of the Turkman People. *In*: Four Studies of the History Central Asia, by V. V. Barthold, trans. by V. and T. Minorsky. Vol. 3. Leiden, E. J. Brill.

Baskakov, N. A.

    1960   The Turkic Peoples of The USSR: The Development of their Language and Writing. Oxford, Central Asian Research Centre in association with St. Antony's College (Oxford) Soviet Affairs Study Group.

/ 参考文献 /

Behnam, J.
1968 Population. *In*: The Land of Iran, W. B. Fisher, ed. Vol. 1: The Cambridge History of Iran. Cambridge, Cambridge University Press.

Bender, Donald R.
1971 Population and Productivity in Tropical Forest Bush Fallow Agriculture. *In*: Culture and Population, Steven Polger, ed. Cambridge, Schenkman.

Bobek, H.
1968 Vegetation. *In*: The Land of Iran, W. B. Fisher, ed. Vol. 1: The Cambridge History of Iran, Cambridge, Cambridge University Press.

Bruk, S. I. and V. S. Apenchenko
1964 Atlas Narodov Mira. Moscow, Akademiya Nauk SSSR.

Bustāmī, Mīrzā Bābā Valadi Mīrzā Safar'Alī
1878 Ti'dādi Naufūsi Astarābād. Teheran, National Malik Library, Manuscript 4330 (3 Muharram 1296/1878).

Çağatay, Saadet S.
1950 Türk Lehçeleri Örnekleri. Ankara Üniversitesi Dil ve Tarih-Coğrafya Fakültesi Yayımları, No. 26. Ankara, Türk Tarih Kurumu Basımevi.

Campbell, Donald T.

    1965   Variation and Selective Retention in Socio-Cultural Evolution. *In*: Social Change in Developing Areas, Herbert R. Barringer, George I. Blacksten and Raymond W. Macks, eds. Cambridge, Mass., Schenkman.

Chagnon, Napoleon A.

    1974   Studying the Yąnomanö. New York, Holt, Rinehart and Winston.

Coon, Carleton S.

    1958   Caravan: The Story of the Middle East. Revised ed. New York, Holt, Rinehart and Winston.

Cunnison, Ian

    1966   Baggara Arabs: Power and the Lineage in a Sudanese Nomad Tribe. Oxford, Clarendon Press.

Curzon, George N.

    1892   Persia and the Persian Question. 2 Vols. London, Longmans, Green.

Dulling, G. K.

    1960   An Introduction to the Turkmen Language. Oxford: Central Asian Research Centre in association with St. Antony's College (Oxford) Soviet Affairs Study Group.

d'Encausse, Hélène Carrère

    1967*a*   Systematic Conquest, 1865 to 1884. *In* : Central Asia: A Century of Russian Rule, Edward Allworth, ed. New York , Columbia

University Press.

1967*b* Civil War and New Governments. *In* Op.cit.

1967*c* The National Republics Lost Their Independence. *In* Op. cit.

English, Paul W.

1966 City and Village in Iran: Settlement and Economy in the Kirman Basin. Madison, The University of Wisconsin Press.

Epstein, A. L., ed.

1967 The Craft of Social Anthropology. London, Tavistock Publications.

Evans-Pritchard, E. E.

1940 The Nuer. Oxford, Oxford University Press.

Fortes, Meyer and E. E. Evans-Pritchard

1940 African Political Systems. Oxford, Oxford University Press.

Fox, Robin

1967 Kinship and Marriage: An Anthropological Perspective. Baltimore, Penguin Books.

Garthwaite, G. R.

1969 Pastoral Nomadism and Tribal Power. Unpublished paper delivered at the Conference on the Structure of Power in Islamic Iran at the University of California, Los Angeles.

Goody, Jack, ed.

1962 The Developmental Cycle in Domestic Groups. Cambridge Papers in

Social Anthropology, No. 1. Cambridge, Cambridge University Press.

Hanessian, John

 1963 Yosouf-abad, an Iranian Village. American Universities Field Staff Reports, Southwest Asia Series, Vol. 12, Nos. 1–6.

Hsu, Francis L. K.

 1965 The Effects of Dominant Kinship Relations on Kin and Non-Kin Behavior: A Hypothesis. American Anthropologist, Vol. 67, No. 3.

Hudson, Alfred E.

 1938 Kazak Social Structure. Yale University Publications in Anthropology, No. 20. New Haven, Yale University Press.

Iran, Government of

 1961 National and Province Statistics of the First Census of Iran: November 1956. Vol. 1, Number and Distribution of the Inhabitants of Iran and the Census Provinces. Teheran, Department of Public Statistics, Ministry of Interior, Government of Iran.

Irons, William G.

 1965 Livestock Raiding among Pastoralists: An Adaptive Interpretation. Papers of the Michigan Academy of Science, Arts and Letters, Vol. 50.

 1968 The Turkmen Nomads. Natural History, Vol. 77, No. 9, pp. 45–51.

 1969 The Turkmen of Iran: A Brief Research Report. Iranian Studies, Vol. 2, No. 1, pp. 27–38.

 1972 Variation in Economic Organization: A Comparison of the Pastoral Yomut and the Basseri. *In*: Perspectives on Nomadism, William

Irons and Neville Dyson-Hudson, eds. Leiden, Brill.

    1974 Nomadism as a Political Adaptation: The Case of the Yomut Turkmen. American Ethnologist, Vol. 1, No. 4, pp. 635-658.

    n. d. The Wynne-Edwards Hypothesis and Human Population Growth: The Implications of Research among the Yomut Turkmen.

Jarring, Gunnar

    1939 On the Distribution of Turk Tribes in Afghanistan: An Attempt at Preliminary Classification. Lunds Universitets Arsskrift, N. F. Avd.1, Bd. 35, No. 4. Lund: Lunds Universitet.

König, Wolfgang

    1962 Die Achal-Teke: Zur Wirtschaft und Gesellschaft einer Turkmcnen-Gruppe im XIX Jahrhundert. Berlin: Akademie-Verlag.

Köprülü Zāde, Fu'ad

    1931 Turkoman Literature. *In*: The Encyclopaedia of Islam: A Dictionary of the Geography, Ethnography, and Biography of the Muhammadan Peoples. M. Th. Houtsma, A. J. Wensinck, H. A. R. Gibb, W. Heffening, and E. Levi Provençal, eds. London, Luzac.

Kovada, V. A.

    1961 Land Use Development in the Arid Regions of the Russian Plain, the Caucasus, and Central Asia. *In*: A History of Land Use in Arid Regions, L. Dudley Stamp, ed. Vol. 17: Arid Zone Research. Paris, UNESCO.

Kradcr, Lawrence

    1955 Ecology of Central Asian Pastoralism, Southwestern Journal of

Anthropology, Vol. 2, No. 4, pp. 301-326.

1963a Peoples of Central Asia. Indiana University Uralic and Altaic Series, Vol. 26. Bloomington, Indiana University.

1963b Social Organization of the Mongol-Turkic Pastoral Nomads. Indiana University Uralic and Altaic Series, Vol. 20. The Hague, Mouton.

1968 Turkmen. Encyclopaedia Britannica, Vol. 22. Chicago, Encyclopaedia Britannica, Inc.

Lambton, Ann K. S.

1953 Landlord and Peasant in Persia: A Study of Land Tenure and Land Revenue Administration. London, Oxford University Press.

Lane, E. W.

1908 Manners and Customs of the Modern Egyptians. 3rd ed. New York, E. P. Dutton.

Lattimore, Owen

1962 Inner Asian Frontiers of China. Boston, Beacon Press.

Lévi-Strauss, Claude

1963 Structural Anthropology. Claire Jacobson and Brooke Grundfest Schoepf, trans. New York, Basic Books.

1969 The Elementary Structure of Kinship. James Harle Belle, John Richard von Sturmer, and Rodney Needham, trans. London, Eyre and Spottiswoode.

Lewis, I. M.

1961 A Pastoral Democracy: A Study of Pastoralism and Politics among the Northern Somali of the Horn of Africa. London, Oxford University Press.

Marvin, Charles.

1881   Merv, The Queen of the World: and the Man-Stealing Turcomans with an Exposition of the Khorassan Question. London, W. H. Allen.

McLachlan, K. S.

1968   Land Reform in Iran. *In*: The Land of Iran, W. B. Fischer, ed. Vol. I: The Cambridge History of Iran. Cambridge, Cambridge University Press.

Menges, Karl H.

1967   Peoples, Languages, and Migrations. *In*: Central Asia: A Century of Russian Rule, Edward Allworth, ed. New York, Columbia University Press.

Middleton, John and David Tait

1958   Tribes Without Rulers: Studies in African Segmentary Systems. London, Routledge and Kegan Paul.

Murphy, Robert F. and Leonard Kasdan

1959   The Structure of Parallel Cousin Marriage. American Anthropologist, Vol. 61, No. 1, pp. 17−29.

1967   Agnation and Endogamy: Some Further Considerations. Southwestern Journal of Anthropology, Vol. 23, No. 1, pp. 1−14.

Mu'īnī, Asad'ullāh

1966 Jughrāfīyā va Jughrāfīyāyī Tārīkhīyi Gurgān va Dasht. Teheran, Chāpkhānehyi Sharkati Sahāmīyi Tab'i Kitāb, Isfand 1344 Hijrī Shamsī.

Netting, Robert McC.

1965 Household Organization and Intensive Agriculture: The Kofyar Case. Africa, Vol. 35, No. 4 , pp. 422-429.

1968 Hill Farmers of Nigeria: Cultural Ecology of the Jos Plateau. American Ethnological Society Monograph 46. Seattle, University of Washington Press.

Newcomer, Peter J.

1972 The Nuer are Dinka: An Essay on Origins and Environmental Determinism. Man, New Series, Vol. 7, No. 1, pp. 5-11.

O'Donovan, Edmond

1882 The Merv Oasis: Travels and Adventures East of the Caspian During The Years 1879-80-81 Including Five Months Residence Among the Tekkes of Merv. 2 Vols. London, Smith, Elder and Co.

Okazaki, Shoko

1968 The Development of Large-Scale Farming in Iran: The Case of the Province of Gorgan. I.A.E.A. Occasional Papers Series, No. 3. Tokyo, The Institute of Asian Economic Affairs.

Patai, Raphael

1965 The Structure of Endogamous Unilineal Descent Groups.

Southwestern Journal of Anthropology, Vol. 21, No. 4, pp. 325–350.

Pehrson, Robert N.

    1966   The Social Organization of the Marri Baluch, compiled and analyzed from Pehrson's notes by Fredrik Barth. Viking Fund Publications in Anthropology, No. 43. New York, Wenner-Gren Foundation for Anthropological Research.

Peristiany, J. G., ed.

    1965   Honour and Shame: The Values of Mediterranean Society. London, Weidenfeld and Nicholson.

Peters, E. L.

    1960   The Proliferation of Segments among the Bedouin of Cyrenaica. Journal of the Royal Anthropological Institute, Vol. 90, pp. 29–53.

Petrushevsky, I. P.

    1968   The Socio-Economic Condition of Iran under the Il-khans. *In*: The Saljug and Mongol Periods, J. A. Boyle, ed. Vol. 5, The Cambridge History of Iran. Cambridge, Cambridge University Press.

Pūrkarīm, Hūshang

    1966*a*   Turkumanhāyi Īrān. Hunar va Mardum 41 and 42: 28–42. 1345.

    1966*b*   Turkumanhāyi Īrān, II. Hunar va Mardum 50: 22–34. 1345.

    1967   Turkumanhāyi Īrān; Bāzrasīyi Zamīnehāyi Ijtimā'ī, III. Hunar va Mardum 61 and 62: 48–64. 1346.

    1968*a*   Turkumanhāyi Īrān, IV. Hunar va Mardum 63:25–33. 1346.

    1968*b*   Īncheh Burūn. Hunar va Mardum 71: 43–55. 1347.

1968c Incheh Burūn, II. Hunar va Mardum 73: 25-41. 1347.

1970 Turkumanhāy: Dihkadehyi Qusheh Tappeh. Hunar va Mardum 91: 38-48. 1349.

Qūrkhānchī Saulat Nizām, Muhammad 'Alī

1903-4 Nukhbehyi Sifīyeh. Teheran, Library of the National Assembly, Manuscript 690, 1321.

1909-10 Nukhbehyi Kāmrafi. Teheran, National Malik Library, Manuscript 3935, 1327.

Rabino, H. L.

1928 Māzandarān and Astarābād. London, Luzac.

Sahlins, Marshall D.

1961 The Segmentary Lineage System: An Organization of Predatory Expansion. American Anthropologist. Vol. 63; pp. 322-345.

1968 Tribesmen. Foundations of Modern Anthropology Series. Englewood Cliffs, N. J., Prentice-Hall.

Salzman, Philip C.

1967 Political Organization among Nomadic Peoples. Proceedings of the American Philosophical Society. Vol. 3, No. 2, pp. 115-131.

Siegel, Sidney

1956 Nonparametric Statistics for the Behavioral Sciences. New York, McGraw-Hill.

参考文献

Smith, M. G.

1956 Segmentary Lineage Systems. Journal of the Royal Anthropological Institute. Vol. 86, pp. 39−80.

Spooner, Brian

1969 Politics, Kinship, and Ecology in Southeast Persia. Ethnology, Vol. 8, No. 2, pp. 139−152.

Stirling, Paul

1965 Turkish Village. London, Weidenfeld and Nicolson.

Vambery, Arminius

1865 Travel in Central Asia: Being the Account of a Journey from Teheran across the Turkoman Desert on the Eastern Shore of the Caspian to Khiva, Bokhara and Samarcand. New York, Harper and Brothers.

Vreeland, Herbert H., III.

1957 Mongol Community and Kinship Structure. New Haven, Human Relations Area Files.

Wynne-Edwards, V. C.

1962 Animal Dispersion in Relation to Social Behavior. New York, Hafner.

1965 Self-regulating Systems in Populations of Animals. Science, Vol. 147, pp. 1543−48.

Yate, C. E.

1900 Khurasan and Sistan. London, William Blackwood and Sons.

照片1　一个约穆特妇女在迁徙后搭建她的帐篷

照片2　一个约穆特妇女在挤羊奶

照片3　一个约穆特男子在郭克恰山打猎

照片4　屠宰山羊后制作皮革

照片5 郭克恰山上的游牧帐篷

照片6 短途迁徙后搭建营地

附 土库曼人的历史及社会组织

马 伟

第一节 土库曼人的早期历史

一、从乌古斯到土库曼

威廉·艾恩斯先生在《约穆特土库曼人》的研究中指出，作为研究对象的约穆特和其他如郭克连、特克、撒鲁尔和撒拉克等是构成土库曼人的同源群体。这些群体的语言相同，文化传统也基本相同。他们被认为是神话人物乌古斯汗的后代，其中也包含与乌古斯汗后代长期共同居住而吸收进来的其他血缘群体。从语言学的角度讲，土库曼语属于阿尔泰语系突厥语族的乌古斯语组或西南突厥语组，与阿塞拜疆语和现代土耳其语有密切关系，这些语言受阿拉伯语和波斯语影响很大。然而，由于地理原因，土库曼人与中亚其他突厥语民族，特别是哈萨克族和吉尔吉斯族的文化亲缘关系比与他们语言上最亲近的阿塞拜疆族和土耳其族的文化亲缘关系更近。

/ 约穆特土库曼人 /

土库曼人的起源可以追溯到中世纪早期的乌古斯游牧部落联盟，他们生活在今天的蒙古和西伯利亚南部贝加尔湖周围。这个联盟被称为九姓乌古斯，由讲突厥语的民族组成，这些民族构成了中亚强大草原帝国的基础。乌古斯是突厥人的一支，该词曾在8世纪出现在蒙古高原的用突厥如尼文写的碑铭上，写作"九姓乌古斯"或"乌古斯"。[1]在汉文史料中，乌古斯分别有"护骨"（《魏书·高车传》）、"纥骨"（《魏书·官氏志》）、"乌讙"（《隋书·铁勒传》）、"斛薛"（《隋书·铁勒传》）、"乌护"（《北史·铁勒传》）、"骨纥"（《通典》卷一九九《铁勒》）、"乌骨"（《西州图经残卷》）、"乌鹘"（《新唐书·王方翼传》）等多种汉语音译名称。这些不同的名称实指同一内容。对此已有学者指出，乌古斯前身为乌护，从6世纪起自东向西迁移，经热海迁居到黑海、咸海一带，称为"古斯"或"乌古斯"。后来向南向西迁徙，史称"土库曼"。[2] 在巴托尔德看来，锡尔河下游兴起的古斯或乌古斯与东突厥斯坦境内的九姓乌古斯同样是苏禄死后分散在各地的西突厥人的一部分。因此，乌古斯、九姓乌古斯、古斯、乌护基本上应是指同一部落。[3]

6世纪以前，乌古斯人居住于天山东部，《隋书·铁勒传》载："伊吾以西，焉耆之北，傍白山，则有乌护。"在西突厥政权解体后

---

1 耿世民：《古代突厥文碑铭研究》，中央民族大学出版社，2005年，第245页。
2 蒋其祥、周锡娟：《九至十三世纪初突厥各部的分布与变迁》，《新疆社会科学》1983年第4期。
3 巴托尔德著，张锡彤、张广达译：《蒙古入侵时期的突厥斯坦》（上），上海古籍出版社，2007年，第233页。

的8世纪，乌古斯人便大量西迁，试图夺取西突厥留下的部分领土。在这一时期，乌古斯人与葛逻禄人在锡尔河流域展开了长期的斗争。9世纪中叶，乌古斯人战胜了原来从乌古斯部分离出去的裴奇内格人，迫使后者逃到巴尔干半岛。10世纪末佚名作者用波斯文写的地理著作《世界境域志》记载：10世纪初期乌古斯人的游牧领地东至古斯沙漠和河中诸城镇，南邻古斯沙漠的一部分和可萨海，西面与北面为里海。由此可见，乌古斯人的游牧区域在咸海周围和里海北岸，包括曼格什拉克半岛。乌古斯的东邻是葛逻禄部落，北连基马克地界，西面是可萨人和保加尔人，南面和东南面为阿拔斯王朝的边远地区，许多穆斯林在此居住。但乌古斯人最主要的根据地是锡尔河中下游地区。[1] 这时的乌古斯人没有自己的可汗，他们的首领被称为叶护，叶护政权的主要位置在锡尔河下游，养吉干是叶护冬天的驻地。此时的乌古斯政权是个部落联盟，阶级分化不很明显。"乌古斯的首领和人民同甘苦、共创业，服装同战士很少有区别。"[2]

到了10世纪，乌古斯人已经扩张到咸海的西部和北部，并进入今天哈萨克斯坦的大草原，不仅吸收了伊朗人，而且吸收了来自克普切克和葛逻禄的突厥语民族。"土库曼"一词最早出现在10世纪的

---

[1] 敬东：《试论乌古斯突厥蛮塞尔柱克人的联系与区别》，《西北民族研究》1996年第2期。

[2] 〔苏〕威廉·巴托尔德著，罗致平译：《中亚突厥史十二讲》，中国社会科学出版社，1984年，第112页。

穆斯林文献中。[1] 该词当时包含了乌古斯人和葛逻禄人[2]，后来只指信仰伊斯兰教的乌古斯人。从阿拉伯人在中亚的发展来看，早在7世纪时就有阿拉伯军队在该地区活动。在伍麦叶王朝时期，阿拉伯人在中亚取得了重大胜利。在8世纪的前一二十年，中亚的巴里黑、布哈拉、撒马尔罕甚至于锡尔河流域的费尔干纳等相继被他们征服。不过，乌古斯等突厥人是否在这一时期接受了伊斯兰教还没有可靠而确切的史料证据。但最晚于10世纪左右，乌古斯人就应该信仰伊斯兰教了。当乌古斯人信仰伊斯兰教后，乌古斯一名便逐渐被土库曼所代替了。

Turkman中的-man在突厥语中不是很清楚。有学者认为其来自突厥语和波斯语的混合，Turk + man，后者来自manand，意为"像"。Turkman意为"像突厥的人、类似突厥的人"。但也有学者认为-man是加强词义的词缀。[3] 在《先祖科尔库特传》中一位乌古斯英雄也使用这一名称。-man的意思也可能为"真正的，纯粹的"，Turkman意为"纯粹的突厥人"。[4] 对此，勒内·吉罗也指出，土耳其语中的koda-man（贵族），雅库特语中的ata-man（首领、集

---

1 V. V. Barthold, translated by V. and T. Minorsky. A History of Turkman People, in *Four Studies on the History of Central Asia*. Leiden: E. J. Brill, 1962: 77.
2 麻赫默德·喀什噶里著，校仲彝等译：《突厥语大词典》（第一卷），民族出版社，2002年，第62、500页。
3 Peter B. Golden, *An Introduction to the History of the Turkic Peoples: Ethnogenesis and State-Formation in Medieval and Early Modern Eurasia and the Middle East*. Otto Harrassowitz, 1992: 213.
4 Larry Clark, *Turkmen Reference Grammar*. Harrassowitz Verlag, 1998: 4.

团的头目、大师），哈萨克语和柯尔克孜语的ata-man（司令）等也有-man，是加强意义的词缀。[1]

10世纪末，以塞尔柱为核心的乌古斯人开始南下，先成为萨曼尼王朝的边防军，驻于布哈拉附近，后趁伽色尼王朝的混乱，他们夺取了马鲁、内沙布尔等地。11世纪，著名学者麻赫默德·喀什噶里将乌古斯和土库曼人的语言描述为不同于其他突厥人的语言，并确定了22个乌古斯部落，其中一些出现在后来的土库曼族谱和传说中，成为早期土库曼人的核心。

1040年，塞尔柱人大败伽色尼军，从而占领了呼罗珊全境。托格里尔宣布内沙布尔为都城，建立相应的行政机构，奠定了塞尔柱帝国的基础。1051年，在夺取了伊斯法罕后，又将其都城移到那里。在征服阿塞拜疆后，1055年托格里尔率兵进入巴格达。阿拔斯王朝哈里发被迫赐予托格里尔"素丹"称号，封他为"东方与西方之王"。从此，托格里尔获得了对阿拔斯王朝实际上的控制，哈里发只成为一个象征性的宗教领袖。在11世纪末期，帝国达到了鼎盛时期，塞尔柱人先后攻占了拜占廷亚美尼亚省首府阿尼、耶路撒冷、大马士革，从什叶派法蒂玛王朝手中收回了麦加和麦地那，并俘获了拜占廷皇帝，小亚细亚东部地区也尽在其控制之中。1091年，该帝国又将其首都迁至巴格达，在星期五的聚礼祈祷中，塞尔柱素丹的名字与哈里发并列。至此，塞尔柱帝国的版图东至中亚并与中国接壤，

---

[1]〔法〕勒内·吉罗著，耿升译：《东突厥汗国碑铭考释》，新疆社会科学院历史研究所，1984年，第103页。

西达叙利亚和小亚细亚,南临阿拉伯海,北接俄罗斯。[1] 13世纪,塞尔柱政权被蒙古人征服。

在塞尔柱帝国衰弱时期,乌古斯撒鲁尔部以伊朗的设拉子为中心建立了撒鲁尔王朝。王朝时期或王朝解体之后,另一部分撒鲁尔人在乌古尔吉克的率领下,去了曼格什拉克。在伊拉克,乌古尔吉克和巴云杜尔(Bayundur)部发生了冲突,然后他继续带领1000帐撒鲁尔人由沙马和(Shamakhi)奔向克里米亚(Crimea),再从那儿渡过伏尔加河(Volga)来到亚依柯(Yayik)。他们在那里和康里(Qanglï)人的阔克·同里(Gök Tonlï)汗发生争吵,后者强夺了乌古尔吉克的700帐人民。乌古尔吉克和他的300帐人民去了曼格什拉克。在曼格什拉克驻留了三年后,他们又被迫向南进发直到巴尔汗山脉。乌古尔吉克有六个儿子,其中较长的两个是约穆特部和爱尔撒里部的祖先,加上特克人、撒拉克人,是外撒鲁尔人,其他的是内撒鲁尔人的祖先。在16世纪,这些部落形成了一个联盟,其中内撒鲁尔居住在海边,而外撒鲁尔居住在远离海边的去往花拉子模方向的地方。[2] 这时,土库曼人处于希瓦汗国、布哈拉汗国和伊朗萨菲王朝的统治之下。阿布尔·哈齐记载了希瓦汗国索菲昂汗向土库曼人征税的情况:

---

1 中国伊斯兰百科全书编委会编:《中国伊斯兰百科全书》,四川辞书出版社,1996年,第471页。

2 V. V. Barthold, translated by V. and T. Minorsky. A History of Turkman People, in *Four Studies on the History of Central Asia*. Leiden: E. J. Brill, 1962: 132.

/ 附　土库曼人的历史及社会组织 /

突厥蛮（土库曼）人百分之百地同意（这些条件），决定一万只羊由伊尔萨黑人支付，一万只羊由呼罗珊人支付，八千支羊由忒该人、萨耳黑人及尤穆人支付。以上说的所有伊勒组成同一个兀鲁黑被统称之为塔失吉-萨鲁尔……[塔失吉-萨鲁尔（Taschki-Salour）是指"外部的萨鲁尔"，与伊失吉-萨鲁尔（Itschki-Salour，"内部的萨鲁尔"）相对而言]……伊彻吉-萨鲁尔应缴纳一万六千只羊，此外再加一千六百只供给汗的膳羊。人们称这种膳羊为哈赞-忽依（qazan-qouï，小锅汤羊）；称那一万六千只羊为贝刺特-忽依（berat-qouï，进贡羊）。[1]

根据阿布尔·哈齐的记载，外撒鲁尔居住在离玉龙赤杰较近的地方，而内撒鲁尔居住在较远的西面地区。在17世纪末，这个部落联盟解体，其中三支有名的分支迁到东方，然后到了南方。约穆特部分化为东西两部，特克部迁到了科佩特山的阿喀尔地区，之后逐渐到了穆尔加布（Murgap）河盆地。撒尔鲁人迁到咸海以南呼罗珊绿洲的阿姆河三角洲地区，咸海东南方向的阿姆河中游地区，今天阿什哈巴德北部的阿喀尔绿洲和伊朗边界科佩特山一带，以及今天土库曼斯坦的穆尔加布河地区。[2] 这个迁徙的过程持续了200年左右的时间，直至19世纪初，土库曼人才完成了定居过程。此时，土库

---

1 〔乌兹别克〕阿布尔·哈齐·把秃尔汗著，罗贤佑译：《突厥世系》，中华书局，2005年，第201—202页。
2 Library of Congress – Federal Research Division, USA. *Country Studies: Turkmenistan*. http://www.mongabay.com/reference/country_studies/turkmenistan/HISTORY.html [2021-4-18].

曼人有20万帐、100多万人。[1] 19世纪末,沙俄兼并了土库曼斯坦。俄国十月革命后,土库曼斯坦成立了苏维埃政权。1991年苏联解体后,土库曼斯坦获得独立。

二、土库曼人眼中的民族史

根据土库曼斯坦前总统萨帕尔穆拉特·土库曼巴什的著作[2],土库曼人将自己的历史追溯至5000年前的乌古斯汗时代。这时疆土自科佩特山脉向前延伸,包括梅尔夫(马雷)、库尼亚乌尔根奇等,这些土地的一边从哈扎尔到巴尔赫,另一边直到伏尔加河。2500年前,出身于乌古斯部落的麦捷汗是大胡国强有力的统治者之一,他在中国被称为冒顿。麦捷汗统治的疆域达1800万平方千米,一边从哈扎尔延伸到与印度接壤,另一边从喜马拉雅山延伸到西伯利亚。

源于乌古斯汗时代的土库曼人国家在亚洲和欧洲的发展中留下了自己的历史足迹,从1世纪到13世纪,帕提亚国、伽色尼土库曼国、塞尔柱土库曼帝国和库尼亚乌尔根奇土库曼国,都对世界历史政治产生明显影响。格约克土库曼人是信天、信天神的乌古兹人,由胡人王朝的继承人布门汗于552年建立了国家,754年国家解体。他们留下了著名的鄂尔浑碑文。840年,土库曼人建立了哈剌汗

---

[1] 许涛:《关于土库曼人的历史性大迁徙》,《新疆大学学报》1995年第2期。
[2] 萨帕尔穆拉特·土库曼巴什:《鲁赫纳玛》,土库曼斯坦国家出版局,2003年。

土库曼国，后来作为第一个接受伊斯兰教的土库曼国家被载入史册。1042年该国分裂为两个部分。之后，土库曼人建立了大乌古斯土库曼国，就是塞尔柱帝国。历史上的黑羊王朝、白羊王朝、奥斯曼帝国等都是土库曼人建立的国家。在17至19世纪，土库曼人失去了自己的国家。20世纪，土库曼人经历了巨大磨难后，终于在1991年又重新恢复了自己的国家。

可见，土库曼人在溯源民族历史时更多地强调乌古斯突厥人，而在分析土库曼斯坦国家形成时则也兼顾和土库曼人历史来源并不相同的帕提亚国等。

第二节 土库曼社会组织形式及其功能

土库曼是个特别注重部落意识的群体。根据神话传说，他们把自己的祖先追溯至传说中的乌古斯汗。根据14世纪波斯学者拉施特的《史集》记载，乌古斯有六子，分别为坤（太阳）、爱（月亮）、余勒都思（星星）、阔阔（天）、塔黑（山）和鼎吉思（海）。这六个儿子又分别有四子，共二十四子，这就是乌古斯部族的二十四部落。[1] 苏联学者巴托尔德将11世纪的麻赫默德·喀什噶里所记载的乌古斯部与拉施特的乌古斯做了对比，并说前者的名称更古老：

---

[1]〔波斯〕拉施特主编，余大钧、周建奇译：《史集》（第一卷第一分册），商务印书馆，1983年，第142—145页。

麻赫默德·喀什噶里	拉施特
Qïnïq	Qïnïq
Qayïgh	Qayï
Bayundur	Bayundur
Ive 或 Iyve	Yive
Salghur	Salur
Afshar	Avshar
Bektili	Bekdili
Bükdüz	Bükdüz
Bayat	Bayat
Yazghïr	Yazïr
Eymür	Eymür
Qara-bülük	Qara-evli
Alqa-bülük	Alqïr-evli
Igder	Yigder
Ürekir 或 Yürekir	Ürekir
Tutïrqa	Dudurgha
Ula-yondlug	Ula-yontlï
Tüker	Düker
Becheneg	Bijne
Juvaldar	Javuldur
Jibni	Chebni[1]

目前生活在世界上的土库曼人都被认为是乌古斯汗这24个支系的后裔。不同地方的土库曼人从最大群体开始，可以划分许多层次

---

[1] V. V. Barthold, translated by V. and T. Minorsky. A History of Turkman People, in *Four Studies on the History of Central Asia*. Leiden: E. J. Brill, 1962: 110.

的群体，将土库曼人逐渐分为更小和更密切相关的群体，直到最终达到由10至40个家庭组成的小群体。所有这些后裔不管其大小在土库曼语中都可以被称为台帕。其中较大的分支通常被称为哈勒格。像本文中的约穆特这样的团体，以及特克和郭克连通常被称为哈勒格。最小的群体（由10到40个家庭组成）通常被称为提热（tire）。这种谱系知识是由传说及文献记载传承的，并不被所有普通人所知晓。

普通土库曼人通常将谱系源头追溯至哈勒格，如约穆特等，然后较小的就是提热。由于文献的缺乏，不同的群体对谱系认识程度不同。如前文图7所示的族谱是从书面资料中摘录的，比大多数口传的族谱都要详细。在本研究中，大多数报道人对最近几代人的族谱记忆完整而精确。他们能够说出五到七代祖先的名字，并对这些祖先的后代能够追踪，能够提供一个完整的五代到七代辈分的男性世系族谱。这与哈萨克人的情况非常相似。绝大多数哈萨克族都能背诵七代之内的祖先名字，除非父母早逝的人没有接受相关的知识教育。与土库曼人关系密切的中国撒拉族中则根本没有这样的意识。撒拉族人最多能够记住爷爷辈的名字，也就是自己曾亲眼见过的祖先的名字。撒拉族不太关注对逝去祖先名字的记忆。

在游牧的约穆特人社会中，一般是2到10顶帐篷组成一个大家庭生活在一起，其户主之间是父子关系或兄弟关系。有时，他们也与关系较远的其他群体共同宿营，但加入营地需提前征得同意。同营地的人商量决定游牧迁徙的时间和地点。个别情况下，如果对此问题达不成一致，个别成员会脱离营地。

这样的几组营地又构成了较大的居住群体"奥巴"。这些家庭对某些特定领土享有共同权利，拥有共同财产，每个家庭在共同财产中所占份额相等。在政府的有效统治还没有到达约穆特人中间时，这种奥巴没有复杂的执行结构。其负责人是选举产生的。在自己营地范围或更大的奥巴之内，每个家庭都有权在奥巴的领土上放牧，使用该领土内的任何自然水源。一旦开垦出一块土地或挖出一口水井，就成了他们的私有财产。

在奥巴之上的社会群体是"伊勒"，它由多个奥巴组成，相当于部落。伊勒内的奥巴组织，一般关系和谐，它们团结一致，共同防御外来的敌对势力。政治上统一的奥巴中最小的这类群体在地理上是相邻的，因此可以称为居住群体。约穆特人中的较大群体谢热普和乔尼就是这样的伊勒。在政府有效控制这些组织之前，这些组织地理并不总是相连的，通常以和平方式结成防御联盟。在约穆特社会中，一个血缘群的谢热普人被当作台帕，由谢热普人的后裔组成。而作为伊勒（联盟）的谢热普是个较大群体，包括除了高举格、撒拉格和都吉血缘群外的其他群体。因此，伊勒（部落或邦联）具有政治属性，而台帕更强调血缘属性。

如果在伊勒内部发生凶杀，复仇的权利仅限于有七代血统的父系亲属。这种共同的血缘责任关系可以用亲属术语"甘·都杀儿"。如果一个人说"某某人是我的甘·都杀儿"，意思是他和他所指的那个人有一个共同的父系祖先，他们之间的亲缘关系都不超过七代。仇杀权仅限于与被害者是同甘·都杀儿的人，而合适的目标仅限于与凶手是同甘·都杀儿的人。除意外杀人外，血债都要血偿。凶手为了躲避被报复，往往外逃他乡。在杀人事件中，如果凶手和受害者有同甘·都杀儿的亲属关系，只有凶手本人才是合法的被报复目标，而且那些更亲近受害者的人才有权对凶手进行报复。当复仇成功实施时，通常是由受害者的近亲属对杀手本人或杀手的近亲属进行报复。

如果是杀人以外的纠纷，很有可能会导致200个或更多家庭的男性后裔卷入其中，这些人的关系已经超出七代关系。当两个奥巴之间发生领土纠纷时，整个奥巴双方的家庭都会产生对抗关系。如果两个部落之间发生领土争端等严重冲突，每个部落都要组织一支被称为"阿克·奥依力"的军事远征队。每个奥巴将派遣五分之一的成年男性作为战斗队伍，五分之一的帐篷作为住所，而食物将由留下来的人提供。总队会选出一个叫伯克的领导人，在他的领导下，他们将组织一支高度机动的战斗部队。这样的军事单位有时也组织起来与试图控制他们的政府作战。

第三节 土库曼婚姻制度与亲属称谓

一、婚姻观念

土库曼人的婚姻习俗与其历史、文化及经济生活密切相关。受宗教影响，土库曼人禁止直系亲属、兄弟姐妹及其后代之间通婚。我国北方民族在历史上曾有"妻后母"的习俗，作为乌古斯突厥人后裔的土库曼人自然也曾有过这种婚姻制度，但自信仰伊斯兰教之后，"妻后母"现象便不复存在了。

由于担心新娘在陌生夫家的生活适应出现问题，更主要的是"失去"朝夕相处的女儿，土库曼人面对女孩外嫁时总有一种难言的不舍，因此，他们更容易倾向把女儿嫁给距离较近的自己的亲人，而且是年龄相仿的男子。嫁给远方的同族人，或是没有亲戚关系的邻居、熟人等较为普遍。如果嫁给完全陌生的男子，男女双方需要有共同的熟人做媒人，由媒人向双方做出保证。这种婚姻往往是家境贫穷的女方为了获得彩礼而促成的。当然，在这种情况下，男方也有可能存在身体上的残疾等。

理想新娘的标准是健康、勤劳和善于抚养孩子。在新娘身材的纤瘦与丰满之间，他们更青睐的是后者。在传统社会中，早婚非常普遍，无论新郎年龄，理想的新娘年龄是12至14岁之间。虽然年轻人在挑选一个女孩时会有自己一定的发言权，但更多是父亲最终拍板的。

二、提亲订婚

求婚和彩礼的谈判是由媒人完成的。代表新郎一方的媒人向新娘父亲提出求婚后，新娘父亲大多不会马上答应，而表示自己需与家人商量。如果之后女方同意求婚，同样是在代表男女各自一方的媒人间进行商量。聘礼一般都是用牲畜来表示的，这一点与土库曼人具有同源关系的中国撒拉族完全相同，而且用词都一样，都为玛勒（mal），只不过牲畜的数量不一样。清代时期的撒拉族"彩礼亦当时定议，马二匹或马一骡一，贫者则以四小牛，择日另送，贫者先送其半，又送红梭布一对，绿梭布一对，蓝布挎料布一匹，蓝布裙料布一匹，桃红布主腰料一匹；富者被面布料二匹，被里料白大布二丈"。对土库曼家庭而言，过去按惯例支付的结婚费用是10玛勒。玛勒在这里指的是一种大型家畜，或者是一头骆驼、一匹马，或者是一头牛。这种支付经常被称为"10只动物"，可以是10只绵羊或10只山羊。除了将彩礼交给新娘父亲外，新娘母亲也会收到一笔额外的钱。

三、婚礼过程

在传统社会中，订婚之后，新娘在夫家正式生活前，往往是和丈夫分居的。在这段时间里，新娘住在娘家。期间，新郎家的女性都会拜访新娘家。新娘母亲会收到来自新郎母亲的面包以及项链礼物，当然新娘也会收到一条项链。在婚礼日期确定以后，男方家慢慢开始准备彩礼，彩礼准备时间有时多达一个月左右。婚期一般按伊斯兰历的吉日进行，一个月中的第4、7、14、17、24、27天被认为是最吉祥的日子。婚礼的大部分活动都在新郎家进行。在新娘家迎亲时，新郎家的妇女们要强行进入新娘所居之屋或帐篷，而新娘的近亲妇女则会"极力阻止"。双方由此展开"大战"，以至于有时需要他们进行干预，以结束混战。这点与撒拉族婚礼过程中的"挤门"习俗异曲同工。送亲时，由两位已婚年轻女性陪伴新娘前去夫家。到了新郎家还有摔跤和赛马等娱乐活动。晚上举行婚礼的宗教仪式（念诵尼卡赫），宣告年轻男女正式成为夫妻。有意思的是，新人及其父母都不参加成婚仪式。仪式由宗教人员主持，由分别代表新郎、新娘及新娘父亲的至亲完成证婚仪式。在尼卡赫开始之前，女方代表还与男方代表发生"争执"，声称男方欠他们的钱款，要求归还。而男方代表经过讨价还价，以糖果等礼物平息这番"争执"。主持婚礼时，宗教人员首先询问代表们是否接受此桩婚姻。经代表同意后，他开始诵读《古兰经》。之后大家参加由新郎父亲准备的晚餐。期间，新郎新娘要食用象征感情长久的动物心脏。之后，伴娘安排新人见面仪式，让他们手拉手听祝福颂词，告诫新郎要善待新娘。然后新人入洞房。在过去，所谓的洞房只是在同一房间里隔着帘子，一边是新人，一边是女方的两位伴娘。次日清晨，新娘已经完成了从少女到妇女的身份转换，开始像已婚妇女那样将头发往后梳。期间，新娘还会收到一份硬币礼物，用以装饰其头发。婚礼结束后，新娘和她的两个伴娘在新郎家住两三天，之后她们便回到娘家，开始了回避配偶时期。期间，双方家长经常互访，但新人之间一般是禁止见面的，除非私下秘密相会。如果新郎在私会期间不幸被发现，则会遭到新娘至亲的殴打，甚至将新娘送到新郎家，双方家庭关系会产生矛盾。为此，新郎家需派人请求和好，承诺延长回避期限，并做出一定形式的补偿。双方达成协议后，又将新娘送回娘家。新娘回避新郎的时间一般是三年，甚至更长时间。期间新娘一旦怀孕，则回避期终止，回到新郎家里生孩子。这种情况一般是很少见的。

　　土库曼人认为，离婚是违反习俗的，因此离婚现象较为少见。如果丈夫去世，寡妇有可能外嫁，这时的孩子通常与父亲族人住在一起。寡妇的同族有权让她回娘家并把她嫁给另一个丈夫，且收取另一个男人的彩礼。与此同时，她丈夫的同族有权要求得到她的孩子。为了避免母子分离，最常见的解决办法是让寡妇的族人放弃她回娘家的要求。这时，男方家可以通过安排一场收继婚，或者向寡妇娘家支付一定的彩礼补偿，以免孩子母亲外嫁。不过这种现象不符合宗教规定，因此，更为常见的解决办法是收继婚。然而，通常情况下，这种情况与前一种解决方式大同小异。虽然寡妇嫁给了她已故丈夫的某个已婚近亲，但这只是名义上的再婚。她实际和自己孩子住在一起，不会和再婚丈夫生活。有时，寡妇也会嫁给她已故丈夫的未婚族人，这时她和孩子会完全融入新家庭生活中。

四、亲属称谓

（一）祖父母辈称谓词

土库曼表示祖父母辈的称谓词主要有三个。男性用ata、baba，女性用ene、mama。

ata在土库曼语一般指父之父，即爷爷。在ata-ene（父母）中该词还保留有"父亲"之义。ata一词在包括撒拉族在内的许多亲属语言中都存在，甚至早在11世纪的《突厥语大词典》也有记载，但这些语言及历史材料中，该词意为"父亲"。其实，汉语中的"爹"一词也应该和土库曼语的ata一词有关。在汉语普通话及一些方言中有"爹"指父亲的用法。成书于三国时代的《广雅·释亲》载："爹，父也。"北宋时代的《广韵·麻韵》载："羌人呼父也。"《广韵·哿韵》又载："爹，北方人呼父。"一般认为"爹"是后起字，在汉代的《说文》中未收该字。因此，一般认为"爹"是民族大融合的南北朝时期才开始出现的，而且，原来是"羌人""北方人"呼父，到唐、宋时期才逐渐普遍使用，这说明它是民族融合时代的北方汉语，最早的源头应为民族语言。据学者们研究，"阿爹"的中古音按"徒可切"应为 ʔa dʻa，按"陟邪切"应为 ʔa ta。这与土库曼语在内的突厥语的 ata（父亲）一致。此外，在陕、甘、青、新等西北地区的汉语方言中还有"大""大大""阿大"等指父亲的词语，这也其实同样是"爹"的变体。

baba 一词在土库曼语、土耳其语、阿塞拜疆语、哈萨克语、鞑靼语、乌兹别克语等中都有该词，意为"祖父、父亲，祖先，尊敬的长者"等。[1] 这也可能和汉语早期的指父词"爸"相联系。土库曼语的 ene（奶奶）一词以及撒拉语、土耳其语、阿塞拜疆语中的 nina（或 nine），意为"祖母、奶奶、外祖母、外婆、老太太、老大娘"等[2]，与汉语的"奶奶"一词也高度相似。

（二）父母辈称谓

土库曼语中，表示"父亲"的词有两个，一是 ata，一是 kaka。如上所述，ata 在土库曼语还有"爷爷"含义。而 kaka 一词在土库曼语中也可指父亲的兄弟。在和土库曼语关系密切的撒拉语中 gaga 一词意为"哥哥"。

---

[1] 〔苏〕捷尼舍夫著，白萍译：《撒拉语结构》，民族出版社，2014年，第412页。
[2] 周正清、周运堂：《土耳其语汉语词典》，商务印书馆，2008年，第1394页。

表示"母亲"的词为eje、ene。除土库曼语外,在撒拉语、哈卡斯语、西部裕固语、雅库特语等突厥语和蒙古语中都存在表示"母亲"意义的eje一词。[1] 在其他亲属语言中,该词还有"姐姐、老太婆、大婶、阿姨"等意义,如在11世纪的古代突厥语就有ačï(老妪、老太婆)[2]。ene而后者在土库曼语还可指"奶奶"。

(三)平辈称谓

"兄""弟""姐""妹"在土库曼语中一般分别为aga、ini、ayal dogan、gyz jigi。存在于土库曼语以及其他我国北方民族语言中的aga与汉语中的"哥"应为同一个词,而且,据学者研究,汉语中的"哥"来自于我国的北方民族语言。

汉语中"兄"的使用非常广泛,如"兄弟""兄长""兄台""父老兄弟""难兄难弟""称兄道弟""亲如兄弟"等。而"哥"的组词能力显然要弱得多。为什么会出现这样的情况呢?这跟"兄"为汉语固有词,而"哥"来自我国北方民族语言的aga有关。一种语言中固有词的组词能力强,而借词一般组词能力较弱。

在土库曼语中,eje一词一般指"母亲",但在称呼父亲的姐妹或自己的亲姐姐时,往往在其名字后面缀以eje一词。汉语中的"姐"也应该和eje有关。在早期汉语中只有"兄""弟""姊""妹","姐"一词是汉代以后才出现的。《说文》中对"姐"的注释是:"蜀

---

[1] 〔苏〕捷尼舍夫著,白萍译:《撒拉语结构》,民族出版社,2014年,第244、253、264、292页。
[2] 麻赫默德·喀什噶里著,校仲彝等译:《突厥语大词典》(第一册),民族出版社,2002年,第94页。

谓母曰姐。"说明当时"姐"的含义为"母"而不是"姊"。《广韵·马韵》载:"姐,羌人呼母。"到了唐宋时期,"姐"也就慢慢有了"姊"的意义。

"姐姐"一词在现代土库曼语中用ayal dogan或gyz dogan来表示,但在《突厥语大词典》中却用azï来表示,而且明确指出该词是乌古斯人的语言[1]。而乌古斯人就是土库曼人。因此,土库曼人在古代时期曾使用过表示"姐姐"意义的azï,而该词很可能又和古代汉语的"姊"相关。

可见,土库曼人的亲属称谓不仅与我国少数民族语言有密切关系,而且也与汉族的亲属有着重要联系。

第四节 社会组织与传统经济模式

土库曼传统社会如约穆特人的粗放型经济的主要基础不是大量牲畜,而是家庭的健康劳动力。由于自然灾害,或者因婚礼支付了大量的彩礼,一个家庭的财富可能会大大减少,但只要拥有健康的劳动力,这些人可以为其他家庭工作,可以获得较为可观的现金或牲畜佣金。以这样的方式,一个贫穷家庭可以在四五年时间中慢慢恢复经济至正常水平。虽然一个家庭拥有的牲畜数量较多,但缺乏健壮男性,那么,这个家庭的经济需要雇用他人来支撑。在此过程

---

1 麻赫默德·喀什噶里著,校仲彝等译:《突厥语大词典》(第一册),民族出版社,2002年,第93、98页。

中，一旦管理不善或天灾人祸，那么失去牲畜后重建经济将非常困难。为完成构建家庭的婚礼彩礼，一般需要支付100只羊。这就要求一个家庭需要几年时间的经济发展积累。有些家庭在支付这样一笔彩礼后，会陷于经济困境。

无论是本来贫穷的家庭，还是支付完彩礼后经济不佳的家庭，都可以通过给别的家庭放牧来获得收入。这种放牧有两种形式，一是随着主人过游牧生活，主人给其解决衣物和食宿费用，在冬春时节，可以根据管理羊群的数量获得工资。大概是管理15只羊就可获得一只小羊羔。第二种形式是，羊群主人将牲畜托付他人家里，和他人家里的羊群共同放牧。报酬是代牧每15只羊就可获得1只羊羔，还可以拥有代牧羊群的所有乳制品，十分之一的羊毛。

农业是土库曼游牧民的第二大产业。在游牧土库曼人居住的地区，可耕种的土地非常有限，产量少而不稳定。除了个体家庭从事农业外，约穆特等土库曼人对共同拥有的土地有时进行出租，而自己仍从事游牧生活。

地毯编织在土库曼经济生活也占有重要地位。他们生产的物品包括毛绒地毯、平织地毯、墙壁挂毯、门厅用毡、马背毛毯、牧羊人斗篷，以及羊毛绳。这些物品主要为生产者家庭使用而制造，但也通过出售获取收入。从事编织工作的主要是女性。如果羊毛供应有限，劳动力紧张，那么就会限制地毯的生产。因此，时常有几个关系密切的家庭合作生产，利润按贡献情况分成。

土库曼人拥有的财产情况，可以以绵羊数量来体现。一个家庭维持生计的最低资产数额大概是35只羊或等值的其他形式财富。贫因家庭只要有足够的健康男性，可以通过近亲放牧等，最终能够恢复独立经济，甚至变得富裕起来。因此，土库曼传统社会很重视亲属之间的互助发展。由于劳动力的重要性，一般情况下劳力多的家庭拥有更多财富。

结婚以后，新娘对婆家是个重要的劳力，对娘家则是劳力的损失。虽然土库曼人对生男生女没有性别歧视，没有重男轻女思想，但就家庭经济发展的角度而言，在土库曼传统社会中更加重视生男孩。男孩出生后会有庆祝仪式，而女孩没有。对男孩施行巫术，以保护儿子免遭邪恶侵害，对女孩没有这样的保护仪式。男女性别数量的不同，会导致一个家庭经济财富的不均衡，但彩礼在一定程度上又消除了这种财富不均的现象。儿子多的家庭需要多年的努力工作，可以娶妻，甚至不断发展经济。而女儿多的家庭，可以通过获得的彩礼改变家庭经济状况。尤其是婚礼中的三年配偶回避期，女方可从男方家庭获得可观数量的牲畜，增加了对女方家庭的经济补偿。

收养制和幼子继承制对平衡经济发展也具有明显意义。如果收养了一个儿子，那么该家庭就获得了维持家庭的生存能力。考虑到传统社会中，结婚年龄普遍较小，幼子继承制也使得一个独立家庭的年轻男性免于经济上的无助。

则卡提显然是调节贫富差距的重要手段。则卡提源于伊斯兰教宗教制度，主要面对穷人施散财物，是将富裕群体的财富转移给贫穷群体。约穆特等土库曼人一般会向有资格接受救济的至亲提供所要求的救济，就实际意义来说，这也是一种对近亲的经济援助。援助也可以以金钱、牲畜的形式以及劳力帮助。除通过帮助满足亲属的日常经济需求外，约穆特人等土库曼人在婚礼中变相予以经济帮助，如赠送比一般标准更多的牲畜，索要低于标准的彩礼等。从事农业生活的土库曼人捐献收入的10%，从事游牧的土库曼人如果拥有羊只少于40只，则不需出则卡提，拥有40只到120只的捐赠一只羊；往上增加80只羊，则多赠一只羊；再增加100只，则再增一只羊捐送；如果拥有的羊群数量更大，则每100只羊就捐赠一只。

图书在版编目（CIP）数据

约穆特土库曼人：中亚突厥语人群的社会组织研究 /（美）威廉·艾恩斯著；马伟译. — 北京：商务印书馆，2024. — ISBN 978-7-100-24477-0

Ⅰ. K363

中国国家版本馆CIP数据核字第2024PE4371号

审图号：GS（2025）0634号

权利保留，侵权必究。

约 穆 特 土 库 曼 人
中亚突厥语人群的社会组织研究

〔美〕威廉·艾恩斯　著

马　伟　译

闫　凌　樊晓丹　校

商 务 印 书 馆 出 版
（北京王府井大街36号　邮政编码100710）
商 务 印 书 馆 发 行
山西人民印刷有限责任公司印刷
ISBN 978-7-100-24477-0

2025年5月第1版	开本 889×1194　1/32
2025年5月第1次印刷	印张 9⅜

定价：88.00元